Hofbauer/Knör
Professionelles Preismanagement

Professionelles Preismanagement

Die Komponenten langfristig wirksamer Preisgestaltung

von Günter Hofbauer
und Sabine Knör

Die Deutsche Nationalbibliothek verzeichnet diese Publikation in
der Deutschen Nationalbibliografie; detaillierte bibliografische Daten
sind im Internet über http://dnb.d-nb.de abrufbar.

Autoren und Verlag haben alle Texte in diesem Buch mit großer Sorgfalt
erarbeitet. Dennoch können Fehler nicht ausgeschlossen werden. Eine Haftung
des Verlags oder der Autoren, gleich aus welchem Rechtsgrund, ist ausgeschlossen.
Die in diesem Buch wiedergegebenen Bezeichnungen können Warenzeichen
sein, deren Benutzung durch Dritte für deren Zwecke die Rechte der
Inhaber verletzen kann.

www.publicis-books.de

Lektorat: Dr. Gerhard Seitfudem, gerhard.seitfudem@publicispixelpark.de

Print ISBN: 978-3-89578-454-5
ePDF ISBN: 978-3-89578-941-0

Verlag: Publicis Publishing, Erlangen
© 2015 by Publicis Erlangen, Zweigniederlassung der PWW GmbH

Das Werk einschließlich aller seiner Teile ist urheberrechtlich geschützt.
Jede Verwendung außerhalb der engen Grenzen des Urheberrechtsgesetzes
ist ohne Zustimmung des Verlags unzulässig und strafbar. Das gilt
insbesondere für Vervielfältigungen, Übersetzungen, Mikroverfilmungen,
Bearbeitungen sonstiger Art sowie für die Einspeicherung und Verarbeitung
in elektronischen Systemen. Dies gilt auch für die Entnahme von einzelnen
Abbildungen und bei auszugsweiser Verwendung von Texten.

Printed in Germany

Vorwort

Die Entscheidung über eine optimale Preissetzung und die konsequente Durchsetzung dieser Preise am Markt ist entscheidend für den Erfolg von Unternehmen. Oftmals fehlt den Verantwortlichen jedoch ein ganzheitlicher Überblick über die zahlreichen Aspekte, Voraussetzungen und Zusammenhänge, die für eine professionelle Preisentscheidung erforderlich sind.

Mit diesem Buch verfolgen wir das Ziel, einen ganzheitlichen Überblick über das Themengebiet Preismanagement mit seinen zahlreichen Theorien und Modellen zu vermitteln. Dieser Überblick beginnt mit der Vorstellung des Preismanagementprozesses im ersten Kapitel, darauf folgt die Beschreibung der einzelnen Prozessschritte. Diese Herangehensweise wird der zunehmenden Tendenz im Preismanagement gerecht, die wegführt von der reinen Preisentscheidung hin zur Berücksichtigung eines ganzheitlichen Ansatzes, der auch verhaltenswissenschaftliche Einflussfaktoren einschließt. Dieser Prozess gliedert sich in vier Schritte:

- Preisanalyse
- Preisstrategie
- Preisfestsetzung
- Preisdurchsetzung

Die Beschreibung der Preisanalyse in Teil B hat das Ziel, dem Leser die preislich relevanten Informationen näher zu bringen, die für eine fundierte Preisentscheidung erforderlich sind. Aus der Analyse dieser preislich relevanten Informationen können die Stellschrauben für gewinnoptimale Preisentscheidungen gewonnen werden. Die Komplexität dieser Entscheidungen resultiert aus den zahlreichen Einflussfaktoren und deren Interdependenzen, die im Rahmen der professionellen Preisfindung berücksichtigt werden müssen. Eine besondere Problematik besteht in der Einschätzung der Wirkung von Faktoren, die das Unternehmen nicht selbst beeinflussen kann, und in Wirkungen, die sich über mehrere Perioden auswirken. Zudem erschweren scheinbar irrationale Verhaltensweisen der Nachfrager die preislichen Entscheidungen.

Fazit des im Teil C dargestellten Kapitels über die Preisstrategie ist die These, dass es erforderlich ist, die Preisentscheidung konsistent an definierten Zielen auszurichten. Die strategische Leitfunktion hat dabei die Preispositionierung.

Mehrdimensionale Preisstrategien füllen die daraus resultierenden Vorgaben aus.

In Teil D werden die verschiedenen Herangehensweisen für die Preisfestsetzung beleuchtet und kostenorientierte Verfahren der Preiskalkulation den marktorientierten Verfahren gegenübergestellt. Dabei sind Preisänderungen und rechtliche Rahmenbedingungen zu beachten.

Die Preisdurchsetzung (Teil E) soll gewährleisten, dass die ermittelten optimalen Preise konsequent umgesetzt und nicht durch unkoordinierte Rabatte und Konditionen in ihrer Wirkung geschwächt werden. Zur Durchsetzung der Preise sind sowohl unternehmensinterne als auch marktgerichtete Aktivitäten zu ergreifen. Ein gut organisiertes Rabatt- und Konditionensystem unterstützt die Durchsetzung der festgesetzten Preise im Markt und stabilisiert die angestrebten Margen.

Das Preismanagement soll sich nicht darin beschränken, einmalig einen Preis festzusetzen und diesen gegebenenfalls mit Rabatten an die Markterfordernisse anzupassen. Das Preismanagement soll vielmehr als Prozess verstanden werden, der kontinuierlich wiederholt durchlaufen werden muss, um daraus zu lernen und die Stellgrößen an veränderte Rahmenbedingungen anpassen zu können. Das professionelle Preismanagement soll sicherstellen, dass alle Aspekte in der richtigen Reihenfolge beachtet werden. Das trägt dazu bei, die Kompetenz des Managements zu erhöhen.

Günter Hofbauer, Sabine Knör

Inhaltsverzeichnis

Abbildungsverzeichnis 11
Tabellenverzeichnis 14

A Der Preismanagementprozess 17
   1 Die Bedeutung des Preismanagements für den Unternehmenserfolg 18
   2 Grundlagen des Preismanagements 22
      2.1 Definitionen 22
         2.1.1 Preis 22
         2.1.2 Inhalte des Preismanagements 23
      2.2 Preismanagement als Prozess 24

B Die Preisanalyse 29
   3 Informationssysteme des Preismanagements 30
      3.1 Informationsprogramm 31
      3.2 Erhebung von Informationen 31
         3.2.1 Sekundärforschung 32
         3.2.2 Primärforschung 33
      3.3 Ansätze für Unternehmen 39
   4 Umfeld des Preismanagements 40
      4.1 Das Unternehmen 41
      4.2 Mikroumwelt 42
         4.2.1 Marktcharakteristika 42
         4.2.2 Kunden 43
         4.2.3 Absatzmittler 44
         4.2.4 Aktuelle Wettbewerber 44
         4.2.5 Neue Konkurrenten und Substitutionsprodukte 45
         4.2.6 Lieferanten 45
         4.2.7 Institutionen 46
      4.3 Makroumwelt 46
   5 Preisabsatzfunktion und Preiselastizität 48
      5.1 Definition und Klassifizierung der Preisabsatzfunktion 48
      5.2 Definition und Formen der Preiselastizität 49
         5.2.1 Preiselastizität 49
         5.2.2 Kreuzpreiselastizität 52

  5.3 Formen der Preisabsatzfunktion 53
    5.3.1 Individuelle und aggregierte Preisabsatzfunktion 53
    5.3.2 Besondere Formen von Preisabsatzfunktionen und
      Preiselastizitäten 55
    5.3.3 Der Modellcharakter von Preisabsatzfunktionen 61

6 Dimensionen von Preissystemen 63
  6.1 Allgemeine Charakteristika von Preissystemen 63
  6.2 Die Dimension Zeit 65
    6.2.1 Langfristige Zielfunktion 65
    6.2.2 Einflussfaktoren langfristiger Preisentscheidungen 66
  6.3 Die Dimension Sortiment 75
    6.3.1 Preisentscheidungen für Produktlinien 75
    6.3.2 Preisbündelung 76
  6.4 Die Dimension Nachfrager 79
    6.4.1 Grundlagen 79
    6.4.2 Marktsegmentierung 81

7 Verhaltenswissenschaftliche Ansätze 83
  7.1 Preisinformationssuche 85
    7.1.1 Preiserlebnisse 85
    7.1.2 Preisinteresse 86
  7.2 Preiswahrnehmung 93
    7.2.1 Psychologische Grundlagen 95
    7.2.2 Effekte der Preiswahrnehmung 102
  7.3 Preisbeurteilung 107
    7.3.1 Preisgünstigkeit 108
    7.3.2 Preiswürdigkeit 108
    7.3.3 Preisfairness 110
  7.4 Entscheidung 114
    7.4.1 Preisbereitschaft 114
    7.4.2 Preispräferenz 117
    7.4.3 Preisvertrauen 118
  7.5 Nachkaufphase 119
    7.5.1 Preisimage 119
    7.5.2 Preiszufriedenheit 121
    7.5.3 Kognitive Dissonanzen 123
  7.6 Preislernen und Preiswissen 124
    7.6.1 Preislernen 124
    7.6.2 Preiswissen 126

C Die Preisstrategie 133

 8 Ziele des Preismanagements 137

 9 Preispositionierung 139
  9.1 Generische Preispositionierungsstrategien 140
    9.1.1 Niedrigpreis-Position 141
    9.1.2 Mittelpreis-Position 141
    9.1.3 Hochpreis-Position 142

  9.2 Nutzenorientierte Preispositionierung 144
  9.3 Wettbewerbsorientierte Preispositionierung 145
    9.3.1 Preisfolgerschaft 146
    9.3.2 Dominante Preisführerschaft 147
    9.3.3 Barometrische Preisführerschaft 147
  9.4 Anpassung der Preispositionierung 148

10 Mehrdimensionale Preisstrategien 149
  10.1 Die Dimension Zeit: Strategie der zeitlichen Preisvariation 149
    10.1.1 Effekte von Preisvariationen 152
    10.1.2 Formen der zeitlichen Preisvariation 154
  10.2 Die Dimension Nachfrager: Preisdifferenzierung 167
    10.2.1 Preisdifferenzierung 1. Grades 168
    10.2.2 Preisdifferenzierung 2. Grades 170
    10.2.3 Preisdifferenzierung 3. Grades 172
    10.2.4 Fazit zur Preisdifferenzierung 175
  10.3 Die Dimension Sortiment 175
    10.3.1 Preislinienpolitik 175
    10.3.2 Preisbündelung 179

D Die Preisfestsetzung 185

11 Kostenorientierte Preiskalkulation 188
  11.1 Progressive Kalkulationsverfahren 188
  11.2 Weitere Verfahren kostenorientierter Preiskalkulation 190
    11.2.1 Preiskalkulation bei a priori unbestimmten Leistungen 191
    11.2.2 Preiskalkulation bei hoher Fixkostenintensität 191

12 Marktorientierte Preiskalkulation 192
  12.1 Grundprinzipien 192
  12.2 Unterstützende Verfahren marktorientierter Preiskalkulation 193
  12.3 Konkurrenzorientierte Preiskalkulation 195
  12.4 Nachfragerorientierte Preiskalkulation 196
  12.5 Vor- und Nachteile des marktorientierten Kalkulationsverfahrens 204

13 Preisänderungen 205

14 Rechtliche Rahmenbedingungen der Preisfestsetzung 208
  14.1 Überhöhte Preise 208
  14.2 Angebote unter Einstandspreis 208
  14.3 Preisabsprachen 209
  14.4 Vertikale Preisbindungen 210
  14.5 Staatliche Vorgaben 210

E Die Preisdurchsetzung 213

15 Unternehmensinterne Aktivitäten 215
  15.1 Preisorganisation 215
  15.2 Preisadministration 218

15.3 Interne Preiskommunikation 218
15.4 Preisbezogene Mitarbeiterführung 219
    15.4.1 Preiskultur 219
    15.4.2 Preiskompetenzen 220
    15.4.3 Preismotivation 221
    15.4.4 Die Rolle des Vertriebs 222
15.5 Preiscontrolling 224
    15.5.1 Aufgaben des Preiscontrollings 224
    15.5.2 Informationstechnologische Voraussetzungen 225
    15.5.3 Kennzahlen im Preiscontrolling 227

16 Rabatt- und Konditionensysteme 229
16.1 Bedeutung für das Preismanagement 230
16.2 Regeln für die Verhandlung von Rabatten und Konditionen 235
16.3 Anforderungen an das Rabatt- und Konditionenmanagement 237
16.4 Leitlinien für Rabatt- und Konditionensysteme 239

17 Marktgerichtete Aktivitäten 244
17.1 Externe Preiskommunikation 244
17.2 Preisvereinbarungen 246
    17.2.1 Preisverhandlungen 246
    17.2.2 Preisanpassungsklauseln 247
    17.2.3 Preisgarantien 248
    17.2.4 Finanzierungshilfen 248
17.3 Mehrstufige Preisdurchsetzung 249
    17.3.1 Preisbindung und Preisempfehlung 249
    17.3.2 Selektivvertrieb 250
    17.3.3 Preispflege 250

18 Preisrisiken 252

F Schlussbetrachtung 257

Literaturverzeichnis 260
Stichwortverzeichnis 267

Abbildungsverzeichnis

Abbildung A.1	Vergleich der Gewinntreiber	19
Abbildung A.2	Konditionen-Preistreppe	23
Abbildung A.3	Preismanagementprozess	25
Abbildung B.1	Informationsbereiche als Grundlage für Preisentscheidungen	31
Abbildung B.2	Durch Kundenbefragung ermittelte Preisabsatzkurve	35
Abbildung B.3	Grenzen des Preisspielraums	40
Abbildung B.4	Parameter der Mikroumwelt	42
Abbildung B.5	Triebkräfte des Wettbewerbs	43
Abbildung B.6	Umfeldbedingungen des Unternehmens	47
Abbildung B.7	Determinanten der Preiselastizität	51
Abbildung B.8	Häufigkeitsverteilung beobachteter Preiselastizitäten	52
Abbildung B.9	Individuelle Preisabsatzfunktionen	54
Abbildung B.10	Aggregation individueller Preisabsatzfunktionen	55
Abbildung B.11	Lineare Preisabsatzfunktion	56
Abbildung B.12	Preiselastizitäten einer linearen Preisabsatzfunktion	57
Abbildung B.13	Multiplikative Preisabsatzfunktion	59
Abbildung B.14	Gutenberg-Modell in doppeltgeknickter und kontinuierlicher Form	60
Abbildung B.15	Einflussfaktoren auf den monopolistischen Spielraum	60
Abbildung B.16	Relationsstrukturen in Preissystemen	63
Abbildung B.17	Dimensionen von Preissystemen	64
Abbildung B.18	Systemzusammenhang für die langfristige Preisstrategie	67
Abbildung B.19	Prospect-Theorie	68
Abbildung B.20	Mögliche Anpassungsformen nach Preisänderungen	69
Abbildung B.21	Lebenszyklusmodell	70
Abbildung B.22	Alternative strategische Optionen bei Konkurrenzeintritt	71
Abbildung B.23	Dynamische Werbewirkungen	73
Abbildung B.24	Prinzipdarstellung des Erfahrungskurveneffekts	75
Abbildung B.25	Preise einer 0,5-l-Flasche Cola	79
Abbildung B.26	Stimulus-Response-Modell	83
Abbildung B.27	Stimulus-Organismus-Response-Modell	83
Abbildung B.28	Systematisierung verhaltenswissenschaftlicher Ansätze	84
Abbildung B.29	Teilkonstrukte des Preisinteresses	87
Abbildung B.30	Einstellung: Qualität wichtiger als Preis	87
Abbildung B.31	Preissuche im Internet	89
Abbildung B.32	Motivationsgrundlagen und Konfliktfelder des Preisinteresses	90

Abbildung B.33	Sequenzmodell der Preiswahrnehmung und -verarbeitung	94
Abbildung B.34	Beispiel zur Enkodierung eines Preisstimulus	94
Abbildung B.35	Adaptionsniveautheorie	98
Abbildung B.36	Range-Theorie	98
Abbildung B.37	Range-Frequency-Theorie	98
Abbildung B.38	Prospect-Theorie	100
Abbildung B.39	Preisabsatzfunktion mit Preisschwelleneffekt	103
Abbildung B.40	Erklärungsansätze für Preisendungen	104
Abbildung B.41	Typologie von Preisurteilstechniken	107
Abbildung B.42	Einflussfaktoren auf die preisorientierte Qualitätsbeurteilung	109
Abbildung B.43	Preisfairnessbeurteilung mit Hilfe der Equity-Theorie	110
Abbildung B.44	Einflussfaktoren auf die Beurteilung der Preisfairness	111
Abbildung B.45	Konsequenzen des Preisfairnessurteils	113
Abbildung B.46	Konsumentenrente	115
Abbildung B.47	Prädiktoren der Preisbereitschaft	116
Abbildung B.48	Einflussfaktoren auf das Preisimage	121
Abbildung B.49	Regelkreis-Modell der Preisimage-Genese	122
Abbildung B.50	Mögliche Verhaltensweisen bei kognitiven Dissonanzen	123
Abbildung B.51	Merkmale des Preiswissens	127
Abbildung B.52	Sequenzmodell zum Preiswissen	127
Abbildung B.53	Systematisierung des Preiswissens	128
Abbildung C.1	Pyramide der strategischen Preisgestaltung	135
Abbildung C.2	Elemente der Preisstrategie	136
Abbildung C.3	Verschiebung der Preissegmente	142
Abbildung C.4	Nutzenorientierte Preispositionen und Marktstrukturen	144
Abbildung C.5	Ansatzpunkte für erfolgreiches dynamisches Preismanagement	150
Abbildung C.6	Erscheinungsformen der Preisvariation	151
Abbildung C.7	Ansatzpunkte für Preisänderungen	151
Abbildung C.8	Ebenen von Preispromotions	155
Abbildung C.9	Reservierungskorridor	161
Abbildung C.10	Rahmenbedingungen für das Preismanagement im Lebenszyklus	163
Abbildung C.11	Preis- und Kostenentwicklung bei verschiedenen Preisstrategien für die Markteinführung von Produkten	164
Abbildung C.12	Typen und Implementationsformen der Preisdifferenzierung	169
Abbildung C.13	Formen der Mehrpersonen-Preisbildung	174
Abbildung C.14	Strategische Potenziale der Preisbündelung	179
Abbildung C.15	Festsetzung der Preishöhe bei Preisbündelung	182
Abbildung D.1	Magisches Dreieck der Preispolitik	186
Abbildung D.2	Ermittlung von Preiskorridor und Zielpreisbereich	187
Abbildung D.3	Anhaltspunkte marktorientierter Preiskalkulation	193
Abbildung D.4	Treiber von Preis- und Kreuzpreiselastizität	193
Abbildung D.5	Entscheidungsbaum	194

Abbildung D.6	Preisbestimmung durch Preisuntergrenzen und Deckungsbudgets	195
Abbildung D.7	Umsatz- und Grenzumsatzfunktion für eine lineare Preisabsatzfunktion	198
Abbildung D.8	Gewinnmaximale Preis-/Mengenkombination für $p = p(x)$	200
Abbildung D.9	Vergleich von Gewinn- und Umsatzmaximierung	201
Abbildung D.10	Mögliche Anpassungsformen nach Preisänderungen	205
Abbildung E.1	Durchsetzung von Preiszielen	214
Abbildung E.2	Entscheidungskompetenz und Beteiligung an der Preisfindung	216
Abbildung E.3	Aufgabenfelder des Preiscontrollings	225
Abbildung E.4	IT-Anwendungen im Preiscontrolling	226
Abbildung E.5	Einsatzmöglichkeiten von Preismanager-Tools	227
Abbildung E.6	Klassifikation verschiedener Konditions- und Rabattarten	229
Abbildung E.7	Argumentationstechniken für Preisverhandlungen	247
Abbildung E.8	Preisanpassungsklauseln	248
Abbildung E.9	Voraussetzungen der vertikalen Preisempfehlung	250
Abbildung E.10	Kalkulationsrisiken	252
Abbildung E.11	Zahlungsausfälle bei Online-Händlern	253
Abbildung E.12	Kundenseitige Preisrisiken	254

Tabellenverzeichnis

Tabelle B.1   Informationsquellen der Sekundärforschung 33
Tabelle B.2   Vor- und Nachteile der Sekundärforschung 34
Tabelle B.3   Vor- und Nachteile von Befragungen 37
Tabelle B.4   Vor- und Nachteile von Beobachtungen 38
Tabelle B.5   (Unternehmens-)Internes Umfeldsystem 41
Tabelle B.6   Marktmorphologien 45
Tabelle B.7   Beispiele für die Perspektiven des Makrosystems 46
Tabelle B.8   Kriterien zur Klassifizierung von Preisabsatzfunktionen 49
Tabelle B.9   Vor- und Nachteile linearer monopolistischer Preisabsatz-
              funktionen 57
Tabelle B.10 Beispiel zur Preisänderungswirkung 68
Tabelle B.11 Einfluss der gegenwärtigen auf die zukünftige Absatzmenge 72
Tabelle B.12 Ziele der Preisbündelung 77
Tabelle B.13 Maximalpreise für Einzelprodukte und Preisbündel 77
Tabelle B.14 Beispielrechnung zur Preisbündelung 78
Tabelle B.15 Soziale Einflussfaktoren auf das Konsumentenverhalten 91
Tabelle B.16 Reaktionen auf das Preisfairnessurteil 112
Tabelle B.17 Auswirkungen von Preispräferenzen 118
Tabelle B.18 Preisteilleistungen als Gegenstände der Preiszufriedenheit 122

Tabelle C.1   Ziele des Preismanagements 138
Tabelle C.2   Formen der Preispositionierung 140
Tabelle C.3   Generische Preispositionierungsstrategien 140
Tabelle C.4   Markenbeispiele für generische Positionierungsformen 143
Tabelle C.5   Nutzenorientierte Preispositionen 145
Tabelle C.6   Nutzenorientierte Formen der Positionierung 147
Tabelle C.7   Teilentscheidungen für Preisänderungen 156
Tabelle C.8   Ziele temporärer Preisvariationen 156
Tabelle C.9   Gestaltungsformen von Coupons 159
Tabelle C.10 Rahmenbedingungen des Yield Managements 160
Tabelle C.11 Ziele der Preisdifferenzierung 167
Tabelle C.12 Ausprägungen leistungsbezogener Preisdifferenzierung 170
Tabelle C.13 Typen und Implementationsformen der Preisdifferenzierung ... 171
Tabelle C.14 Formen von Nachfrageverbünden 176
Tabelle C.15 Entscheidungsfelder der Preislinienpolitik 177
Tabelle C.16 Erscheinungsformen von Bundling 181

Tabelle D.1   Vor- und Nachteile kostenorientierter Kalkulation 190
Tabelle D.2   Vor- und Nachteile der marktorientierten Kalkulation 204

Tabelle E.1	Sechs Schritte zur Definition der Preisorganisation	215
Tabelle E.2	Kriterien zur hierarchischen Ansiedlung der Preisentscheidung	217
Tabelle E.3	Pricingprozesse im Unternehmen	218
Tabelle E.4	Vor- und Nachteile hoher Preiskompetenzen	220
Tabelle E.5	Übertragung von Preiskompetenzen an den Vertrieb	223
Tabelle E.6	Bestandteile der Entlohnung	223
Tabelle E.7	Kennzahlen im Preiscontrolling	228
Tabelle E.8	Preissenkung und entgangener Gewinn	232
Tabelle E.9	Preissenkung und erforderlicher Mehrumsatz	234
Tabelle E.10	Kategorisierung von Händlern als Basis für ein Konditionensystem	238
Tabelle E.11	Konditionensystem auf Basis der Kategorisierung	238
Tabelle E.12	Leitlinien für Rabatt- und Konditionensysteme	239
Tabelle E.13	Maßnahmen zur Reduktion negativer Folgen von Preiserhöhungen	246
Tabelle E.14	Maßnahmen und Beispiele der Preispflege	251

A Der Preismanagementprozess

1 Die Bedeutung des Preismanagements für den Unternehmenserfolg

Bereits 1997 haben Simon/Dolan in ihrem Buch „Profit durch Power Pricing" auf die gestiegene Bedeutung von Pricing-Prozessen für den Unternehmenserfolg hingewiesen. Dieser Trend der wachsenden Bedeutung optimaler Preise hat sich seitdem fortgesetzt. Einer davon ist die Entwicklung der Konsumenten zu so genannten „Smart Shoppern", die nach dem Prinzip der Nutzenmaximierung stets das maximale Preis-Leistungs-Verhältnis anstreben und deren Preisbewusstsein in den letzten Jahren enorm zugenommen hat. Diese Entwicklung der Konsumenten wird wiederum unterstützt durch die Weiterentwicklung technischer Möglichkeiten, allen voran der Verbreitung des Internet, die den Kunden eine zuvor nicht da gewesene Transparenz über die verschiedenen Preise der Unternehmen bietet. Weitere Einflussfaktoren auf die wachsende Bedeutung des Preismanagements sind die Globalisierung der Märkte, die einen Anstieg des Wettbewerbs und damit Druck auf die Preise verursacht, sowie die Weiterentwicklung des Supply Chain Managements und der damit einhergehende Anstieg des vertikalen Preiswettbewerbs.

Die Folge dieser Entwicklungen muss eine konsequente Auseinandersetzung der Unternehmen mit Preismanagementprozessen und daraus folgend die Entdeckung des Preises als Bestimmungsfaktor für den Gewinn sein (vgl. Simon/Dolan 1997, S. 7). Ein optimales Pricing stellt den schnellsten und effizientesten Weg für ein Unternehmen dar, den maximalen Profit zu erzielen (Marn/Rosiello 1992, S. 84). Diese Behauptung bezüglich der Bedeutung eines konsequenten Preismanagements (vgl. Hofbauer/Sangl 2011, S. 254ff.) für den Gewinn eines Unternehmens wird durch die Betrachtung der Formel zur Gewinnberechnung nachvollziehbar:

$$Gewinn = Preis \times Menge - Kosten \qquad \text{Formel 1}$$

Diese Formel stellt den Zusammenhang der drei Treiber dar, die zu einer Steigerung des Gewinns eingesetzt werden können: der Preis, die (abgesetzte) Menge und die Kosten. Davon auszugehen, dass jeder der drei Gewinntreiber dieselbe Wirkung auf den Gewinn besitzt, ist jedoch ein weit verbreiteter Irrtum. So zeigt ein einfaches Beispiel (Simon/Fassnacht, 2009, S. 2ff.), dass eine Veränderung des Preises eine im Vergleich mit den beiden anderen Gewinntreibern überproportional hohe Veränderung des Gewinns bewirkt, wie Abbildung A.1 veranschaulicht.

Eine zehnprozentige Verbesserung ... erhöht den Gewinn um ...

	Gewinntreiber		Gewinn	
	Alt	Neu	Alt	Neu
Preis	100 €	110 €	10	20
Variable Stückkosten	60 Mio. €	54 Mio. €	10	16
Absatzmenge	1 Mio. €	1,1 Mio. €	10	14
Fixkosten	30 Mio. €	27 Mio. €	10	13

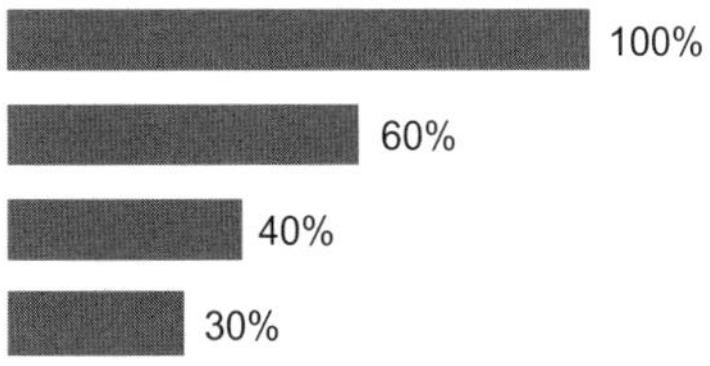

- Preis: 100%
- Variable Stückkosten: 60%
- Absatzmenge: 40%
- Fixkosten: 30%

Abbildung A.1 Vergleich der Gewinntreiber (Simon/Dolan 1997, S. 36)

Diese Berechnungen machen die Bedeutung des Preises für den Erfolg eines Unternehmens deutlich sichtbar. Darüber hinaus liefert die Literatur (z.B. Simon/Fassnacht 2009, S. 7f.; Hermann 2003, S. 35) noch weitere Gründe, die für die besondere Beachtung des Preises bei der Führung eines Unternehmens sprechen:

- Eine Veränderung des Preises lässt sich – im Gegensatz zu Veränderungen anderer Instrumente wie der Kommunikation oder Distribution – relativ schnell durchführen.
- Die Preiselastizität (vgl. Kapitel 5.2) ist empirischen Untersuchungen zufolge bei Konsumgütern zehn- bis zwanzigmal so hoch wie die Werbeelastizität.
- Der Preis verursacht in der Regel eine schnelle Wirkung, und zwar sowohl auf die Handlungen der Konsumenten als auch auf die der Wettbewerber.
- Im Gegensatz zu den meisten anderen Steuerungsinstrumenten des Unternehmens verursacht eine Veränderung des Preises keine Vorabinvestitionen.

Diese Argumente sowie die zuvor dargestellte Berechnung lassen auf einen hohen Stellenwert des Preismanagements innerhalb der Unternehmen schließen. Eine Studie aus dem Jahr 2011, an der rund 116 Pricing-Verantwortliche teilnahmen, bestätigt diese Annahme. Die Studie betont allerdings, dass „der Grad der Professionalisierung auf den verschiedenen Stufen des Pricing-Prozesses sehr unterschiedlich ist" (Roll & Pastuch 2011, S. 4). So ist die Entwicklung im Bereich der Preisorganisation weit fortgeschritten, während die Formulierung der Preisstrategie, die Preisfestsetzung sowie die Definition von Rabattsystemen noch Verbesserungspotenzial besitzen. Eine weitere Studie enthält folgende Aussage: „Weak pricing cuts profits by 25%." Zu Deutsch: Schwache Preissetzung verringert die Gewinne um 25% (Simon Kucher & Partners 2011, S. 1). Die Studie, zu der mehr als 3900 Teilnehmer aus 10 Ländern befragt wurden, ergab außerdem, dass 65% der Unternehmen nicht in der Lage sind, den Preis zu verlangen, der ihnen zusteht.

Aus diesen Ergebnissen wird deutlich, dass in der konsequenten Umsetzung ein hohes Potenzial zur Steigerung der Gewinne liegt. Die Probleme mögen unter anderem an der hohen Komplexität von Preisentscheidungen liegen. Diese resultiert mitunter aus den zahlreichen, teilweise sogar gegenläufigen Effekten, die in die Überlegungen einbezogen werden müssen. Auch die parallele Wirkung von Preisänderungen sowohl auf die Umsatzseite als auch auf die Kostenseite der Gewinnformel erschwert die Einschätzung der Folgen von Preisentscheidungen.

Trotz dieser hohen Komplexität und vielen unsicheren Variablen müssen Unternehmer konsequent versuchen, den optimalen Preis für ihre Produkte zu bestimmen. Zumindest langfristig kann es sich kein Unternehmen leisten, eine potenzielle Gewinnsteigerung von bis zu 25% nicht auszuschöpfen.

Dieses Buch soll helfen, einen Überblick über den Preismanagementprozess zu gewinnen sowie dessen Schritte zu verstehen.

Dazu werden im ersten Abschnitt der Prozess an sich dargestellt sowie die Begriffe Preis und Preismanagement definiert. Die Prozessdarstellung hat zum Ziel, die verschiedenen Bausteine des Preismanagements systematisch zu verknüpfen und so eine Struktur für den Leser zu schaffen.

Der zweite Abschnitt betrachtet die verschiedenen Aspekte der Preisanalyse. Kapitel 3 stellt die Bedeutung eines Informationsprogrammes sowie die Möglichkeiten der Erhebung notwendiger Informationen vor. Dieses Wissen bildet die Grundlage für die Beschaffung der Informationen, die ein Unternehmen für die Festsetzung des optimalen Preises benötigt. Dazu gehören Informationen über das Umfeld des Preismanagements, das in Kapitel 4 beschrieben wird. Dieses beinhaltet sowohl das Unternehmen selbst als auch die Mikro- und Makroumwelt. In den Kapiteln 5 und 6 erfolgt eine Darstellung der Aussagen der klassischen Preistheorie, auch mikroökonomische Preistheorie genannt. Dazu gehören sowohl Informationen über Preisabsatzfunktionen und Preiselastizitäten als auch die Beschreibung von Preissystemen. Im Anschluss daran werden in Kapitel 7 die verhaltenswissenschaftlichen Ansätze, welche die klassische Preistheorie um psychologische Aspekte ergänzen, näher betrachtet. Ziel dieser Ansätze ist die Erklärung des Verhaltens der Nachfrager, das entgegen der Theorien der klassischen Preisforschung in manchen Fällen scheinbar irrational ist. Diese Ansätze werden in einem ersten Schritt systematisiert und in eine Reihenfolge gebracht, die sich an den Kaufentscheidungprozessen der Nachfrager orientiert. Im zweiten Schritt werden die einzelnen Konzepte vorgestellt.

Der dritte Abschnitt, die Definition der Preisstrategie, beginnt mit der Festlegung der Ziele des Preismanagements in Kapitel 8. Kapitel 9 beschreibt die möglichen Arten der Preispositionierung. Kapitel 10 beinhaltet Preisstrategien für die verschiedenen Dimensionen von Preissystemen: die Zeit, die Nachfrage und das Sortiment.

Im vierten Abschnitt wird der Prozessschritt Preisfestsetzung beschrieben. Kapitel 11 stellt die kostenorientierten, Kapitel 12 die marktorientierten Formen der Preiskalkulation dar. Die marktorientierten Arten der Preisfestsetzung gliedern sich dabei in die konkurrenz- und die nachfragerorientierte Kalkulation. Da Preise im Zeitablauf geändert werden müssen, geht Kapitel 13 auf Aspekte der Preisänderung ein. Abschließend werden rechtliche Rahmenbedingungen der Preisfestsetzung vorgestellt.

Da der Preismanagementprozess auch bei optimal festgesetzten Preisen erst dann erfolgreich durchlaufen wurde, wenn diese Preise am Markt durchgesetzt werden können, beschreibt der fünfte Abschnitt dieses Buches, was bei diesem Prozessschritt berücksichtigt werden muss. Dazu gehört neben den unternehmensinternen Aktivitäten wie Preisorganisation, -kommunikation und preisbezogene Mitarbeiterführung auch ein konsequentes Preiscontrolling (Kapitel 15). Aufgrund der besonderen Bedeutung von Rabatt- und Konditionenpolitik auf die finanzielle Situation eines Unternehmens ist diesem Bereich Kapitel 16 gewidmet. Kapitel 17 beschreibt die marktgerichteten Aktivitäten der Preisfestsetzung, wie die externe Preiskommunikation, Preisvereinbarungen und die mehrstufige Preisdurchsetzung. Kapitel 18, das die Preisrisiken des Anbieters und auch die der Nachfrager schildert, schließt diesen Bereich des Prozesses ab.

Dieses Buch vermittelt dem Leser einen allgemein gültigen Überblick. Ist im Folgenden von Produkten die Rede, so sind damit auch Dienstleistungen eingeschlossen, sie werden jedoch aus Gründen der einfacheren Darstellung nicht gesondert erwähnt.

2 Grundlagen des Preismanagements

Im Folgenden sollen zunächst die Begriffe Preis und Preismanagement definiert werden, um ein gemeinsames Verständnis zu erlangen. Darauf aufbauend erfolgt die Darstellung des Preismanagementprozesses.

2.1 Definitionen

Je nach Autor werden die Begriffe Preis und Preismanagement teilweise mit sehr unterschiedlicher Bedeutung verwendet. In den beiden folgenden Abschnitten sollen die Definitionen vorgestellt werden, die unseren Ausführungen zugrunde liegen.

2.1.1 Preis

Unter dem Begriff Preis versteht man im allgemeinen Sprachgebrauch die monetäre Gegenleistung, die der Käufer für das gewünschte Produkt erbringen muss (vgl. bspw. Diller 2008, S. 30; Simon/Fassnacht 2009, S. 6).

Diese Gegenleistung kann aus der Zahlung eines einmaligen Kaufpreises, aber auch aus wesentlich komplexeren Systemen bestehen. Simon/Fassnacht (2009, S. 6) führen diverse Preisparameter auf, bei Wiltinger (1998, S.15) auch Preisbestandteile genannt, von denen einige im Folgenden genannt werden:

- Grundpreis
- Rabatte, Boni, Konditionen
- Differenzierte Preise
- Bündel- und Einzelkomponentenpreise
- Herstellerabgabe- und Endverbraucherpreise

Eine Grafik, welche die potenzielle Komplexität des Zusammenspiels mehrerer Preisparameter zeigt, ist die so genannte Preistreppe (Abbildung A.2). Diese zeigt die Veränderungen vom Listenpreis hin zum tatsächlich vom Kunden an das Unternehmen bezahlten Preis im Verlauf des Verkaufsprozesses.

Die Definition des Preises ohne Einbeziehung der damit in Relation stehenden Leistung erscheint allerdings unvollständig (vgl. Hofbauer/Sangl 2011, S. 254).

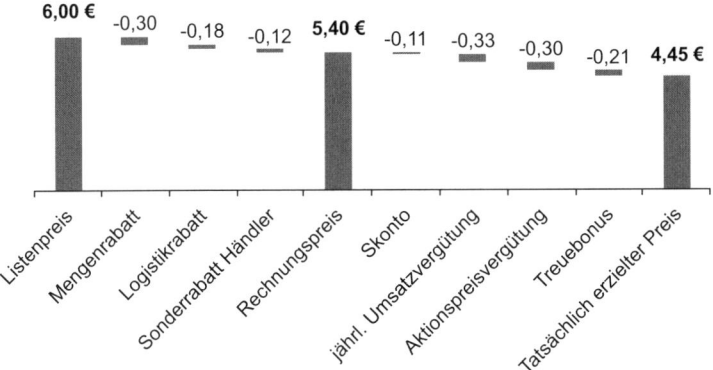

Abbildung A.2 Konditionen-Preistreppe (Oversohl 1999, S. 12)

Diller (2008, S. 30ff.) berücksichtigt daher in der so genannten betriebswirtschaftlichen Definition neben dem Entgelt zusätzlich den Leistungsumfang und stellt somit das Preis-Leistungs-Verhältnis des Produktes dar. Formel 2 drückt diese Preisdefinition mathematisch aus, wobei p den Preis darstellt.

$$p = \frac{Entgelt}{Leistungsumfang} \qquad \text{Formel 2}$$

Darauf aufbauend bezieht Diller in die kundenorientierte Definition zusätzlich alle Kosten ein, die aus Kundensicht bezogen auf die Kaufhandlung anfallen. Dazu gehören unter anderem Kosten für die Beschaffung von Informationen oder auch Fahrtkosten zur jeweiligen Einkaufsstätte. Darüber hinaus müssen die Kosten des Gebrauchs, zu Englisch „Total Cost of Ownership", berücksichtigt werden.

Bauer (2000, S. 7f.) geht noch einen Schritt weiter und bezieht neben den monetären Leistungen, die der Kunde erbringt, auch nicht-monetäre Leistungen ein. Dazu gehört beispielsweise die Übernahme von Funktionen durch den Käufer, die den Verkäufer entlasten, wie zum Beispiel der Transport oder die Lagerung der gekauften Produkte.

Zusammengefasst kann der Preis also als Summe aller Leistungen des Kunden verstanden werden, die dieser für den Erhalt des Produktes aufbringen muss.

2.1.2 Inhalte des Preismanagements

Der Begriff Preismanagement wird häufig als Synonym für die Preispolitik verwendet. Im Folgenden sollen die Begriffe allerdings abgegrenzt werden, um dem Leser die besondere Bedeutung des Preismanagements näher zu bringen.

In einer Vielzahl von Lehrbüchern (z.B. Bruhn 2012, S. 165ff.; Homburg 2012, S. 649ff.) ist nicht die Rede von Preismanagement, sondern vielmehr von Preispolitik. Dieser Begriff ist den so genannten 4P des Marketing Mix zuzuordnen, die neben der Preispolitik (Price) die Kommunikations- (Promotion), Distributions- (Place) und Produktpolitik (Product) umfassen. In diesem Kontext hat der Begriff der Preispolitik operativen Charakter, ist also lediglich eines von vielen Instrumenten, die ein Unternehmen einsetzen kann, um Gewinne zu realisieren und weitere Unternehmensziele zu erreichen (vgl. Siems 2009, S. 4f.).

Der Begriff Preismanagement geht über die operativen Elemente der Preispolitik hinaus. Wie der Name bereits verrät, werden Preisentscheidungen auf Managementebene angesiedelt und beziehen strategische Entscheidungsbereiche mit ein. Das Ziel des Preismanagements ist die Festsetzung und Durchsetzung fairer Preise durch eine systematische Vorbereitung der Preisentscheidungen (vgl. Hofbauer/Hellwig 2012, S. 244).

Siems (2009, S. 5) definiert Preismanagement wie folgt: „Preismanagement beschäftigt sich mit der Analyse, Planung, Umsetzung und Kontrolle von Strategien und operativen Entscheidungen, die die Art, den Umfang [sic] und die Konditionen der Gegenleistungen betreffen, die (aktuelle und potenzielle) Kunden für die Inanspruchnahme einer Leistung eines Unternehmens oder einer Organisation zu entrichten haben, sowie deren Wahrnehmung bei denselben."

Diese Definition beinhaltet zahlreiche Aspekte des Preismanagements. Zum einen weist Siems auf den prozessualen Charakter des Preismanagements hin (vgl. Kapitel 2.2). Zum anderen bezieht er, wie zu Beginn dieses Kapitels bereits angekündigt, sowohl die operative als auch die strategische Ebene ein. Der letzte Teilsatz schließt zudem die psychologischen Effekte der Preisentscheidungen mit ein, die in Kapitel 7 behandelt werden. Wie bereits im Rahmen der Preisdefinition erwähnt, inkludiert Siems sowohl monetäre als auch nicht monetäre Leistungen des Kunden.

2.2 Preismanagement als Prozess

In Kapitel 1 wurde die Bedeutung des Preismanagements für den Unternehmenserfolg geschildert und erwähnt, dass eine umfassende Betrachtung aller zugehörigen Elemente entscheidend für den Unternehmenserfolg ist. Riekhof/Lohaus (2009, S. 4) machen deutlich, dass die klassische Preisoptimierung dieser Aufgabe nicht mehr gerecht wird. Vielmehr muss ein standardisierter, sich an Geschäftsprozessen orientierender Prozess eingeführt werden, der alle nötigen Aspekte umfasst. Abbildung A.3 stellt einen Preismanagementprozess dar, der auf Arbeiten von Wiltinger (1998, S. 20ff.), Simon/Fassnacht (2009, S. 15ff.), Siems (2009, S. 14ff.), Werani/Prem (2009, S. 201ff.) und Diller (2008, S. 26ff.) aufbaut.

Phase	Preisanalyse	Preisstrategie	Preis-festsetzung	Preis-durchsetzung
Input	Intern/Externe Informationen	Unternehmens-/ Marketingstrategie	Aktuelle Marktdaten	Kenntnis der Stakeholder
Inhalt	• Informations-systeme • Umfeld-bedingungen • Grundmodelle der Preistheorie • Dimensionen der Preissysteme • Verhaltenstheorie	• Preisziele • Preis-positionierung • Zeitliche Preisvariation • Mehrdimensionale Preisstrategien	• Kostenorientierte Preiskalkulation • Marktorientierte Preiskalkulation • Langfristige Preisoptimierung • Rechtliche Rahmen-bedingungen	• Unternehmens-interne Regelungen • Marktgerichtete Aktivitäten • Preisrisiken
Output	Verständnis preis-lich relevanter Informationen	Ganzheitliches Ziel- und Handlungskonzept	Preissystem	In-/externe Akzeptanz des Preissystems

Abbildung A.3 Preismanagementprozess

Dieser Prozess gliedert sich in 4 Phasen: die Preisanalyse, die Festlegung einer Preisstrategie, die Preisfestsetzung und die Preisdurchsetzung. In der Analysephase wird die Grundlage für eine optimale Preisentscheidung geschaffen, indem die nötigen Informationen gesammelt und ausgewertet werden. Zu diesen Informationen gehören Daten über das Unternehmen selbst, dessen Mikroumwelt (die Wettbewerber, Kunden, Lieferanten und Absatzmittler umfasst) sowie die Makroumwelt mit ihren ökonomischen, technologischen, politisch-rechtlichen, gesellschaftlichen und ökologischen Einflussfaktoren. Aufbauend auf diesen Informationen wird im Folgenden der Kunde als Ausgangspunkt des unternehmerischen Handelns noch näher analysiert. Dies erfolgt zunächst auf mikroökonomischer Ebene, indem die zuvor erhobenen Informationen zur Erstellung einer Preisabsatzfunktion genutzt werden. Diese Ergebnisse müssen in einem nächsten Schritt um die Betrachtung mehrerer Perioden, Produkte und unterschiedlicher Bedürfnisse der Nachfrager erweitert werden, was zu einem Verständnis der Dimensionen eines Preissystems führt. Zusätzlich zu der mikroökonomischen Analyse des Kunden erfolgt die Analyse verhaltens-wissenschaftlicher Ansätze. Im Rahmen dieser Analyse werden die psychologischen Einflussfaktoren auf die Kaufentscheidung der Nachfrager so gut wie möglich untersucht und die Bedeutung für Unternehmensentscheidungen beleuchtet.

Basierend auf diesen Informationen kann in der zweiten Phase die Preisstrategie des Unternehmens festgelegt werden. Dazu müssen zunächst die Preisziele definiert werden, die, abgestimmt mit den Unternehmenszielen, die Richtung des Preismanagements für das Unternehmen vorgeben. Den Zielen entsprechend werden dann die betreffenden Produkte bezüglich des Preis-Leistungs-Verhältnisses positioniert. Dabei muss die zeitliche Variation der Preise, unter anderem im Hinblick auf den Produkt- und Marktlebenszyklus, bereits berücksichtigt werden. Ist die grundlegende Positionierung definiert, so können weitere Entscheidungen bezüglich der Ausgestaltung des Preis- und Konditionensystems getroffen werden. Dazu gehören beispielsweise die Anwendung von Formen der Preisdifferenzierung und der Preisbündelung.

Die dritte Phase des Prozesses besteht aus einer Festsetzung der Preise, zu denen das Produkt auf dem Markt angeboten werden soll. Die Preisbildung kann sowohl nachfrager- als auch wettbewerbs- oder kostenorientiert erfolgen. Zudem ist eine Kombination der verschiedenen Herangehensweisen möglich. Dabei gilt es, der zuvor festgelegten Strategie folgend, nicht nur den Einführungspreis eines Produktes, sondern ebenso differenzierte Preise und Preise der Produktbündel zu berechnen, sowie Anpassungen im Zeitablauf vorzunehmen.

Im letzten Schritt des Preismanagementprozesses müssen die festgesetzten Preise durchgesetzt werden. Dazu bedarf es interner Regelungen bezüglich der Preisorganisation, einer internen Preiskommunikation, einer genauen Abgrenzung der Rolle des Außendienstes sowie eines durchgängigen Preiscontrolling-Systems. Zu den marktgerichteten Aktivitäten dieses Schrittes gehören die externe Preiskommunikation, Preisvereinbarungen sowie eine Prüfung der Möglichkeiten mehrstufiger Preisdurchsetzung. Des Weiteren müssen Preisrisiken analysiert und muss deren Auswirkungen gegengesteuert werden.

B Die Preisanalyse

3 Informationssysteme des Preismanagements

Die Bestimmung optimaler Preise ist ein äußerst komplexer Prozess. Informationen bilden dabei die Voraussetzung, um die richtigen Entscheidungen treffen und ein Unternehmen erfolgreich führen zu können (vgl. Berekoven/Eckert/Ellenrieder 2009, S.19). Diller (2008, S. 170) bezeichnet Informationen gar als vierten Produktionsfaktor, der professionelles Preismanagement überhaupt erst möglich macht.

Die Grundlage für die Beschaffung von Informationen ist der Informationsbedarf. Dieser Bedarf entsteht sowohl in der Analysephase als auch im Zuge der Definition der Strategie, der Preisfestsetzung und dem letzten Schritt des Preismanagementprozesses, der Preisdurchsetzung. Aus diesem Grund müssen die Quellen und Verfahren der Informationsbeschaffung bereits zu Beginn des Preismanagementprozesses bekannt sein.

In vielen Lehrbüchern zum Thema Preis wird der Prozess der Erhebung, Auswertung und Nutzung der Vielzahl an benötigten Informationen stark vernachlässigt. Dabei stellt dieser Prozess eine große Herausforderung für Unternehmer dar. Wiltinger (1998) hat die Beschaffung und konsequente Nutzung von Informationen als einen der drei Problemkreise definiert, die bei der Implementierung theoretischer Preisüberlegungen in der Unternehmenspraxis auftauchen. Um diesen wichtigen Prozess zu strukturieren, schlägt Diller (2008, S. 170f.) die Einführung eines Preis-Informationssystems vor. Dieses System hat zum Ziel, die Informationsversorgung zu sichern, relevante Informationen zu filtern, aufzubereiten und dort bereitzustellen, wo sie gebraucht werden. Um dieses Ziel zu erreichen, müssen folgende Voraussetzungen erfüllt sein, die in den diesem Kapitel beschrieben werden:

- Definition des Informationsprogramms
- Evaluierung und Auswahl der Informationsquellen und Erhebungsverfahren

3.1 Informationsprogramm

Das Informationsprogramm gibt an, welche Art von Informationen in welchem Umfang und zu welchem Zeitpunkt benötigt werden. Diller (2008, S. 50f.) unterscheidet drei Arten von Informationen:

- Interne Unternehmensinformationen
- Informationen über den Markt des Unternehmens
- Informationen über das Makrosystem

Die Inhalte dieser Informationsarten werden in Kapitel 4 näher beschrieben.

Berekoven/Eckert/Ellenrieder (2009, S. 21) geben einen Überblick über die Vielfalt an Informationen, die ein Unternehmen für seine Preisentscheidungen benötigt (Abbildung B.1).

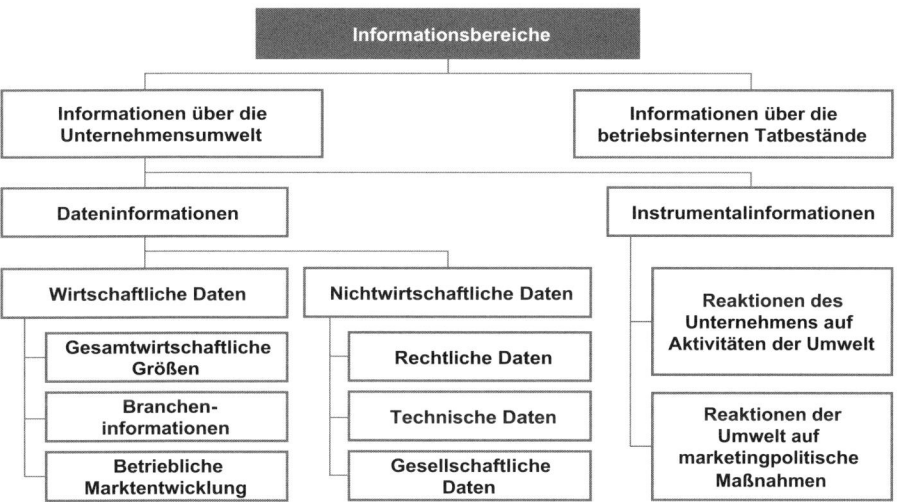

Abbildung B.1 Informationsbereiche als Grundlage für Preisentscheidungen (nach Berekoven/Eckert/Ellenrieder 2009, S. 21)

3.2 Erhebung von Informationen

Wurde im Rahmen der Definition des Informationsprogramms festgelegt, welche Informationen benötigt werden, so muss im nächsten Schritt entschieden werden, wie diese Informationen beschafft werden können.

Berkoven/Eckert/Ellenrieder (2009, S. 24) definieren vier Kriterien, die bei der Beschaffung von Informationen berücksichtigt werden müssen:

- *Nützlichkeit*

  Ziel der Informationsbeschaffung ist nicht die Sammlung, sondern die Verwertbarkeit der gewonnenen Daten. Dabei ist stets zwischen dem Nutzen der Information und den Kosten der Beschaffung abzuwägen.

- *Vollständigkeit*

  Grundsätzlich besteht der Anspruch, alle für die Preisentscheidung notwendigen Informationen zu sammeln. Dies gestaltet sich in der Praxis allerdings teilweise sehr schwierig. Daher muss vom Entscheider, wiederum unter Berücksichtigung des Kosten-Nutzen-Aspektes, beurteilt werden, auf welche Informationen ohne erhebliche Einschränkung der Vollständigkeit verzichtet werden kann.

- *Aktualität*

  Die Aktualität von Informationen ist ein wichtiges Qualitätskriterium. Gerade in schnelllebigen Märkten können veraltete Daten zu falschen Entscheidungen führen. Durch technische Neuerungen, insbesondere durch Online-Transaktionen wird der Zugang zu immer aktuelleren Daten ermöglicht. Allerdings gilt es auch hier, die Kosten der Informationsbeschaffung abzuwägen. Die Beschaffung aktueller Daten ist in der Regel teurer als die Nutzung vorhandener Informationen.

- *Wahrheit*

  Die Wahrheit der beschafften Informationen ist das wichtigste Kriterium. Nur verlässliche Informationen, welche die Realität möglichst genau abbilden, führen zum optimalen Preis. In vielen Fällen, vor allem bei der Beschaffung der Informationen durch Dritte, kann sich die Überprüfung als schwierig erweisen. An dieser Stelle muss abgewogen werden, welchen Mehrwert zusätzliche Kontrollen und Überprüfungen bringen können.

Grundsätzlich existieren zwei Möglichkeiten, benötigte Informationen zu erlangen: die Auswertung bestehender Daten, auch Sekundärforschung genannt, und die Erhebung neuer Daten, die auch als Primärforschung bezeichnet wird. Diese beiden Möglichkeiten sollen im Folgenden näher beschrieben werden.

3.2.1 Sekundärforschung

In vielen Märkten stehen die Informationen, welche für die Preisentscheidung benötigt werden, oftmals schon bereit und müssen vom Unternehmen nicht selbst erhoben werden (vgl. Hofbauer/Schöpfel 2010, S. 129ff.). Die Sekundärforschung beschäftigt sich daher mit der Auswahl und Auswertung dieser bereits vorhandenen Daten.

Die Quellen zur Gewinnung von Sekundärdaten können aus Sicht des Unternehmens in zwei Arten unterteilt werden: interne Quellen des Unternehmens, wie Finanz- oder Kundendaten, und externe Quellen, die öffentliche aber auch kommerzielle Daten anbieten. Tabelle B.1 zeigt einige Beispiele möglicher Quellen, die für die Sekundärforschung genutzt werden können.

Tabelle B.1 Informationsquellen der Sekundärforschung (nach Homburg 2012, S. 288 ff.)

Informationsquellen der Sekundärforschung	
Art	Beispiele
Intern	Buchhaltung
	Kundendatenbank
	Absatzdatenbank
	Berichte des Außendienstes
	Frühere Primärerhebungen
Extern	Amtliche Statistiken
	Veröffentlichungen von Wirtschaftsverbänden
	Veröffentlichungen von Wettbewerbern
	Fachliteratur
	Daten von Marktforschungsinstituten/Beratungsunternehmen

Im Rahmen der Sekundärforschung hat die Nutzung und Weiterentwicklung von Datenbanken neue Möglichkeiten geschaffen, das immer schneller wachsende Angebot an Informationen möglichst effizient zu verwerten. Auch die Entwicklung der Internettechnologie hat zu vielen neuen Möglichkeiten der Sekundärforschung geführt. Zwar müssen auf diese Weise gewonnene Daten genau auf den Wahrheitsgehalt überprüft werden, sie haben aber den Vorteil, meist kostengünstig und reichhaltig zu sein (vgl. Homburg 2012, S. 289f.). Die Vor- und Nachteile der Sekundärforschung können Tabelle B.2 entnommen werden.

3.2.2 Primärforschung

Im Rahmen der Primärforschung wird der Informationsbedarf des Unternehmens durch die Erhebung von Daten im Markt gedeckt. Die Primärforschung wird zumeist, da sie in der Regel sehr kostenintensiv ist, nur dann angewendet, wenn die Sekundärdaten für das Treffen einer Entscheidung nicht ausreichen (vgl. Meffert/Burmann/Kirchgeorg 2012, S. 149).

Tabelle B.2 Vor- und Nachteile der Sekundärforschung
(nach Schneider 2007, S. 45; Kuß 2012, 43f.)

Vor- und Nachteile der Sekundärforschung	
Vorteile	Zeitersparnis
	Kostenersparnis
	Verfügbarkeit von Daten der Vergangenheit
Nachteile	Problemrelevante Daten unter Umständen nicht oder nur in stark aggeregierter Form verfügbar
	Publikation gegenüber dem Erhebungszeitpunkt verzögert
	Zuverlässigkeit der Datenerhebung meist nicht überprüfbar

Um die benötigten Primärinformationen zu beschaffen, können grundsätzlich drei Methoden angewandt werden: die Befragung, die Beobachtung und die Durchführung von Experimenten.

3.2.2.1 Befragung

Die große Bedeutung der Befragung als Erhebungsmethode in der Praxis ist begründet durch die Möglichkeit, nicht nur äußerlich wahrnehmbare, sondern ebenso nicht sichtbare Sachverhalte wie Motive und Einstellungen ermitteln zu können (vgl. Mattmüller 2012, S. 112). Die gewünschten Informationen sollen dabei mit Hilfe gezielter Fragen an die Auskunftsperson erhalten werden (vgl. Kuß 2012, S. 55). Bezüglich der Fragestellung existieren verschiedene Formen: die Fragen können entweder frei oder aber unter Zuhilfenahme eines Fragebogens gestellt werden, was die Aufbereitung und Analyse vereinfacht (vgl. Simon/Fassnacht 2009, S. 110). Außerdem können die Fragen sowohl persönlich im Rahmen eines Präsenzinterviews als auch telefonisch oder schriftlich gestellt werden.

Neben den eben beschrieben Arten der Befragung lässt sich dieses Erhebungsverfahren in Abhängigkeit der befragten Personen in zwei weitere Formen unterscheiden: die Befragung von Experten und die Befragung von Abnehmern.

Expertenbefragung

Im Rahmen von Expertengesprächen werden Fachleute des zu untersuchenden Gebietes befragt. Zu diesen Fachleuten gehören sowohl externe Experten wie Absatzmittler oder Unternehmensberater, als auch eigene Mitarbeiter wie Angehörige der Unternehmensleitung oder des Außendienstes (vgl. Simon/Fassnacht 2009, S. 110; Berekoven/Eckert/Ellenrieder 2009, S. 277).

Diese Erhebungsform wird vor allem dann eingesetzt, wenn die Befragung von Kunden zu langwierig oder zu teuer wäre. Eine weitere Einsatzmöglichkeit ist die Durchführung im Rahmen einer Preisentscheidung für Innovationen, da die Kunden in diesem Fall den Mehrwert eines Produktes oft noch nicht beurteilen können. Ein Nachteil dieser Erhebungsform ist, dass die Meinung der Kunden nicht berücksichtigt wird. Daraus folgt, dass die Expertenbefragung ein gutes Mittel zur ersten Einschätzung und Eingrenzung des Preisspielraums darstellt, jedoch vor allem als Ergänzung angewandt werden sollte (vgl. Simon/Dolan 1997, S. 62ff.).

Kundenbefragung

Die Befragung potenzieller Kunden ist ein weiterer Weg, notwendige Informationen zu erheben. Dabei kann zwischen direkten und indirekten Kundenbefragungen unterschieden werden.

Direkte Kundenbefragung

Im Rahmen direkter Kundenbefragungen werden die Teilnehmer unmittelbar nach den gewünschten Informationen, wie zum Beispiel der Zahlungsbereitschaft oder auch der Reaktion auf Preisänderungen befragt (vgl. Simon/Dolan 1997, S. 65). Diese Methode wird häufig zur Ermittlung von Preisabsatzfunktionen, insbesondere bei Online-Transaktionen genutzt. Abbildung B.2 zeigt ein Beispiel von Simon/Dolan (1997, S. 66f.), bei dem Kunden nach ihren Maximalpreisen gefragt wurden.

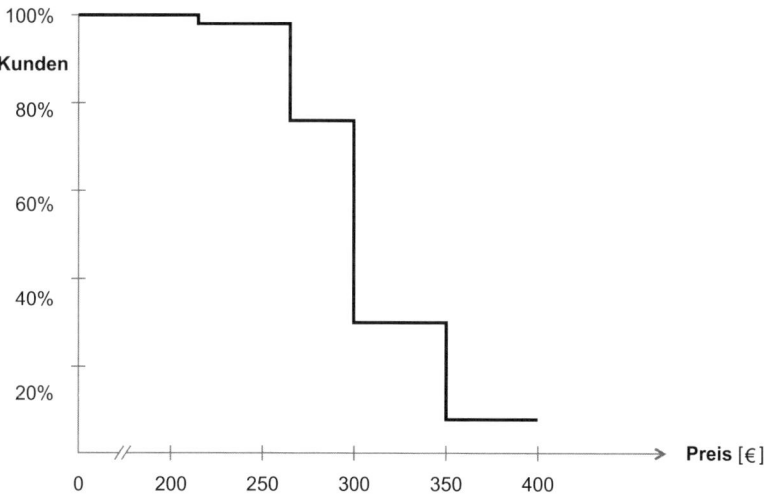

Abbildung B.2 Durch Kundenbefragung ermittelte Preisabsatzkurve (nach Simon/Dolan 1997, S. 66)

Diese Methode der Kundenbefragung hat den Vorteil, relativ einfach und preisgünstig zu sein, birgt jedoch auch einige Nachteile (vgl. Simon/Dolan 1997, S. 68):

- Der Preis wird isoliert, also ohne Einbeziehung anderer Produkteigenschaften betrachtet.
- Der Preis hat einen so genannten Prestigeeffekt. Viele Befragte geben folglich nicht den tatsächlichen, sondern oftmals einen höheren Preis an, um zu „beweisen", dass sie sich auch das teurere Produkt leisten könnten.

Aufgrund dieser Nachteile empfiehlt es sich, diese Methode lediglich als Ergänzung zu verwenden und durch andere Ergebnisse zu stützen.

Indirekte Kundenbefragung

Im Rahmen indirekter Kundenbefragungen wird eine alleinige Abfrage von Preisinformationen vermieden. Vielmehr soll die Kaufentscheidung möglichst real abgebildet, also das Produkt und damit der für den Kunden mit dem Kaufpreis erworbene Nutzen in die Entscheidung einbezogen werden (vgl. Simon/Fassnacht, S. 116f.). Daher erfolgt eine Beurteilung verschiedener Produktalternativen, die sich systematisch hinsichtlich diverser Charakteristika wie Preis und Qualität unterscheiden. Da auf Basis dieser Gesamturteile die Schätzung der Teilnutzenwerte erfolgt, wird dieses Verfahren auch dekompositionelles Verfahren genannt (vgl. Völckner 2006, S. 36).

Eine bekannte Methode indirekter Kundenbefragungen ist die so genannte van Westendorp-Analyse. Im Rahmen dieser Analyse wird den Probanden das Produkt und besonders seine Qualität erklärt. Daraufhin werden die Teilnehmer aufgefordert vier Preise anzugeben, die jeweils einer der folgenden Anforderungen entsprechen (vgl. Ahlert/Kenning 2007, S. 277f.):

- einen Preis, der angemessen, aber noch günstig ist
- einen Preis, der relativ hoch, aber noch vertretbar ist
- den Preis, der zu hoch ist
- den Preis, der so niedrig ist, dass Qualitätszweifel entstehen

Das Ergebnis dieses Verfahrens ist ein Preisbereich, in dem eine hohe Anzahl der Kunden das Produkt kaufen würden.

Ein weiteres sehr bekanntes Verfahren indirekter Kundenbefragungen ist das so genannte Conjoint Measurement, auch Conjoint-Analyse genannt. Nach einem Aufsatz von Green/Krieger/Wind (2001) ist diese Methode sogar eine der am weitesten verbreiteten Methoden, die im Marketingbereich eingesetzt werden. Ziel des Conjoint Measurements ist es herauszufinden, welchen Nutzen Kunden einem bestimmten Produkt sowie dessen einzelnen Produktmerkmalen zuordnen, und daraus folgend, welchen Preis sie dafür zahlen würden.

Dazu bringen die Befragten üblicherweise verschiedene Alternativen in eine Rangfolge gemäß der Kaufpräferenz oder bewerten die Alternativen mit Hilfe einer Rating-Skala (vgl. Völckner 2006, S. 37). Eine ausführliche Beschreibung dieser bedeutenden Methode ist unter anderem bei Simon/Fassnacht (2009, S. 116ff.), Simon/Dolan (1997, S. 69ff.) und Gustafsson/Hermann/Huber (2001) zu finden.

Jede der hier vorgestellten Arten der Befragung vereint spezielle Vor- und Nachteile in sich. Es existieren aber auch Vor- und Nachteile dieser Erhebungsform im Allgemeinen, die in Tabelle B.3 dargestellt sind.

Tabelle B.3 Vor- und Nachteile von Befragungen (nach Mattmüller 2012, S. 120)

Vor- und Nachteile von Befragungen	
Vorteile	Gezielte Ausrichtung auf bestimmte Problemstellungen
	Breite des Anwendungsbereiches
	Begrenzter Aufwand
Nachteile	Beeinflussung der Antworten durch gesellschaftliche Normen
	In der Regel Befragung einer kleineren Stichprobe
	Keine vollständige Erfassung des komplexen Preisverhaltens

3.2.2.2 Beobachtung

Eine weitere Möglichkeit, benötigte Informationen zu erheben, sind Beobachtungen. Diese stellen im Gegensatz zu Befragungen ein so genanntes „nichtreaktives Messverfahren" dar (Diller 2008, S. 175). Im Rahmen von Beobachtungen lassen sich Informationen lediglich durch die Analyse äußerlich wahrnehmbarer Verhaltensweisen beschaffen. Definiert wird die Beobachtung folglich als die systematische Erfassung erkennbaren Verhaltens durch einen oder mehrere außenstehende Beobachter (Wübbenhorst/Maier 2013a).

Die Beobachtung kann in Form einer Labor- oder Feldbeobachtung durchgeführt werden. Die unbemerkte Beobachtung von Kunden während ihres Einkaufsprozesses wird dabei als Feldbeobachtung bezeichnet (vgl. Schneider 2007, S. 48). Die Schwierigkeit hierbei liegt darin, anhand der von außen sichtbaren Verhaltensweisen auf die im Konsumenten ablaufenden Entscheidungsprozesse zu schließen. Wird die Beobachtung in einem künstlichen Umfeld, zum Beispiel in den Räumen des untersuchenden Unternehmens durchgeführt, so spricht man von Laborbeobachtungen. Zwar können hier Rahmenbedingungen wie Sortiment und Preise besser beeinflusst werden, dies führt aller-

Tabelle B.4 Vor- und Nachteile von Beobachtungen (nach Mattmüller 2012, S. 120)

Vor- und Nachteile von Beobachtungen	
Vorteile	Unmittelbare, direkte Erfassung
	Unabhängig von der Zustimmung der Teilnehmer
	Unverzerrtes Verhalten (bei unbemerkter Beobachtung)
Nachteile	Fähigkeiten und Kompetenzen des Beobachters ausschlaggebend für die Qualität der Informationen
	Keine Informationen über äußerlich nicht wahrnehmbare Sachverhalte
	Mehrdeutigkeit der Beobachtungen
	Möglichkeiten einer repräsentativen Stichprobe begrenzt

dings zwangsläufig zu einer Entfernung von der Realität und damit zu einer niedrigeren Aussagefähigkeit der gewonnenen Informationen. Tabelle B.4 fasst die Vor- und Nachteile dieser Erhebungsform zusammen.

3.2.2.3 Experiment

Das Experiment kann als Mischform zwischen Befragung und Beobachtung kategorisiert werden (Homburg 2012, S. 274) und hat die größte Bedeutung für die Marktforschung. Das Gabler Wirtschaftslexikon definiert den Begriff Experiment als „planmäßige Erhebung empirischer Sachverhalte zur Prüfung von Hypothesen" (Wübbenhorst/Maier 2013b). In diesem Zusammenhang müssen 2 Variablen unterschieden werden: die unabhängige Variable, die im Laufe des Experiments verändert wird, und die abhängige Variable, deren Veränderungen im Zusammenhang mit der Variation der unabhängigen Variable beobachtet werden. Ziel von Experimenten ist es folglich, die Auswirkungen beeinflussbarer Variablen wie Preis und Werbung auf nicht unmittelbar beeinflussbare Determinanten wie Image und Absatz zu beobachten (vgl. Mattmüller 2012, S. 123f.).

Bei Experimenten kann, wie bei den Beobachtungen, zwischen Feld- und Laborexperimenten unterschieden werden. Feldexperimente werden unter realen Bedingungen durchgeführt und schaffen somit verlässlichere Informationen für unternehmerische Entscheidungen. Ein Beispiel eines Feldexperiments ist der Storetest, in dessen Rahmen die zu beobachtenden Produkte unter kontrollierten Bedingungen in ausgewählten – im Idealfall repräsentativen – Geschäften verkauft werden. Dabei werden vor allem Preis, Verpackungsgestaltung, Platzierung sowie die Werbung am Ort des Verkaufs als unabhängige Variablen eingesetzt. Laborexperimente hingegen finden in der Umgebung des untersuchenden Unternehmens statt und sind lediglich eine Simulation der Realität, wobei bestimmte Faktoren bewusst beeinflusst werden. Im Vergleich zum Feldexperiment haben Laborexperimente den Vorteil, zumeist kostengünstiger und schneller durchgeführt werden zu können (vgl. Schneider 2007, S. 49; Homburg 2012, S. 274; Mattmüller 2012, S. 123).

Eine Form des Experimentes, das eine immer größere Rolle unter den Marktforschungsinstrumenten spielt, ist die experimentelle Auktion. Bedingt durch die Verbreitung des Internet ermöglichen Plattformen wie ebay.de oder wellbid.de Marktforschern die Ermittlung von Zahlungsbereitschaften unzähliger Kunden auf eine zuvor nicht mögliche Art und Weise (vgl. Simon/Fassnacht 2009, S. 132f.). Grundsätzlich werden vier Arten der Auktion unterschieden: die englische, die holländische, die Höchstpreis- und die Vickrey-Auktion (vgl. McAfee/McMillan 1987, S. 702). Dabei wird in der Literatur die Vickrey-Auktion als die für die Ermittlung der Zahlungsbereitschaften der Teilnehmer am besten geeignete Auktion beschrieben (vgl. Simon/Fassnacht 2009, S. 133; Skiera/Spann 2003, S. 630). Grund hierfür ist die so genannte Anreizkompatibilität (vgl. McAfee/McMillan 1987, S. 712). Diese besagt, dass für jeden Teilnehmer der Auktion ein Gebot in Höhe der tatsächlichen Zahlungsbereitschaft die beste Alternative ist. Genau dieser Gedankengang bildet die Basis der Vickrey-Auktion (vgl. Vickrey 1961, S. 20ff.): Der Gewinner dieser Auktion bezahlt nicht den Betrag seines Gebotes, sondern den des zweithöchsten Gebotes. Gibt der Teilnehmer ein Gebot unterhalb seiner Zahlungsbereitschaft ab, so läuft er in Gefahr, den Zuschlag nicht zu bekommen. Bietet er allerdings mehr als er eigentlich zu zahlen bereit ist, so kann es vorkommen, dass der zu zahlende Betrag seine Zahlungsbereitschaft übersteigt (vgl. Skiera/Spann 2003, S. 630).

3.3 Ansätze für Unternehmen

Dieses Kapitel hat die Notwendigkeit eines Informationsprogrammes dargestellt und die verschiedenen Möglichkeiten geschildert, erforderliche Informationen zu beschaffen. Welche dieser Möglichkeiten ein Unternehmen nutzt, hängt von den Rahmenbedingungen ab und muss in der jeweiligen Situation individuell entschieden werden.

Optimierungspotenzial besteht in den meisten Unternehmen zum einen darin, Informationen auch für andere Bereiche des Unternehmens zugänglich zu machen. Zum anderen werden in vielen Unternehmen die Informationen nicht ausreichend archiviert, was dazu führt, dass sie bei späteren Entscheidungen nicht mehr verfügbar sind. Durch eine Beseitigung dieser Schwachstellen im Informationsmanagement kann viel Zeit und Geld eingespart werden.

4 Umfeld des Preismanagements

In diesem Kapitel werden die in Kapitel 3.1 aufgeführten Informationsarten beschrieben. Die Kenntnis dieser internen und externen Informationen ist die Voraussetzung, um optimale Preisentscheidungen für ein Unternehmen treffen zu können. Diller (2008, S. 49ff.) nennt die Einflussfaktoren auf den Preisspielraum „Umfeldbedingungen preispolitischer Entscheidungen". Er definiert sie als Faktoren, die bestimmte Preisentscheidungen überhaupt erst möglich machen, verhindern oder deren Auswirkung beeinflussen, ohne dass der Entscheider wenigstens kurzfristig unmittelbaren Einfluss darauf ausüben kann. Aufgrund der Vielzahl von Einflussfaktoren bedient sich die Betriebswirtschaft wie so oft vereinfachenden Modellen, um die gegenseitigen Beziehungen darzustellen. Abbildung B.3 zeigt ein Modell, das die Grenzen des Preisspielraums aufzeigt. Dabei ist der Preisspielraum definiert als der Bereich, in den der Preis fallen sollte, damit das Unternehmen profitabel handelt (vgl. Simon/Fassnacht 2009, S. 81f.). Die Preisobergrenze wird von der Zahlungsbereitschaft der Kunden und den Preisen der Wettbewerber bestimmt. Diese Grenze ist allerdings in den meisten Fällen kein fester Punkt, sondern vielmehr ein Bereich, da sich sowohl die Zahlungsbereitschaften potenzieller Kunden als auch die Wettbewerbsprodukte hinsichtlich entscheidender Faktoren wie Qualität und Preis unterscheiden. Die Preisuntergrenze wird durch die Kosten des Unternehmens bestimmt. Zwar kann der Preis diese Grenze unter bestimmten Umständen kurzfristig unterschreiten, auf lange Sicht muss der Preis allerdings über den Kosten liegen, um Gewinne zu erwirtschaften.

Nach dieser sehr allgemeinen Eingrenzung des Preisspielraums soll das Umfeld von Preisentscheidungen nun näher beschrieben werden. Diller (2008, S. 50ff.) bedient sich dabei in Anlehnung an Meffert (1998, S. 28) des systemtheoreti-

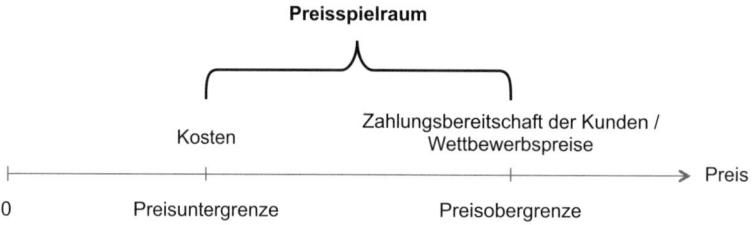

Abbildung B.3 Grenzen des Preisspielraums (nach Simon/Fassnacht 2009, S. 82)

schen Ansatzes. Dabei identifiziert er den internen Bedingungsrahmen des Unternehmens und das externe Umfeld, das weiter in den Absatzmarkt und das Makrosystem unterteilt werden kann. Diese verschiedenen Bereiche werden in den folgenden Kapiteln vorgestellt, wobei der Absatzmarkt in Anlehnung an Meffert/Burmann/Kirchgeorg (2012, S. 45) als Mikroumwelt bezeichnet wird.

4.1 Das Unternehmen

Interne Einflussfaktoren auf den Preis sind das Resultat vergangener, sich auf die Gegenwart auswirkender Entscheidungen des Unternehmens. Da eine vollständige Auflistung aller unternehmensinternen Einflussfaktoren nahezu unmöglich ist, versucht Diller (2008, S. 51ff.) die relevanten Faktoren durch eine Einteilung in vier Subsysteme zu erfassen. Diese Systeme sind in Tabelle B.5 dargestellt.

Tabelle B.5 (Unternehmens-)Internes Umfeldsystem (nach Diller 2008, S. 51ff.)

Internes Umfeldsystem	
Subsystem	**Beispiele**
Absatz-wirtschaft	Ressourcen
	Art/Form der abzusetzenden Leistungen
Produktions-wirtschaft	Ausstattung mit Potenzialfaktoren
	Fertigungsbreite/-tiefe
	Prozessablauf
Beschaffungs-wirtschaft	Qualität der Inputfaktoren
	Preise der Inputfaktoren
Finanz-wirtschaft	Höhe des verfügbaren Kapitals
	Struktur des verfügbaren Kapitals

Von besonderer Bedeutung im Rahmen unternehmensinterner Informationen ist eine genaue Kenntnis der Kostensituation des Unternehmens. Damit soll keineswegs ausgedrückt werden, dass die weit verbreitete Berechnung der Preise anhand eines Aufschlags auf die Kosten eines Produktes in einem annähernd optimalen Preis resultiert. Dennoch müssen die Kosten, wie in Abbildung B.3 dargestellt, zur Sicherstellung der Profitabilität des Unternehmens in die Preisentscheidung einbezogen werden. Für eine detaillierte Betrachtung der Kosten eines Unternehmens sei an dieser Stelle auf Simon/Fassnacht (2009, S. 82ff.) verwiesen.

4.2 Mikroumwelt

Meffert/Burmann/Kirchgeorg (2012, S. 45) definieren die Mikroumwelt eines Unternehmens als das Umfeld, das für die Durchführung des Unternehmenszwecks die größte Bedeutung hat. Abbildung B.4 stellt dar, welche Transaktionspartner und weitere Einflussfaktoren der Mikroumwelt bei der Preisentscheidung berücksichtigt werden müssen.

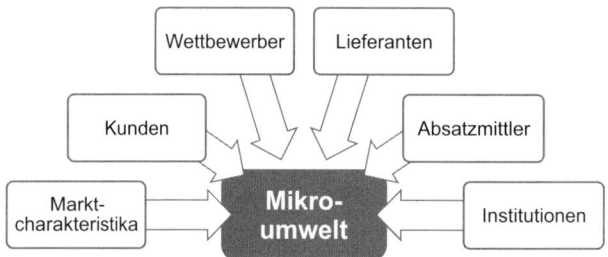

Abbildung B.4 Parameter der Mikroumwelt
(Meffert/Burmann/Kirchgeorg 2012, S. 45)

4.2.1 Marktcharakteristika

Zunächst soll auf die Bedeutung der Marktcharakteristika im Allgemeinen eingegangen werden. Die Besonderheiten des jeweilig zu betrachtenden Marktes bestimmen zu einem großen Teil die Möglichkeiten der Unternehmen, diesen Markt durch eigene Entscheidungen zu prägen.

Eine Einflussgröße, die oft bestimmte Charakteristika mit sich bringt, ist die *Lebenszyklusphase* der Produkte im Markt. So ist zu Beginn des Lebenszyklus die Anzahl der Konkurrenten meist noch relativ gering, was den Preisspielraum erhöht, während in späteren Phasen der Konkurrenz- und damit auch der Preisdruck ansteigt. Ein weiterer wichtiger Faktor ist der Sättigungsgrad des Marktes. Dieser ist definiert als Quotient aus Marktvolumen und Marktpotenzial, beschreibt also die Aufnahmefähigkeit des Marktes. Je höher diese Kennziffer, desto schwieriger ist es für ein Unternehmen, in diesem Markt zu wachsen (vgl. Schneider/Hennig 2008, S. 237). Auch die Dringlichkeit der Bedürfnisse, die Dauerhaftigkeit des Gutes, die Saison- und Modeabhängigkeit und schließlich die absolute Preislage des Gutes müssen bei der Preisentscheidung berücksichtigt werden (vgl. Diller 2008, S. 56).

Ein weiteres Kriterium für die Preisbestimmung ist der Grad der *Vollkommenheit des Marktes*. Die Vollkommenheit wird häufig zu den Prämissen der klassischen Preistheorie gezählt und ist durch mehrere Faktoren gekennzeichnet. Dazu gehören die Homogenität der Güter, eine vollständige Markttransparenz, eine unendliche Anpassungsgeschwindigkeit sowie ein freier Marktzutritt und -austritt. Des Weiteren dürfen zwischen Anbietern und Nachfragern weder sachliche, räumliche, zeitliche noch persönliche Präferenzen bestehen und alle Marktteilnehmer müssen über vollständige Informationen verfügen. Sind diese Forderungen erfüllt, so gilt das *Jevonssche Indifferenzgesetz*, das besagt, dass es auf vollkommenen Märkten keine Preisunterschiede geben kann (vgl. Edling 2008, S. 70). Diller stellt im Zusammenhang mit der Festsetzung des Preises besonders die Bedeutung der Preistransparenz, also der Verfügbarkeit vollkommener Informationen, heraus. Diese erhöht den Druck auf die Unternehmen, die richtigen Preise zu setzen (vgl. Diller 2008, S. 57).

Der Preisdruck in der jeweiligen Branche ist ein ebenso wichtiger Einflussfaktor auf das Preismanagement. Der Preisdruck wird maßgeblich von den fünf Triebkräften des Wettbewerbs beeinflusst, die in Abbildung B.5 dargestellt sind und in den folgenden Kapiteln näher beschrieben werden (vgl. Porter 2008, S. 35f.).

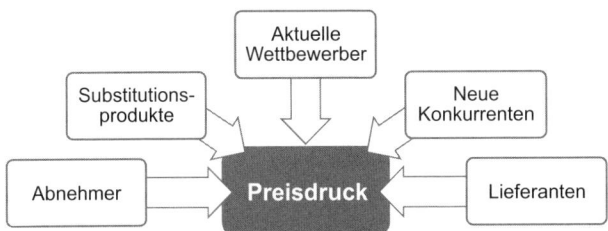

Abbildung B.5 Triebkräfte des Wettbewerbs (nach Porter 2008, S. 36)

4.2.2 Kunden

Kunden sind per Definition der Ausgangspunkt aller Marketingaktivitäten (vgl. Definitionen zum Marketingmanagement bei Meffert/Burmann/Kirchgeorg 2012, S. 19). Die Befriedigung der Kundenbedürfnisse erfolgt allerdings mit wenigen Ausnahmen wie gemeinnützigen Organisationen nicht aus altruistischen Motiven, sondern mit dem Ziel der Gewinnerzielung. Daher ist eine der wichtigsten Informationen in diesem Kontext die Zahlungsbereitschaft der Kunden (vgl. Simon/Fassnacht 2009, S. 84ff.). Diese drückt den Wert des Produktes für den Kunden auf monetäre Art und Weise aus (vgl. Kalish/Nelson 1991, S. 327).

Das Preisverhalten der Kunden kann dabei aus zwei Perspektiven untersucht werden: der mikroökonomischen und der verhaltenswissenschaftlichen Perspektive (vgl. Simon/Fassnacht 2009, S. 84f.). Während im Rahmen der mikroökonomischen Betrachtung die Ermittlung der Zahlungsbereitschaften der Kunden und daraus folgend die Preisabsatzfunktion des Produktes im Vordergrund steht, beschäftigt sich die verhaltenswissenschaftliche Perspektive mit psychologischen Prozessen, die das Verhalten der Kunden beeinflussen. Diese beiden Perspektiven werden in den Kapiteln 5, 6 und 7 näher beschrieben.

Allgemein lässt sich festhalten, dass die Kundenerwartungen in den meisten Märkten sehr differenziert sind. So lassen sich Nachfrager von Standardprodukten mit geringer Zahlungsbereitschaft von Kunden mit hohen Erwartungen an eine individualisierte Lösung und entsprechend hoher Zahlungsbereitschaft unterscheiden (vgl. Schaper 2009, S. 15). In den letzten Jahren ist außerdem die Entwicklung zu so genannten *hybriden Kunden* beobachtet worden. Diese sind bei bestimmten Produktkategorien sehr preissensitiv, während sie bei anderen Produkten viel Wert auf Image und Luxus legen und der Preis nur eine untergeordnete Rolle bei der Kaufentscheidung spielt (vgl. Diller 2008, S. 117ff.).

4.2.3 Absatzmittler

Die Produkte eines Unternehmens werden in vielen Fällen nicht direkt vom Produzenten an die Kunden geliefert, sondern mit Zwischenschaltung einer oder mehrerer Handelsstufen (vgl. Hofbauer/Schöpfel 2010, S. 235ff.). Bedient sich ein Produzent Absatzmittlern, so muss er auch diese in seine Preisentscheidungen einbeziehen. Vor allem Konsumgüterhersteller sehen sich verstärkt Forderungen nach Preisnachlässen durch den Handel ausgesetzt. Dieser Druck ist in der Interdependenz zwischen horizontalem und vertikalem Wettbewerb begründet: Je stärker der Wettbewerbsdruck zwischen Absatzmittlern ist, desto fordernder werden diese bei Verhandlungen mit dem Hersteller auftreten (vgl. Diller 2008, S. 60f.). Daher ist es für den Hersteller von großer Bedeutung, die Machtposition des Händlers in dessen horizontalem Markt zu kennen (vgl. Meffert/Burmann/Kirchgeorg 2012, S. 48f.).

4.2.4 Aktuelle Wettbewerber

Der klassischen Beschreibung der Konkurrenzsituation auf einem Markt dienen die so genannten Marktmorphologien, die die Anzahl der Marktteilnehmer angeben. Tabelle B.6 stellt die Marktaufteilung basierend auf einer Kombination der Anbieter- und Nachfragerseite dar.

Ebenso wichtig wie die Anzahl ist auch das Verhalten der Marktteilnehmer (vgl. Diller 2000, S. 59). Es ist wichtig zu identifizieren, welche Konkurrenten Nachahmer, Preisbrecher oder Innovatoren sind, um die wahrscheinlichen Reaktionen bei Preisänderungen in die Entscheidung einbeziehen zu können (vgl. Schwetje/Vaseghi 2005, S. 77f.). Da das Verhalten zumeist abhängig von den Zielen der Unternehmen ist, ist die Einschätzung der Zielvorstellung ebenso wichtig, um zukünftiges Preisverhalten aufzeigen zu können. Weitere

Tabelle B.6 Marktmorphologien (Piekenbrock 2013, S. 293)

Anbieter \ Nachfrager	Einer	Wenige	Viele
Einer	Bilaterales Monopol	Beschränktes Monopol	Monopol
Weniger	Beschränktes Monopson	Bilaterales Oligopol	Oligopol
Viele	Monopson	Oligopson	(Bilaterales) Polypol

Ansatzpunkte der Analyse des Wettbewerbs sind die Kostenstrukturen sowie die Auslastungsgrade der Konkurrenten (vgl. Schaper 2009, S. 14).

Diller (2008, S. 59f.) beschreibt eine Vielzahl von Möglichkeiten, das Ausmaß der Auswirkung von Konkurrenzaktivitäten auf das eigene Unternehmen zu bestimmen. Eine Messgröße, die hierzu herangezogen werden kann, ist die Kreuzpreiselastizität (vgl. Kapitel 5.2.2). Eine weit aufwendigere Methode ist die unmittelbare Befragung von Kunden über Ähnlichkeiten von Konkurrenten. Das Funktionalmarktkonzept nach Pfeiffer/Dörrie/Stoll (1977) wiederum bedient sich der Analyse des Produktzwecks und leitet daraus die Abgrenzung von Märkten ab.

4.2.5 Neue Konkurrenten und Substitutionsprodukte

Die Marktbedingungen können sich durch den Eintritt eines neuen Wettbewerbers grundlegend verändern. Dabei müssen sowohl bestehende Unternehmen, die eventuell in den Markt diversifizieren wollen, als auch die Gründung neuer Unternehmen beobachtet werden.

Der Wettbewerb muss allerdings nicht zwangsläufig durch Konkurrenten verschärft werden, die ein ähnliches Produkt anbieten.

Auch so genannte Substitutionsprodukte, die dasselbe Kundenbedürfnis befriedigen, müssen bei der Preisentscheidung beachtet werden (vgl. Schaper 2009, S. 14 f.).

4.2.6 Lieferanten

Das Lieferantenmanagement ist eine wichtige Aufgabe innerhalb des Unternehmens (Hofbauer/Mashhour/Fischer 2012). Vor allem in materialintensiven Unternehmen ist die Lieferantenbeziehung ein wichtiger Baustein, um die Kostenstruktur zu optimieren und einen reibungslosen Produktionsablauf zu garantieren.

4.2.7 Institutionen

Zu den Institutionen, die auf die Preisentscheidungen eines Unternehmens einwirken können, gehören unter anderem Aufsichtsämter, Behörden und so genannte Beeinflusser. Die Beeinflusser sind in der Lage, das öffentliche Meinungsbild zu verändern. Diese Position erreichen sie beispielsweise durch die Schaffung von Markttransparenz oder die Verbraucheraufklärung. Unter Einsatz eigener Medien wie Internet oder Broschüren sowie von Pressearbeit können sie Wissen und Verhalten der Nachfrager verändern. Ein bekanntes Mitglied dieser Gruppe ist die Stiftung Warentest, die verschiedene Produkte und Dienstleistungen untersucht, vergleicht und die Ergebnisse im Anschluss veröffentlicht.

Großen Einfluss auf Preisentscheidungen hat in vielen Fällen zudem der Staat, der in Form von gesetzlichen Regelungen sowie der Erhebung von Steuern und Zöllen in das Marktgeschehen eingreift. Dabei handelt er zumeist aufgrund verteilungspolitischer Motive, um Verbraucher beispielsweise mit Hilfe von Höchstpreisen oder Anbieter mit Hilfe von Mindestpreisen zu schützen. Die Möglichkeiten des Staates reichen somit von direkt administrierten Preisen, die er selbst festsetzt, über teiladministrierte Preise, die einer Genehmigungspflicht unterliegen, bis hin zu indirekt administrierten Preisen, die Verordnungen unterliegen, und quasiadministrierten Preisen, die durch Verbrauchssteuern beeinflusst werden (vgl. Meffert/Burmann/ Kirchgeorg 2012, S. 45ff.; Grömling 2000).

4.3 Makroumwelt

Unter dem Begriff Makroumwelt werden von Meffert/Burmann/Kirchgeorg (2012, S. 45) alle Einflussfaktoren zusammengefasst, die von einem Unterneh-

Tabelle B.7 Beispiele für die Perspektiven des Makrosystems
(Meffert/Burmann/Kirchgeorg 2012, S. 64f.; Diller 2008, S. 64ff.)

Makrosystem	
Perspektive	Beispiele
ökonomisch	Bruttoinlandsprodukt, Konjunkturentwicklung, Kaufkraft, Inflationsrate
gesellschaftlich	Demographie, Lebensstandard, Werte
politisch-rechtlich	Politische Stabilität, Preiskontrollen, Steuersystem, gesetzliche Rahmenbedingungen
technologisch	Wissenschaftliche Institutionen, Informations-/Kommunikationstechnologien
ökologisch	Umweltschutz, Rohstoffbestände

men nicht beeinflusst werden können. Eine Differenzierung des Makrosystems erfolgt meist in eine ökonomische, gesellschaftliche, politisch-rechtliche, technologische und ökologische Perspektive. Tabelle B.7 führt einige Beispiele für jede Perspektive auf.

Abbildung B.6 stellt ergänzend die Verflechtung von Unternehmen sowohl mit Transaktionspartnern im Mikrosystem als auch mit dem Makrosystem dar.

Abbildung B.6 Umfeldbedingungen des Unternehmens
(nach Meffert/Kirchgeorg 1998, S. 82)

5 Preisabsatzfunktion und Preiselastizität

Die Preisabsatzfunktion bildet das Preisverhalten der Kunden aus mikroökonomischer Perspektive ab. Hintergrund dieses Grundmodells der klassischen betriebswirtschaftlichen Preistheorie ist die Beantwortung der ersten von zwei Fragen, die sich im Rahmen von Preisentscheidungen für jedes Unternehmen stellen: Mit welcher Absatzmenge x kann das Unternehmen bei Angebot des Produktes zum Preis p rechnen?

Nach Simon/Dolan (1997, S. 59) ist die Kenntnis über diese Beziehung zwischen Preisen und Absatzmengen essenziell, um gewinnoptimale Entscheidungen im Rahmen des Preismanagementprozesses treffen zu können. Die Preisabsatzfunktion beantwortet diese Frage, indem die Zahlungsbereitschaften der Kunden zusammengefasst und entsprechende Absatzmengen zugeordnet werden.

Die zweite Frage, die sich im Rahmen einer Preisentscheidung stellt, ist die nach der Quantifizierung der Absatzmengenänderung, die bei einer Preisänderung auftritt. Diese Frage kann mit Hilfe des Konzeptes der Preiselastizität beantwortet werden, das in Kapitel 5.2.1 vorgestellt wird (vgl. Pechtl 2005, S. 61).

5.1 Definition und Klassifizierung der Preisabsatzfunktion

Die Preisabsatzfunktion beschreibt den Zusammenhang zwischen einem Preis p und der zugehörigen Absatzmenge x eines Produktes (vgl. Olbrich/Battenfeld 2007, S. 20):

$$x = f(p) \qquad \text{Formel 3}$$

Der Preis stellt dabei die unabhängige, die Absatzmenge die abhängige Variable dar, es wird also die Reaktion der Nachfrager auf verschiedene Preise abgebildet (vgl. Simon/Fassnacht 2009, S. 91). Diller (2008, S. 74) bezeichnet den Preis daher als Aktionsvariable und die Absatzmenge als Reaktionsvariable.

Tabelle B.8 Kriterien zur Klassifizierung von Preisabsatzfunktionen (nach Simon/Fassnacht 2009, S. 91)

Kriterien zur Klassifizierung von Preisabsatzfuntkionen	
Kriterium	Unterscheidung zwischen ...
Aggregationsniveau	individueller und aggregierter Preisabsatzfunktion
Marktform	Monopolfall und Konkurrenzfall
Form der Darstellung	tabellarischer, grafischer und mathematischer Darstellung
Herkunft der Daten	Kundenbefragungen, Expertenschätzungen, Experimenten und Marktdaten
Messmethoden	subjektiven und statistisch-objektiven Verfahren

Um die verschiedenen Arten von Preisabsatzfunktionen, von denen einige im Verlauf dieses Kapitels vorgestellt werden, klassifizieren zu können, lassen sich fünf Kriterien definieren, die in Tabelle B.8 aufgeführt sind (vgl. Simon/Fassnacht 2009, S. 91).

Die mathematische Beschreibung der Preisabsatzfunktion (Formel 3) verwandelt die komplexen Preisentscheidungen in ein einfaches Modell. Weitere Einflussfaktoren wie Werbung, Maßnahmen der Konkurrenz oder die allgemeine Konjunkturlage, die sich neben dem Preis auf die Absatzmenge auswirken, werden dabei in den meisten Fällen außer Acht gelassen und als konstant angenommen (vgl. Olbrich/Battenfeld 2007, S. 21). Dies erleichtert oder vielmehr ermöglicht zwar die Berechnung, kann aber auch zu einer Entfernung des Ergebnisses von der Realität führen (vgl. Kapitel 5.3.3).

5.2 Definition und Formen der Preiselastizität

Die Preiselastizität ergänzt die Preisabsatzfunktion bei der Beschreibung der Wirkungszusammenhänge zwischen Preis und abgesetzter Menge.

5.2.1 Preiselastizität

Unter Elastizität im Allgemeinen versteht man die relative Veränderung einer Größe bei Variation der zugehörigen Einflussgröße (vgl. Piekenbrock 2013, S. 117).

Die Preiselastizität ε der Nachfrage ist folglich definiert als relative Veränderung der Absatzmenge im Vergleich zur relativen Veränderung des Preises (vgl. Diller 2008, S. 75):

$$\varepsilon = \frac{\frac{x_1 - x_2}{x_1}}{\frac{p_1 - p_2}{p_1}} \qquad \text{Formel 4}$$

Dabei entsprechen p_1 und x_1 dem ursprünglichen Preis beziehungsweise der ursprünglichen Absatzmenge, während p_2 und x_2 den veränderten Preis und die damit einhergehende Absatzmenge darstellen.

Der Zähler von Formel 4 drückt die prozentuale Veränderung der Absatzmenge und der Nenner die prozentuale Änderung des Preises im Vergleich zur Ausgangssituation aus. Die Preiselastizität gibt demnach an, um wie viel Prozent sich die Absatzmenge verändert, wenn die Preisänderung ein Prozent beträgt. Liegen keine besonderen Effekte vor wie zum Beispiel der so genannte Snob-Effekt (vgl. Kapitel 7.1.2.2), so ist die Preiselastizität ε negativ. Das bedeutet, dass eine Preiserhöhung zu einer Verringerung der Absatzmenge und eine Preissenkung zu einer Erhöhung der Absatzmenge führt, diese beiden Effekte also gegenläufig sind. Dabei soll an dieser Stelle noch einmal betont werden, dass es sich um relative Änderungen handelt, das Ausgangsniveau also eine bedeutende Rolle spielt (vgl. Olbrich/Battenfeld 2007, S. 25).

Die mit Hilfe von Formel 4 berechnete Preiselastizität wird auch als Bogen- oder Streckenelastizität bezeichnet. Grund hierfür ist, dass ein Abschnitt zwischen zwei Punkten betrachtet wird, in dem idealerweise auch der Preis enthalten ist, über den zu diesem Zeitpunkt entschieden wird (vgl. Meffert 2010, S. 27).

Werden, im Gegensatz zu nicht infinitesimalen Preisänderungen wie bei der Bogenelastizität, infinitesimale Änderungen betrachtet, so wird die daraus berechnete Elastizität Punktelastizität genannt. Diese ermittelt, wie der Name bereits verrät, die Elastizität an einem bestimmten Punkt der Preisabsatzfunktion. Berechnet wird die Punktelastizität wie folgt (vgl. Simon/Fassnacht 2009, S. 95):

$$\varepsilon = \frac{\partial x}{\partial p} \times \frac{p}{x} \qquad \text{Formel 5}$$

Dabei ist $\partial x/\partial p$ die Ableitung der Preisabsatzfunktion $x = f(p)$.

Die Werte, die ε annimmt, können in drei Bereiche unterteilt werden:

- $\varepsilon < -1$
  Ist die Preiselastizität kleiner als -1, so spricht man von einer elastischen Nachfrage. Dies bedeutet, dass die relative Mengenänderung die relative Preisänderung übersteigt.

- $\varepsilon = -1$

  Entspricht die Elastizität genau dem Wert -1, so sind die relativen Änderungen von Preis und Menge gleich.

- $0 > \varepsilon > -1$

  Ist die relative Mengenänderung kleiner als die relative Veränderung des Preises, so gilt die Nachfrage als unelastisch.

Entspricht der Wert der Preiselastizität genau Null, folgt also einer Änderung des Preises, egal in welcher Höhe, keine Veränderung der Absatzmenge, so spricht man von einer vollkommen unelastischen Nachfrage. Diese ist in der Praxis relativ selten anzutreffen und existiert nur bei Gütern, die von den Nachfragern kurzfristig nicht ersetzt werden können, beziehungsweise auf die nicht verzichtet werden kann. Ein Beispiel hierfür sind lebensnotwendige Medikamente.

Die Einflussfaktoren, die auf die Höhe der Preiselastizität einwirken, sowie deren Korrelation können Abbildung B.7 entnommen werden. Dabei bedeutet (-), dass bei einer Steigerung des Einflussfaktors die absolute Preiselastizität sinkt. (+) stellt entsprechend dar, dass eine Steigerung des Einflussfaktors zu einem Anstieg der absoluten Preiselastizität führt. (+/-) drückt aus, dass die Korrelation nicht eindeutig bestimmt werden kann.

Aufgrund der großen Bedeutung dieser Kennzahl für Unternehmen haben sich in der Vergangenheit bereits viele Studien mit dem Thema Preiselastizität beschäftigt. Simon/Fassnacht (2009, S. 104) heben besonders die Metaanalyse von Bijmolt/van Heerde/Pieters (2005, S. 145) hervor. Diese Analyse fasst die Ergebnisse von 81 Studien zusammen und berechnet eine durchschnittliche Preiselastizität von -2,62 und einen Median von -2,22. Abbildung B.8 zeigt die dort angegebene Häufigkeit beobachteter Preiselastizitäten.

Abbildung B.7 Determinanten der Preiselastizität
(nach Simon/Fassnacht 2009, S.108f.)

5 Preisabsatzfunktion und Preiselastizität

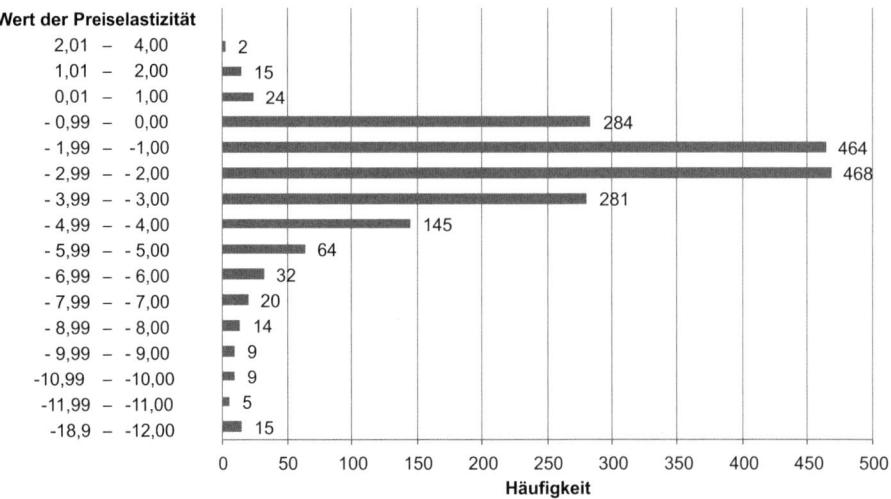

Abbildung B.8 Häufigkeitsverteilung beobachteter Preiselastizitäten (Bijmolt/van Heerde/Pieters 2005, S. 145)

Bei Betrachtung der Grafik fällt die überproportional häufige Messung der Preiselastizitäten zwischen den Werten 0 und -3 auf. Dennoch verdeutlicht diese Abbildung ebenso die große Bandbreite der beobachteten Preiselastizitäten.

5.2.2 Kreuzpreiselastizität

Die Preiselastizität betrachtet lediglich Veränderungen im Verhalten der Verbraucher im Falle einer Variation des eigenen Preises eines Unternehmens. Für die Bestimmung des optimalen Preises sind außerdem Kenntnisse über die so genannte Kreuzpreiselastizität von Vorteil. Diese bezieht zusätzlich zum Angebotspreis des eigenen Produktes i die Preise konkurrierender Güter j mit ein. Dabei können entweder alle Konkurrenzpreise, was ab einer bestimmten Anzahl von Konkurrenten unwirtschaftlich ist, oder ein Durchschnittswert für die Berechnung herangezogen werden.

$$\varepsilon_{ij} = \frac{\dfrac{x_{i1} - x_{i2}}{x_{i1}}}{\dfrac{p_{j1} - p_{j2}}{p_{j1}}} \qquad \text{Formel 6}$$

Stehen die Produkte i und j im Wettbewerb, so ist ε_{ij} positiv. Sind die Produkte komplementär zueinander, ist die Kreuzpreiselastizität negativ, was bedeutet, dass eine Preiserhöhung von *j* zu einem Absatzrückgang von *i* führt (vgl. Olbrich/Battenfeld 2007, S. 28).

Werden die Werte der Kreuzpreiselastizität zur Beschreibung der Intensität der Konkurrenzbeziehungen zwischen Anbietern verwendet, so wird diese Preiselastizität auch als *Triffinscher Koeffizient T* bezeichnet. Wie schon bei der Preiselastizität kann auch dieser Wert in 3 Bereiche eingeteilt werden (vgl. Bardmann 2011, S. 163f.):

- $T = 0$

  Dieser Wert besagt, dass eine Änderung des Konkurrenzpreises die eigene Absatzmenge nicht beeinflusst, folglich also keine Konkurrenzbeziehung zwischen den Unternehmen bezüglich Preisänderungen vorliegt. Ein derartiger Markt wird von Triffin „Pure Monopoly" genannt.

- $0 < T < \infty$

  Liegt der Wert des Koeffizienten zwischen Null und unendlich, so ist eine Preisänderung des Unternehmens A für das Unternehmen B spürbar. Da dies zumeist für Märkte mit differenzierten Produkten zutrifft, wird diese Situation von Triffin auch heterogene Konkurrenz genannt.

- $T = \infty$

  Verändert sich die Absatzmenge eines Unternehmens B bei jeder noch so kleinen Preisänderung eines Unternehmens A, so nähert sich der Wert des Triffinschen Koeffizienten unendlich an. Die Konkurrenzbeziehung ist also sehr intensiv, was am häufigsten auf Märkten mit homogenen Produkten zu beobachten ist.

5.3 Formen der Preisabsatzfunktion

5.3.1 Individuelle und aggregierte Preisabsatzfunktion

In der Praxis werden Preisabsatzfunktionen für Märkte oder zumindest Marktsegmente bestimmt. Diese so genannten aggregierten Preisabsatzfunktionen setzen sich zusammen aus den individuellen Preisabsatzfunktionen der einzelnen Nachfrager.

Individuelle Preisabsatzfunktion

Im Rahmen der individuellen Preisabsatzfunktionen können zwei Fälle unterschieden werden (vgl. Simon/Fassnacht 2009, S. 92f.):

- *Ja-Nein-Fall*

  Dieser Fall tritt besonders häufig beim Kauf dauerhafter Gebrauchsgüter und Investitionsgüter auf. Es wird entweder eine oder keine Einheit des

Gutes gekauft, je nachdem ob der Preis kleiner-gleich oder höher ist als die Zahlungsbereitschaft des Nachfragers.

- *Variable-Menge-Fall*

  Beim Kauf von Verbrauchsgütern ist die nachgefragte Menge zumeist abhängig vom Preis des Gutes. Es erfolgt also keine Entscheidung zwischen Kauf und Nichtkauf, sondern eine Anpassung der nachgefragten Menge an den Preis. Der Nachfrager vergleicht folglich Preis und Nutzen für jede Einheit des Produktes.

Die abnehmende Preisbereitschaft im Variable-Menge-Fall beruht auf den so genannten *Gossenschen Gesetzen* (1854). Diese besagen, dass der Grenznutzen mit steigendem Konsum abnimmt. Zur Erklärung dieses Ansatzes wird oft das Beispiel eines Dürstenden verwendet (z.B. Vogt 2009, S. 47ff.). Für das erste Glas Wasser ist dieser bereit, einen hohen Preis zu bezahlen. Beim zweiten und jedem weiteren Glas nimmt die Zahlungsbereitschaft sukzessive ab, bis ein Punkt erreicht ist, ab dem kein weiteres Glas mehr nachgefragt wird. Dieser Punkt wird auch als Sättigungspunkt bezeichnet. Ist die Menge des Produktes beliebig teilbar, so kann die Funktion anstatt treppenförmig auch kontinuierlich verlaufen (Abbildung B.9).

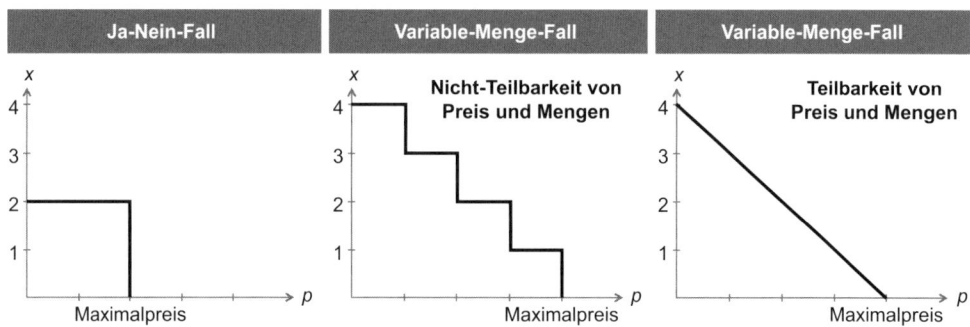

Abbildung B.9 Individuelle Preisabsatzfunktionen
(Siems 2009, S. 87; Simon/Fassnacht 2009, S. 93)

Für die Preisfestsetzung haben die beiden Fälle unterschiedliche Auswirkungen. Im Ja-Nein-Fall stimmt der optimale Preis mit der Zahlungsbereitschaft des jeweiligen Nachfragers überein, die der Anbieter beispielsweise während Preisverhandlungen herausfinden kann. Beim Variable-Menge-Fall gestaltet sich die Preisfestsetzung etwas komplizierter, da kein eindeutiger Nutzenwert identifiziert werden kann, sondern ein bestimmter Nutzen stets im Zusammenhang mit der zugehörigen Menge betrachtet werden muss. An dieser Stelle muss beispielsweise überlegt werden, ob ein einheitlicher Stückpreis oder differenzierte Preise in Abhängigkeit von der nachgefragten Menge festgesetzt werden sollen (vgl. Simon/Fassnacht 2009, S. 92f.).

Aggregierte Preisabsatzfunktion

Wie bereits zu Beginn des Kapitels angedeutet, entsteht die aggregierte Preisabsatzfunktion durch die Zusammenfassung individueller Preisabsatzfunktionen. Sie ist nötig, da in der Praxis der Preis zumeist für bestimmte Gruppen von Nachfragern und nicht für Einzelpersonen festgesetzt wird (vgl. Siems 2009, S. 88). Um die aggregierte Preisabsatzfunktion zu erhalten, werden die jeweils zu einem Preis gehörigen Mengen addiert. Besitzen alle Nachfrager dieselben Preis-Mengen-Präferenzen, so ändert sich der Verlauf der Funktion nicht. Dieser Fall ist in der Realität allerdings die Ausnahme. In den meisten Fällen unterscheiden sich die Nachfrager bezüglich Präferenzen und Zahlungsbereitschaften und folglich variieren auch die individuellen Preisabsatzfunktionen. Die Aggregation der individuellen Funktionen ist in Abbildung B.10 exemplarisch dargestellt.

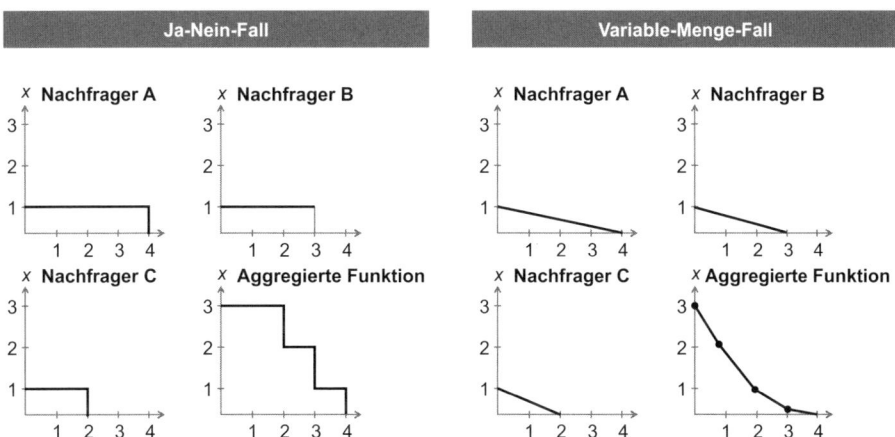

Abbildung B.10 Aggregation individueller Preisabsatzfunktionen (Simon/Fassnacht 2009, S. 94)

5.3.2 Besondere Formen von Preisabsatzfunktionen und Preiselastizitäten

Lineare Preisabsatzfunktion und Preiselastizität im Monopol

Die lineare Form der Preisabsatzfunktion gilt allgemein als die einfachste Marktreaktionsfunktion. Die Formel hierfür lautet:

$$x = a - b \times p \quad (a > 0, b > 0) \qquad \text{Formel 7}$$

Abbildung B.11 zeigt ein Beispiel einer grafischen Darstellung der linearen Preisabsatzfunktion.

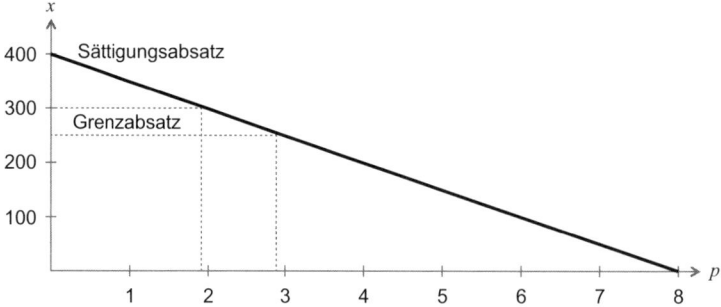

Abbildung B.11 Lineare Preisabsatzfunktion (nach Diller 2008, S. 74)

Die zugehörige (mathematische) Formulierung lautet:

$$x = 400 - 50 \times p \qquad \text{Formel 8}$$

Die Preisabsatzfunktion kann durch einige Kennwerte charakterisiert werden (vgl. Diller 2008, S. 74f.):

- Der zum Preis $p = 0$ zugehörige Wert der Funktion beschreibt den Sättigungsabsatz (in diesem Beispiel $x = 400$), das heißt die maximal absetzbare Menge des Produktes auf dem Markt.
- Der zum Wert $x = 0$ zugehörige Preis wird Höchstpreis oder Prohibitivpreis (vgl. Bruhn 2012, S. 182) genannt und ist der Betrag, zu dem keine Einheit des Produktes mehr verkauft werden kann, da der Preis die Zahlungsbereitschaften der Konsumenten übersteigt. Der Prohibitivpreis entspricht dem Quotienten a/b.
- Die Steigung der Funktion entspricht im Falle der linearen Preisabsatzfunktion dem Parameter b. Dieser drückt den Grenzabsatz, also die Veränderung der Absatzmenge bei Erhöhung des Preises um eine Einheit, aus.

Die Preiselastizität der Funktion kann aus Formel 5 und Formel 7 abgeleitet werden und lautet wie folgt:

$$\varepsilon = \frac{-pb}{a - bp} \qquad \text{Formel 9}$$

Abbildung B.12 zeigt den Verlauf der Werte der Preiselastizitäten am Beispiel einer exemplarischen linearen Preisabsatzfunktion. Tabelle B.9 stellt die Vor- und Nachteile der linearen Preisabsatzfunktion gegenüber.

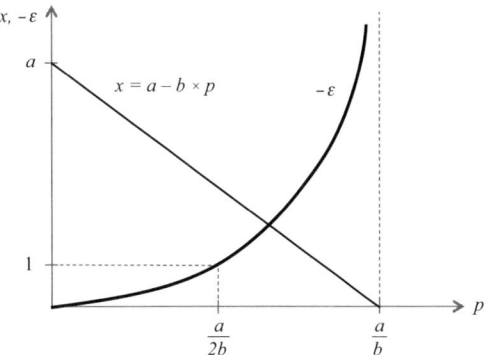

Abbildung B.12 Preiselastizitäten einer linearen Preisabsatzfunktion (nach Simon/Fassnacht 2009, S. 96)

Tabelle B.9 Vor- und Nachteile linearer monopolistischer Preisabsatzfunktionen (nach Simon/Fassnacht 2009, S. 96, Siems 2009, S. 92 f., Meffert 2010, S. 19)

Vor- und Nachteile linearer monopolistischer Preisabsatzfunktionen	
Vorteile	Einfache visuelle Darstelung
	Einfache Interpretierbarkeit
	Einfache Ermittlung der Funktion, da wenige Daten benötigt werden
	Einfache mathematische Berechnung des Preisoptimums
Nachteile	Fehlende theoretische Fundierung
	Konstanter Grenzabsatz über den gesamten Kurvenverlauf
	Keine Berücksichtigung externer Faktoren wie Konkurrenzreaktionen

Trotz der Nachteile, die diese Form der Preisabsatzfunktion mit sich bringt, ist sie in der Praxis weit verbreitet. Weicht das betrachtete Preisintervall nicht allzu weit von der bisherigen Preisspannweite ab, so kann in der Tat mit einer zufriedenstellenden Abbildung der Realität gerechnet werden. Bei betragsmäßig größeren Preisänderungen sollte die Preisentscheidung allerdings nicht auf Basis dieser Preisabsatzfunktion getroffen werden (vgl. Homburg/Krohmer 2012, S. 664).

Lineare Preisabsatzfunktion und Preiselastizität bei Konkurrenz

Bezieht man die Wettbewerber in die Formulierung der Preisabsatzfunktion mit ein, so ist zusätzlich zum Preis des eigenen Unternehmens der Preis des Wettbewerbs zu berücksichtigen. Dabei gibt es verschiedene Möglichkeiten (vgl. Simon/Fassnacht 2009, S. 97):

- Einbeziehung aller Konkurrenzpreise, was in der Regel zu einer nicht mehr beherrschbaren Funktion führt
- Betrachtung von Durchschnittpreisen der Konkurrenz
- Berechnung der Preisdifferenz
- Berechnung des relativen Preises des Unternehmens im Vergleich zum Wettbewerb

Im Falle einer Entscheidung für den Durchschnittspreis der Konkurrenz p_j lautet die Formel wie folgt (vgl. z.B. Homburg/Krohmer 2012, S. 664):

$$x_i = a - b \times p_i + c \times p_j \qquad \text{Formel 10}$$

Auch in Bezug auf die abhängige Variable können 2 Varianten unterschieden werden: die Berechnung des Absatzes x oder die des Marktanteiles $m_i = x/X$, wobei X die Gesamtnachfrage des Marktes darstellt. Eine generelle Empfehlung für eine dieser zwei Varianten gibt es nicht, diese Entscheidung muss folglich von jedem Unternehmen individuell getroffen werden (vgl. Simon/Fassnacht 2009, S. 98).

Das Maß für die Auswirkung einer Veränderung der Wettbewerbspreise auf die Absatzmenge des eigenen Produktes, die Kreuzpreiselastizität, wurde bereits in Kapitel 5.2.2 vorgestellt.

Multiplikative Preisabsatzfunktion

Die multiplikative Preisabsatzfunktion ist nach Siems (2009, S. 94) das bekannteste Modell der nicht-linearen Preisabsatzfunktionen. Die Formel lautet wie folgt (vgl. Homburg/Krohmer 2012, S. 665; Diller 2008, S. 78f.):

Monopolfall: mit $a > 0$, $b > 0$

$$x = a \times p^{-b} \qquad \text{Formel 11}$$

Konkurrenzfall: mit $a > 0$, $b > 0$, $c > 0$

$$x_i = a \times p_i^{-b} \times p_i^{-c}$$
Formel 12

Dabei wird a auch Normierungsparameter genannt (vgl. Homburg/Krohmer 2012, S. 665). Der Parameter b entspricht hierbei nicht dem Grenzabsatz wie bei der linearen Funktion, sondern der Preiselastizität. Aufgrund der Verwendung des Parameters im Exponenten folgt, dass die Wirkung einer Preisänderung auf die Absatzmenge von der Höhe des Preises abhängt (Diller 2008, S. 78f.).

Ein wesentlicher Kritikpunkt dieses Modells ist, dass weder Sättigungsmenge noch Höchstpreis bestimmt werden können, was bei Betrachtung der grafischen Darstellung deutlich wird (Abbildung B.13).

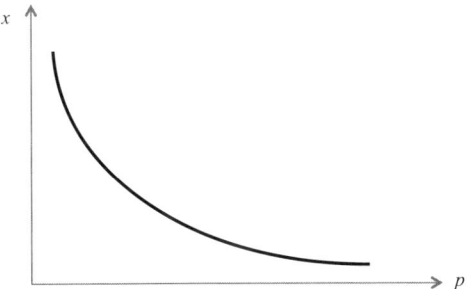

Abbildung B.13 Multiplikative Preisabsatzfunktion
(nach Simon/Fassnacht 2009, S. 100)

Doppelt geknickte Preisabsatzfunktion

Das Modell der doppelt geknickten Preisabsatzfunktion geht auf Erich Gutenberg (1965) zurück. Die beiden Versionen der geknickten Funktion sowie der Funktion mit konstanten Übergängen sind in Abbildung B.14 veranschaulicht. Dabei drücken p_i den Durchschnittspreis der Wettbewerbsprodukte, x den Absatz, p den Preis und m den Marktanteil des Unternehmens aus.

Die Idee, die zu diesem Kurvenverlauf führt, ist die Annahme eines so genannten akquisitorischen Potenzials eines jeden Anbieters. Dieses basiert auf der Unvollkommenheit des Marktes und führt zu Präferenzen von Käufern für bestimmte Produkte, so dass geringe Preisänderungen und Preisdifferenzen nicht unbedingt zu einem Wechsel des Anbieters führen. Als Folge entsteht eine Art monopolistischer Bereich jedes Anbieters (vgl. Simon/Fassnacht 2009,

5 Preisabsatzfunktion und Preiselastizität

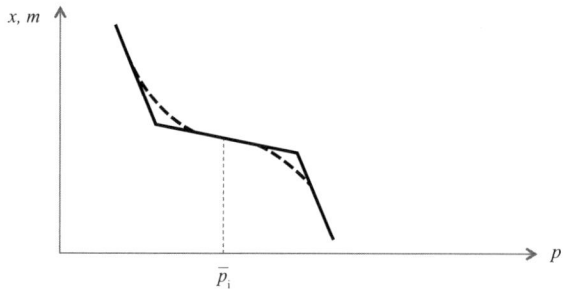

Abbildung B.14 Gutenberg-Modell in doppeltgeknickter und kontinuierlicher Form (Simon/Fassnacht 2009, S. 102)

S. 102f.). Diller (2008, S. 80) identifiziert vier Faktoren, die sich auf die Größe dieses monopolistischen Bereiches auswirken. Diese sind in Abbildung B.15 dargestellt. (+) drückt eine positive, (-) eine negative Korrelation zwischen Faktor und Größe des Preisbereiches aus.

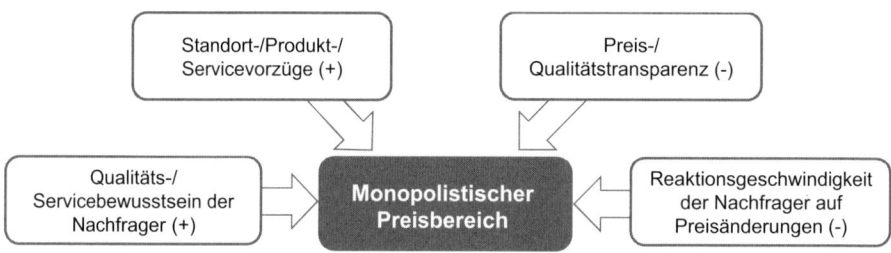

Abbildung B.15 Einflussfaktoren auf den monopolistischen Spielraum (nach Diller 2008, S. 80)

Die mathematische Darstellung muss analog zu den bisherigen Ausführungen fallweise vorgenommen werden (vgl. Pechtl 2005, S. 65):

$$x = \begin{cases} a_1 - b_1 \times p & \text{für } 0 \leq p \leq p' \quad \text{unterer polypolischer Abschnitt} \\ a_2 - b_2 \times p & \text{für } p' \leq p \leq p'' \quad \text{monopolischer Abschnitt} \\ a_3 - b_3 \times p & \text{für } p'' \leq p \leq p_{max} \quad \text{oberer polypolischer Abschnitt} \end{cases} \quad \text{Formel 13}$$

Die Schwierigkeit der Anwendung dieses Modells liegt in der Abgrenzung der Bereiche. Eine exakte Abgrenzung ist in der Praxis nahezu unmöglich. Dadurch besteht die Gefahr unerwartet hoher Absatzänderungen bei einer Preissetzung außerhalb des monopolistischen Bereiches.

Dieses Modell konnte nicht durch empirische Studien bestätigt werden, was wohl daraus resultiert, dass in der Praxis Preise außerhalb des monopolistischen Bereiches in der Regel nicht auf Dauer durchsetzbar sind (vgl. Simon/Fassnacht 2009, S. 103).

Logistische Preisabsatzfunktion

Die logistische Preisabsatzfunktion, auch Attraktionsmodell genannt, weist im Gegensatz zu der eben beschriebenen Funktion von Gutenberg einen relativ steilen Verlauf im mittleren Abschnitt auf, während die äußeren Abschnitte vergleichsweise flach verlaufen. Basis dieses Modells bilden im Gegensatz zu den bisher aufgeführten Modellen verhaltenswissenschaftliche Ansätze. Im Rahmen der Erstellung der Funktion geht man davon aus, dass der Marktanteil m_i eines Produktes i von dessen Anziehungskraft, auch Attraktion genannt, bestimmt wird. Diese Annahme wird durch folgende Formel ausgedrückt:

$$m_i = \frac{\textit{Attraktion des Produktes i}}{\textit{Summe der Attraktionen aller Produkte}} \qquad \text{Formel 14}$$

Nach Diller (2008, S. 82) ist dieses Modell vor allem in gesättigten Konsumgütermärkten wahrscheinlich, in denen sich das Image wettbewerbsrelevanter Konkurrenten nur unwesentlich unterscheidet und somit geringste Preisänderungen bereits zu einer Reaktion der Nachfrager führen. Simon/Fassnacht (2009, S. 101) betonen allerdings, dass dieses Modell empirischen Tests bislang nicht standgehalten hat und bezweifeln vor allem den Verlauf an den äußeren Rändern der Funktion. Die Anwendung dieses Modells sollte also lediglich bei Preisentscheidungen in einem engeren Preisbereich erfolgen.

Stochastische Preisabsatzfunktionen

Im Gegensatz zu den bisherigen Preisabsatzfunktionen wird bei den stochastischen Varianten die Annahme fallengelassen, dass eine bestimmte Ausprägung des Preises eine eindeutige Absatzmenge zur Folge hat. Es werden also Unsicherheiten, die bezüglich der Nachfrager- und Konkurrenzreaktionen bestehen, in die Überlegungen einbezogen, was zu verschiedenen möglichen Funktionsverläufen führt (vgl. Siems 2009, S. 98).

5.3.3 Der Modellcharakter von Preisabsatzfunktionen

Wie Diller (2008, S. 83) bemerkt, zeigt bereits die Variantenvielfalt und teilweise erhebliche Unterschiedlichkeit der verschiedenen Arten von Preisabsatzfunktionen, dass es sich dabei lediglich um Modelle und keinesfalls um exakte

Abbildungen der Realität handelt. Daher müssen dem Anwender dieser Modelle die Prämissen bekannt sein, die den Preisabsatzfunktionen zugrunde liegen und die durch eine Vereinfachung der komplexen Realität deren Abbildung überhaupt erst möglich machen. Diller (2008, S. 83f.), Homburg/Koschate (2005a, S. 384) und Pechtl (2005, S. 63) listen diese Prämissen auf:

- *Rationales Verhalten der Marktteilnehmer*

  Im Rahmen der mikroökonomischen Analyse wird rationales Verhalten der Marktteilnehmer mit dem Ziel der Nutzenmaximierung vorausgesetzt.

- *Ceteris-paribus-Bedingung*

  Preisabsatzfunktionen antizipieren zumeist nur die Wirkung von Preisänderungen auf die Absatzmenge, berücksichtigen also keine Veränderungen anderer absatzpolitischer Instrumente.

- *Statische Betrachtung*

  Auswirkungen von Effekten aus vergangenen Perioden (so genannte Carry-over-Effekte) werden nicht in die Überlegungen einbezogen.

- *Einstufige Marktbetrachtung*

  Mögliche Einflüsse, die durch den Vertrieb der Produkte über mehrere Handelsstufen entstehen, werden nicht betrachtet.

- *Vorgegebene Marktbedingungen*

  Bei der Erstellung von Preisabsatzfunktionen wird eine Konstanz der Umweltbedingungen wie dem Verhalten der Nachfrager und Konkurrenten angenommen. „Unlogische" Verhaltensweisen werden dabei ausgeblendet, lediglich die stochastische Preisabsatzfunktion versucht dadurch entstehende Unsicherheiten einzubeziehen.

- *Vollkommener Markt*

  Zu den Prämissen der Preisabsatzfunktion gehören die Eigenschaften eines vollkommenen Marktes (Kapitel 4.2.1). Dieser ist charakterisiert durch die Homogenität der gehandelten Güter, eine vollständige Markttransparenz, eine unendliche Anpassungsgeschwindigkeit der Marktteilnehmer sowie freien Marktzutritt und -austritt. Des Weiteren dürfen zwischen Anbietern und Nachfragern weder sachliche, räumliche, zeitliche oder persönliche Präferenzen bestehen und alle Marktteilnehmer müssen über vollständige Informationen verfügen.

6 Dimensionen von Preissystemen

In den vorhergehenden Kapiteln wurden die Bedingungen von Preisentscheidungen über eine Periode und ein Produkt analysiert. Im Folgenden sollen zusätzliche Einflussfaktoren beschrieben werden, die im Rahmen längerfristiger Preisentscheidungen sowie Entscheidungen über mehrere Produkte hinweg berücksichtigt werden müssen. Zudem wird die Möglichkeit vorgestellt, verschiedene Nachfrager mit unterschiedlichen Preisen zu bedienen.

6.1 Allgemeine Charakteristika von Preissystemen

Ein System ist definiert als „Menge von geordneten Elementen mit Eigenschaften, die durch Relationen verknüpft sind" (vgl. Feess 2013).

Ein Preissystem ist folglich eine Menge verbundener Preiselemente. Diese Preiselemente können anhand von zwei Charakteristika beschrieben werden (vgl. Pechtl 2005, S. 162): der Verknüpfung der Preiselemente mit spezifischen Produkten eines Anbieters und der Angabe der Höhe der monetären Gegenleistung, die der Nachfrager für das Produkt zu erbringen hat. Abbildung B.16 zeigt verschiedene mögliche Beziehungen zwischen Preiselementen und Produkten. Fall 1 stellt dabei die einfachste Form dar, bei der ein Preiselement genau einem Produkt zugeordnet ist. Bei Fall 2 sind mehrere Preiselemente einem Produkt gleichzeitig zugeordnet, wohingegen Fall 3 das Gegenteil abbil-

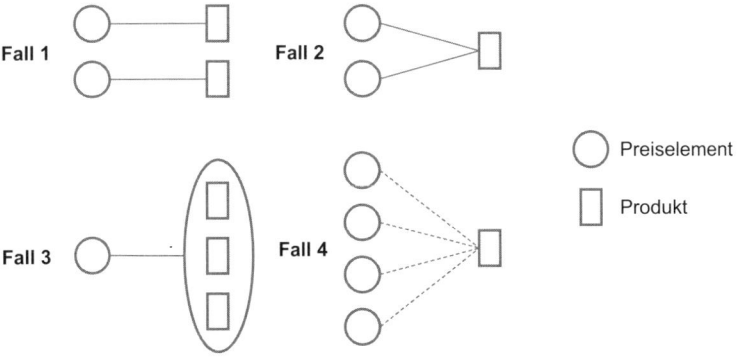

Abbildung B.16 Relationsstrukturen in Preissystemen (Pechtl 2005, S. 162)

det, in dem ein Preiselement mehrere Produkte abdeckt. Fall 4 beschreibt die in diesem Zusammenhang schwierigste Relation, in der mehrere Preiselemente einem Produkt zugeordnet sind, bei jeder Transaktion aber abhängig von den Rahmenbedingungen nur ein Preiselement gültig ist (vgl. Pechtl 2005, S. 162f.).

Die Abbildung veranschaulicht die große Anzahl möglicher Alternativen im Rahmen des Preisentscheidungsprozesses, die unter anderem zu dessen hoher Komplexität führen. Um die Vorgehensweise strukturieren zu können, kann man sich der Systematisierung von Preissystemen von Pechtl bedienen (vgl. Pechtl 2005, S. 163). Dieser charakterisiert Preissysteme unter Zuhilfenahme von drei Dimensionen (Abbildung B.17): Zeit, Sortiment und Nachfrager.

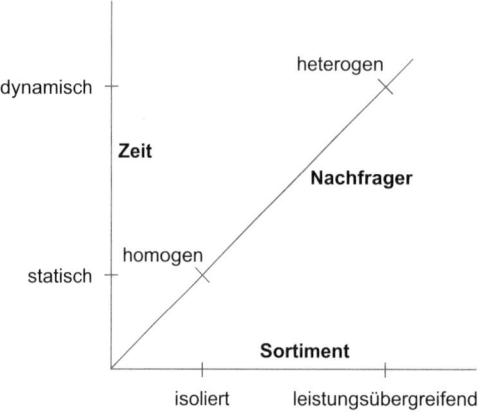

Abbildung B.17 Dimensionen von Preissystemen (Pechtl 2005, S. 163)

Statische Preisabsatzfunktionen, bei denen nur eine Periode in die Überlegungen einbezogen wird, wurden in Kapitel 5 beschrieben. Dynamische Preissysteme, die folglich explizit mehrere Perioden berücksichtigen, sind Bestandteil des Kapitels 6.2. Liegt der Fokus der Betrachtung nicht auf der Zeit, sondern auf dem Sortiment des Anbieters, so kann das leistungsübergreifende vom isolierten Preissystem unterschieden werden. Dabei werden bei leistungsübergreifenden Preissystemen mehrere Produkte sowie Interdependenzen zwischen diesen Produkten in die Überlegungen einbezogen (vgl. Kapitel 6.3). Die dritte Dimension, die Pechtl beschreibt, bezieht sich auf die Nachfrager der Produkte. Erhalten alle Nachfrager zu einem bestimmten Zeitpunkt ein Produkt für den gleichen Preis, so gilt das Preissystem als nachfragerbezogen homogen. Existieren allerdings verschiedene Preise für Nachfrager desselben Produktes, so spricht der Autor von einem nachfragerbezogen heterogenem Preissystem (vgl. Kapitel 6.4).

6.2 Die Dimension Zeit

Wie in der Definition des Begriffs Preismanagement bereits erwähnt, beschränkt sich der Preisentscheidungsprozess nicht auf die Ermittlung eines optimalen Einführungspreises. Zwar ist unbestritten, dass dieser besonders wichtig für den Erfolg des Produktes ist, es darf jedoch auch die Planung der zukünftigen Entwicklung des Preises nicht vernachlässigt werden. In der Praxis werden dafür zwar in vielen Fällen durchaus Richtlinien erstellt, diese werden allerdings im Alltag oft nicht angewandt. Verlorene Gewinne sind dann einer mangelnden Einbeziehung der Marktdynamik und anderer Einflussfaktoren auf zukünftige Preise geschuldet (vgl. Riesenbeck/Perrey 2007, S. 179; Meffert 2010, S. 143).

Die bisherigen Betrachtungen, die sich lediglich auf eine Periode bezogen, werden daher auch als statische Analyse bezeichnet (vgl. Simon/Fassnacht 2009, S. 309). In diesem Kapitel sollen nun dynamische Preisentscheidungen analysiert werden.

6.2.1 Langfristige Zielfunktion

Der erste Schritt auf dem Weg zu einer Optimierung langfristiger Preise sollte die Bestimmung der langfristigen Zielfunktion sein. Grund hierfür ist, dass die meisten Unternehmen ihren Gewinn langfristig und nicht kurzfristig maximieren wollen (vgl. Simon/Fassnacht 2009, S. 309).

Aufgrund der Betrachtung mehrerer Perioden muss dafür zunächst der Begriff der Abzinsung erklärt werden. Die Abzinsung, auch Abdiskontierung genannt, eliminiert die Unterschiede zwischen Zahlungen unterschiedlicher Zeitpunkte mit Hilfe der Formel 15. Erst diese Berechnung macht einen Vergleich zwischen den Zahlungsströmen verschiedener Perioden möglich.

$$L_n = \frac{L_0}{(1+i)^n} \qquad \text{Formel 15}$$

Dabei entspricht L_n dem abgezinsten Wert, L_0 dem Anfangswert, i dem Zinsfaktor und n der Laufzeit.

Der Bestimmung der Höhe des Kalkulationszinssatzes kommt in diesem Kontext eine besondere Bedeutung zu. Je höher dieser Zinssatz, desto weniger Einfluss haben zukünftige Gewinne und desto mehr nähert sich der langfristig optimale Preis dem statisch optimalen Preis an. Das Unternehmen muss sich also entscheiden, ob die Maximierung des kurzfristigen oder des langfristigen

Gewinns im Vordergrund steht und den Kalkulationszinsfuß dementsprechend auswählen. Da in der Regel nur der Preis in Periode eins verbindlich festzulegen ist, wird häufig nur dieser optimiert und langfristige Wirkungen werden dabei lediglich qualitativ einbezogen (vgl. Simon/Fassnacht 2009, S. 310).

Durch Einbeziehung mehrerer Perioden ergibt sich folgende Formel für die langfristige Gewinnmaximierung eines Unternehmens (vgl. Meffert 2010, S. 147; Simon/Fassnacht 2009, S. 309f.):

$$\sum_{t=1}^{T} \frac{p_t \times x_t - K_t}{(1+i)^t} \rightarrow \max. \qquad \text{Formel 16}$$

Dabei bezeichnet p_t den Preis, x_t den Absatz und K_t die Kosten in der Periode t.

Die Zielfunktion, die die Abzinsung mit der Gewinnmaximierung unter Berücksichtigung mehrerer Perioden vereint, wird im Rahmen der Preisfestsetzung in Kapitel 13 vorgestellt.

6.2.2 Einflussfaktoren langfristiger Preisentscheidungen

Um langfristig optimale Preise bestimmen zu können, müssen zusätzlich zu den bisherigen Einflussfaktoren Interdependenzen betrachtet werden, sprich Effekte, die in einer Periode auftauchen und sich auch auf andere Perioden auswirken (vgl. Meffert 2010, S. 143f.). Ziel einer Analyse dieser Effekte ist, die Einflussfaktoren auf die langfristige Strategie zu kennen, kontrollierbare Einflussfaktoren zu steuern, die wahrscheinliche Entwicklung der Preise einschätzen zu können und so schließlich den langfristigen Gewinn zu sichern (vgl. Simon/Dolan 1997, S. 302).

Alle in der Realität existierenden Einflussfaktoren in die Betrachtung einzubeziehen ist allerdings nahezu unmöglich. Aus diesem Grund sollen in den folgenden Abschnitten die am weitesten verbreiteten Effekte vorgestellt werden, die in Abbildung B.18 gekennzeichnet sind: Preisänderungseffekt, Carry-over-Effekt, Erfahrungskurveneffekt und Wettbewerbsdynamik.

Das Kernelement der Betrachtung bildet dabei die zukünftige Preisabsatzfunktion. Direkte Wirkung auf die zukünftige Preisabsatzfunktion haben der gegenwärtige Preis (1) sowie die gegenwärtige Absatzmenge (2), während der Erfahrungskurveneffekt (3) und die Wettbewerbsdynamik (4) indirekte Wirkung zeigen (vgl. Meffert 2010, S. 145f.).

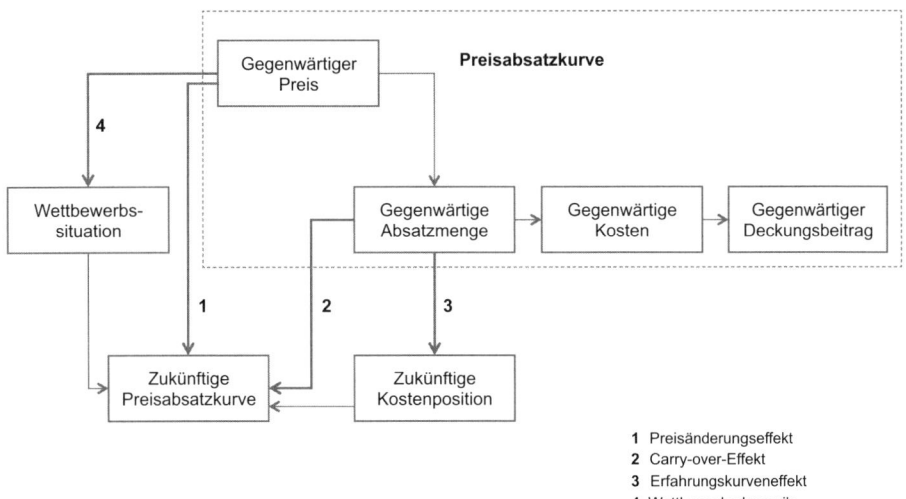

Abbildung B.18 Systemzusammenhang für die langfristige Preisstrategie (nach Simon/Dolan 1997, S. 303)

Preisänderungswirkungen

Der gegenwärtige Preis hat großen Einfluss auf die Beurteilung zukünftiger Preise durch Kunden. Simon/Dolan (1997, S. 311) verweisen zur Begründung dieses Effektes auf ein Feldexperiment von Doob et al. Im Rahmen dieses Experiments wurden die Auswirkungen zweier Szenarien überprüft, die in Tabelle B.10 dargestellt sind. Wie der Tabelle entnommen werden kann, beträgt der Preis eines Produktes in Periode 2 in beiden Szenarien 12 €. Würde man sich auf eine statische Betrachtung beschränken, so würde dieser Preis zu einer eindeutigen Absatzmenge führen. Bezieht man allerdings weitere Perioden mit ein, so ergeben sich je nach Ausgangspreis unterschiedliche Reaktionen auf den Preis von 12 €. In Szenario A wurde das Produkt zum späteren „Normalpreis" eingeführt, während der Einführungspreis bei Szenario B unter dem „Normalpreis" lag. Dies hatte zur Folge, dass im Fall B der Absatz zunächst höher war als in Fall A. In späteren Phasen allerdings lag der Absatz von A jeweils deutlich höher als bei B, was die Autoren dieses Experiments auf die negativen Auswirkungen der Preiserhöhung bei B zurückführen.

Der eben beschriebene Effekt kann mit Hilfe der Adaptionsniveautheorie (vgl. Kapitel 7.2.1.3) erklärt werden. Diese besagt, dass ein Preis nicht nur absolut wahrgenommen, sondern in Beziehung zu so genannten Referenzpreisen (vgl. Kapitel 7.2.1.2) gesetzt wird.

Könnte in der Praxis von linearen Bedingungen ausgegangen werden, so könnte sich ein Unternehmer auch bei Preisveränderungen der zuvor ermittelten Preisabsatzfunktion bedienen. Bei Preisveränderungen kann davon jedoch

Tabelle B.10 Beispiel zur Preisänderungswirkung (nach Simon/Dolan 1997, S. 311)

Periode \ Szenario	A	B
1	12 €	10 €
2	12 €	12 €

nicht ausgegangen werden. Vielmehr unterscheiden sich die Auswirkungen einer Preiserhöhung von denen einer Preissenkung, was zu einer asymmetrischen Wirkung von Preisveränderungen führt (vgl. Meffert 2010, S. 149ff.). Dieser Unterschied kann durch die so genannte Prospect-Theorie (vgl. Kapitel 7.2.1.6) begründet werden. Dabei vergleicht der Kunde, wie eben im Rahmen der Adaptionsniveautheorie bereits beschrieben, den Kaufpreis mit einem Referenzpreis. Preiserhöhungen in Bezug auf den Referenzpreis werden als Verlust, Preissenkungen als Gewinn empfunden. Der Verlauf der Wertfunktion in Abbildung B.19 zeigt nun den Effekt, dass die positive Wirkung einer Preissenkung in Summe geringer ist als die negative Wirkung einer Preiserhöhung. Der Prospect-Theorie zufolge wiegen Verluste schwerer als Gewinne in gleicher Höhe (vgl. Simon/Dolan 1997, S. 312).

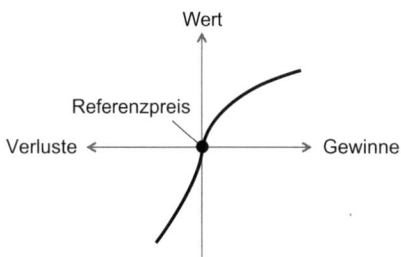

Abbildung B.19 Prospect-Theorie (Kahnemann/Tversky 1979, S. 279)

Neben den bereits beschriebenen Effekten sind die so genannten Erwartungseffekte der Nachfrager zu beachten. Werden nach einer Verringerung der Preise weitere Senkungen vermutet, so bleibt trotz niedrigerer Preise ein Anstieg der Absatzmenge aus. Befürchten die Konsumenten nach einem Anstieg der Preise hingegen weitere Erhöhungen, so steigt die Absatzmenge trotz höherer Preise (vgl. Simon/Fassnacht 2009, S. 314f.).

Die Analyse der Anpassung der Absatzmenge nach einer Preisänderung ist eine weitere wichtige Untersuchung. Dabei wird angenommen, dass jeweils zum alten und neuen Preis ein Gleichgewichtsniveau des Absatzes existiert (vgl.

Simon/Fassnacht 2009, S. 314). Mögliche Varianten sind in Abbildung B.20 dargestellt und werden im Folgenden beschrieben.

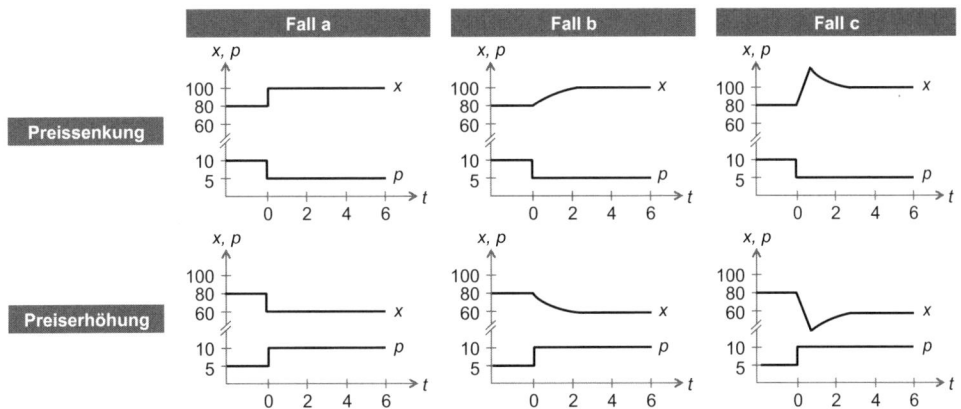

Abbildung B.20 Mögliche Anpassungsformen nach Preisänderungen (Simon/Fassnacht 2009, S. 317)

Fall a bildet eine unverzügliche Anpassung der Nachfrage an Preisveränderungen ab. Die Preiselastizität ist in diesem Fall kurz- und langfristig identisch. Bei Fall b spricht man von einem so genannten „Partial-Adjustment-Modell", bei dem sich der Absatz x im Laufe der Zeit einem neuen Gleichgewicht nähert. Hier ist die kurzfristige Preiselastizität geringer als die langfristige. Die dritte Darstellung, Fall c, bildet den Gegensatz zu Fall b ab. Bei Variante c ist die kurzfristige Preiselastizität höher als die langfristige, was zu einem großen Ausschlag direkt nach der Preisveränderung führt.

Für die Praxis ist der Preisveränderungseffekt äußerst bedeutsam. Wie das Feldexperiment gezeigt hat, muss bereits bei der Bestimmung des Einführungspreises die weitere Entwicklung des Preises berücksichtigt werden. Die Entscheider im Preismanagementprozess müssen also versuchen, die Reaktionen der Kunden auf Preisveränderungen vorherzusagen und diese Kenntnisse in den Entscheidungsprozess einbeziehen. Dabei haben die vorangegangenen Ausführungen aber gezeigt, dass die Vorhersage der Kundenreaktionen eine äußerst schwierige Aufgabe darstellt.

Wettbewerbsdynamik

Die Wettbewerbsdynamik ist ein weiterer wichtiger Faktor, der bei Preisentscheidungen unbedingt berücksichtigt werden sollte. Im Rahmen der Analyse dieser Dynamik kann das Lebenszyklusmodell der Produkte im Markt herangezogen werden (vgl. Abbildung B.21). Der Produktlebenszyklus wird in der

Regel in vier Phasen unterteilt: Einführung, Wachstum, Reife und Rückgang (vgl. Hofbauer/Sangl 2012, S. 528). Dieser Ansatz ist sowohl in der Theorie als auch in der Praxis weit verbreitet (vgl. Simon/Fassnacht 2009, S. 311). Form und Verlauf des Zyklus sind bei jedem Produkt unterschiedlich, dennoch können bei einem Großteil der Produkte Parallelen beobachtet werden, wodurch eine Analyse dieses Verlaufes wertvolle Anhaltspunkte bei der Preisentscheidung liefert.

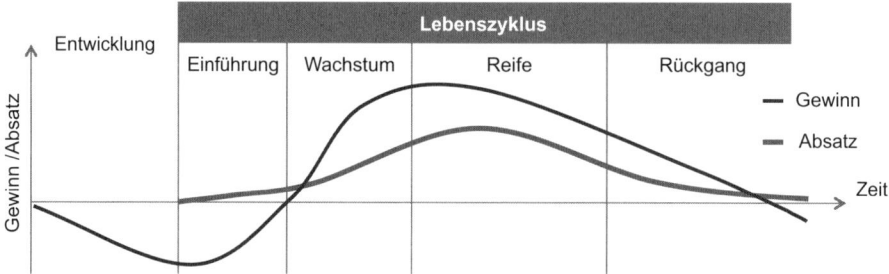

Abbildung B.21   Lebenszyklusmodell (nach Gaubinger/Weroni/Rabl 2009, S. 306)

Simon/Fassnacht (2009, S. 313) schlagen vor, im Rahmen der Analyse statt der absoluten Anzahl der Wettbewerber das Verhältnis von Angebotskapazität und Nachfrage zu berücksichtigen.

Folgt die Realität dem typischen Verlauf, so ist die Anzahl der Wettbewerber und damit auch die Angebotskapazität in der Einführungsphase relativ gering. Handelt es sich um ein Me-too-Produkt, so sollte wenigstens durch eine Differenzierung des Produktes vom Wettbewerb der Konkurrenzdruck niedrig sein. Aus diesen Annahmen folgt ein vergleichsweise großer Preisspielraum des Anbieters in dieser ersten Phase.

Während der Wachstumsphase steigt die Anzahl der Konkurrenten dann stetig an, Kapazität wird aufgebaut und erreicht schließlich das Maximum. Abbildung B.22 zeigt mögliche Strategien bei Konkurrenzeintritt, der zum Zeitpunkt t^* stattfindet.

Für gewöhnlich ist der Preisdruck in dieser Phase trotz steigender Kapazitäten relativ gering, da das Potenzial der Nachfrager noch nicht ausgeschöpft ist. Diese Situation ändert sich allerdings spätestens während der Reifephase. Da die Absatzmenge ab diesem Zeitpunkt schrumpft, entsteht ein Kampf um Marktanteile, der häufig über Preise ausgetragen wird. Dieser Prozess dauert so lange, bis sich Angebots- und Nachfragekapazitäten durch ein Ausscheiden der schwächeren Wettbewerber ausgleichen oder das Produkt vom Markt verschwindet (vgl. Meffert 2010, S. 182ff.).

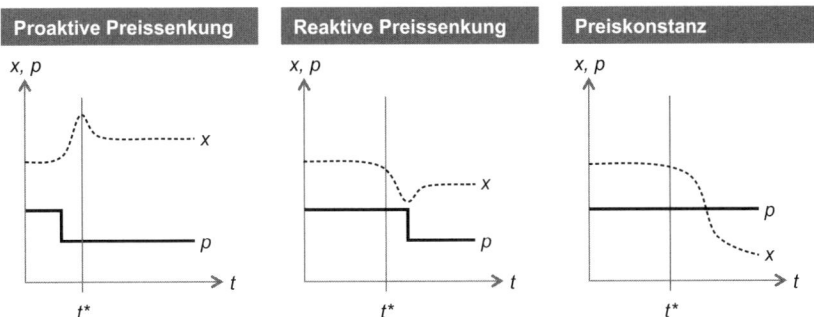

Abbildung B.22 Alternative strategische Optionen bei Konkurrenzeintritt (Meffert/Burmann/Kirchgeorg 2012, S. 498)

Für das Preismanagement von besonderer Bedeutung ist der Verlauf der Preiselastizität über die Phasen hinweg. Um diesen Verlauf analysieren zu können, müssen die einzelnen Komponenten bekannt sein. Zu diesem Zweck soll an dieser Stelle die in Kapitel 5.2.1 vorgestellte Formel der Preiselastizität wiederholt werden:

$$\varepsilon = \frac{\partial x}{\partial p} \times \frac{p}{x} \qquad \text{Formel 17}$$

$\partial x / \partial p$ stellt dabei die absolute Preiswirkung, x die Absatzmenge und p den Preis dar.

Typischerweise wächst die Absatzmenge bis zur Reifephase an. Bleiben Preiswirkung und Preis in diesen Phasen gleich, so führt dies zu einer sinkenden Preiselastizität. Werden parallel zu der wachsenden Absatzmenge die Preise gesenkt, so wird dieser Effekt sogar noch verstärkt.

Diese theoretische Erkenntnis steht allerdings im Gegensatz zu zahlreichen Thesen, die einen Anstieg der Preiselastizität in den ersten Phasen, gefolgt von einem Rückgang gegen Ende des Produktlebenszyklus, vorhersagen. Dieser Verlauf wird durch eine niedrigere Preiselastizität bei frühen Nachfragern neuer Produkte begründet, die oftmals über ein höheres Einkommen verfügen als Nachfrager in späteren Phasen (vgl. Simon/Fassnacht 2009, S. 311f.). Der Rückgang gegen Ende des Zyklus kann wiederum dadurch begründet werden, dass am Ende des Lebenszyklus die Markentreue eine hohe Rolle spielt, was zu einer geringeren Preiselastizität der Nachfrager führt.

Allgemeingültige und vor allem theoretisch sowie praktisch fundierte Aussagen zu den Werten der Preiselastizität im Verlauf des Lebenszyklus eines Produktes können nicht getroffen werden. Allerdings kann von einem Unterschied zwischen echten Innovationen und Me-too-Produkten ausgegangen werden. Bei echten Innovationen ist die Preiselastizität der Nachfrager zu Beginn des Produktlebenszyklus in der Regel aufgrund der Prestigewirkung relativ gering und steigt dann im Zeitverlauf an. Bei Me-too-Produkten wiederum ist der Konkurrenzkampf von Beginn an hoch, was zu einer hohen Preiselastizität führt, die möglicherweise zu einem späteren Zeitpunkt durch Differenzierungsmerkmale und den Aufbau einer starken Marke gesenkt werden kann (vgl. Simon/Fassnacht 2009, S. 312f.).

Carry-over-Effekt

Carry-over-Effekte beschäftigen sich mit Einflussfaktoren abseits von Preisveränderungen, die die zukünftige Absatzmenge beeinflussen. Der bekannteste Carry-over-Effekt im Rahmen von Preisentscheidungen ist dabei der Einfluss der aktuellen auf die zukünftige Absatzmenge. Eine Steigerung der gegenwärtigen Absatzmenge kann für die zukünftige Absatzmenge sowohl einen Anstieg als auch eine Verringerung bedeuten. Ist ein Kunde beispielsweise sehr zufrieden mit dem erworbenen Produkt, so wird er es vermutlich wieder kaufen und außerdem seine Zufriedenheit an Dritte kommunizieren, was zu einer steigenden künftigen Nachfrage führt. Simon/Dolan (1997, S. 303) haben verschiedene weitere Faktoren aufgeführt, die zu einem Einfluss der gegenwärtigen auf die zukünftige Absatzmenge führen (Tabelle B.11).

Tabelle B.11 Einfluss der gegenwärtigen auf die zukünftige Absatzmenge (nach Simon/Dolan 1997, S. 303)

Einfluss der gegenwärtigen auf die zukünftige Absatzmenge	
Positiv	Steigerung des Bekanntheitsgrades
	Positive soziale Kommunikation
	Markentreue
	Netzwerkeffekte
Negativ	Negative soziale Kommunikation
	Marktsättigung
	Verlust der Exklusivität

Mathematisch kann der Effekt wie folgt ausgedrückt werden:

$$x_t = a - b \times p_t + \lambda \times x_{t-1} \times r^t \qquad \text{Formel 18}$$

$\lambda \times x_{t-1}$ beschreibt die Auswirkungen der Absatzmenge aus der Vorperiode. λ wird als Carry-over-Koeffizient bezeichnet und nimmt typischerweise Werte im Bereich von 0,3 bis 0,6 an. r^t bezieht den zeitlichen Planungshorizont mit ein und unterstellt eine exponenziell abnehmende Bedeutung des Carry-over-Effektes mit der Zeit (vgl. Simon/Fassnacht 2009, S. 317ff.).

Für die Praxis können aus diesen Beobachtungen verschiedene Erkenntnisse gewonnen werden. Ist beispielsweise die Wirkung der gegenwärtigen auf die zukünftige Absatzmenge positiv, so sollte der Einführungspreis etwas niedriger als der kurzfristig optimale Preis sein und umgekehrt (vgl. Simon/Dolan 1997, S. 303).

Ein weiteres Wirkungselement, das im Rahmen dieses Effektes betrachtet werden kann, sind Kommunikationsmaßnahmen. Deren Wirkung auf die Nachfrage ist zwar in der Regel geringer als die des Preises, dennoch haben auch sie Einfluss auf die Absatzmenge. Werbewirkungen treten in der Regel verzögert ein und haben Auswirkungen auf mehrere Perioden, wie Abbildung B.23 zeigt. Dabei entspricht W dem Werbebudget und x der Absatzmenge. Der so genannte Wear-out-Effekt besagt, dass trotz konstanter Kommunikation deren Wirkung unter anderem aufgrund von verminderten Aufmerksamkeits- und Erinnerungsleistungen der Adressaten abnimmt (vgl. Meffert/Burmann/Kirchgeorg 2012, S. 734).

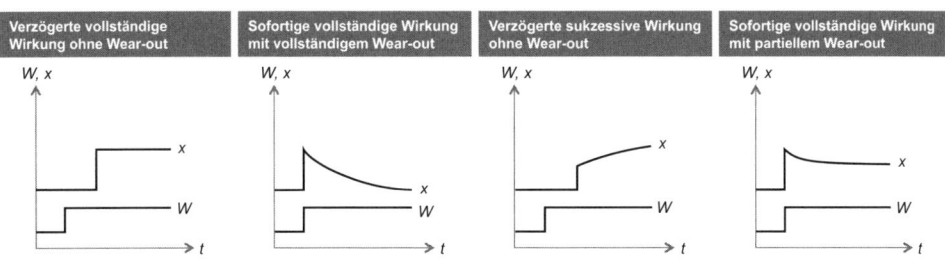

Abbildung B.23 Dynamische Werbewirkungen (Homburg 2012, S. 765)

Die Ausführungen machen deutlich, dass bei derartig verschiedenen möglichen Auswirkungen die Vorhersage der Folgen des Carry-over-Effektes sehr komplex ist.

Erfahrungskurveneffekt

Der Erfahrungskurveneffekt gibt einen Hinweis auf die Kostenentwicklungen in zukünftigen Perioden und muss somit bei Preisentscheidungen berücksichtigt werden. Dabei stellt die Erfahrungskurve die Beziehung zwischen Stückkosten und kumulierter Produktionsmenge dar, die durch empirische Untersuchungen bestätigt werden konnte. Durch die zunehmende Erfahrung, die mit einer steigenden Produktionsmenge einhergeht, können demnach die Kosten je produzierter Einheit pro Verdoppelung der kumulierten Produktionsmenge um einen festen Prozentsatz gesenkt werden. Mathematisch basiert dieses Konzept auf folgender Formel (vgl. Hofbauer/Sangl 2012, S. 537f):

$$k_t = k_0 \times \left(\frac{x_t}{x_0}\right)^\beta \quad (\beta < 0) \qquad \text{Formel 19}$$

k_t und k_0 entsprechen den Stückkosten zu den Zeitpunkten t und 0, wobei letzterer zumeist dem Beginn der Produktion gleicht. x_t drückt die kumulierte Produktionsmenge zum Zeitpunkt t aus, x_0 die Startmenge, welche beispielsweise die Anzahl der Pilotprodukte umfasst. Der Parameter β entspricht der Kostenelastizität, sprich der relativen Veränderung der Stückkosten bei Anstieg der kumulierten Produktionsmenge (vgl. Simon/Fassnacht 2009, S. 322).

Der Erfahrungskosteneffekt ist vor allem in stark umkämpften Märkten von Bedeutung. Im Falle von Preiskriegen kann ein Unternehmen sich oftmals nur durch einen Kostenvorteil gegenüber den Wettbewerbern behaupten. Der Erfahrungskosteneffekt führt folglich zu Einführungspreisen, die unterhalb der kurzfristig optimalen Preise liegen. Diese Einführungspreise machen es möglich, den Markt schnell zu durchdringen, und wiegen die dadurch niedrigeren Deckungsbeiträge durch höhere Absatzmengen und niedrigere Kosten langfristig auf (vgl. Simon/Dolan 1997, S. 315).

Abbildung B.24 stellt den Erfahrungskurveneffekt grafisch anhand zweier Beispiele dar. Die Werte 20 bzw. 30% Rückgang bedeuten, dass mit jeder Verdoppelung der kumulierten Produktmenge (= Erfahrung) die inflationsbereinigten Stückkosten um 20 bis 30% sinken, was sicher nur bei Produkten mit hoher eigener Fertigungstiefe realistisch ist.

Die positiven Auswirkungen des Erfahrungskurveneffektes können möglicherweise in Zukunft von dem Trend der steigenden Anforderungen der Kunden nach individuellen Lösungen verhindert werden. In diesem Fall muss das Unternehmen abwägen, welche Strategie langfristig profitabler ist, die der Kundenorientierung oder die der Kostensenkung (vgl. Meffert 2010, S. 178).

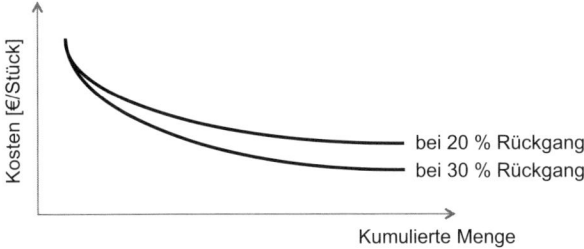

Abbildung B.24 Prinzipdarstellung des Erfahrungskurveneffekts (Meffert/Burmann/Kirchgeorg 2012, S. 281)

6.3 Die Dimension Sortiment

Die wenigsten Unternehmen bieten nur ein Produkt an. Bislang wurde allerdings lediglich die Optimierung eines einzelnen Preises betrachtet, ohne auf den Einfluss auf und von anderen Produkten des Unternehmens einzugehen. Diese Einschränkung soll an dieser Stelle aufgehoben und Besonderheiten bei der Optimierung mehrerer Produktpreise aufgezeigt werden. Dabei werden zwei Varianten der Preisentscheidung unter Berücksichtigung mehrerer Produkte betrachtet: die Preisbestimmung für Produktlinien sowie die Preisbündelung.

6.3.1 Preisentscheidungen für Produktlinien

Der erste Schritt im Rahmen einer Optimierung mehrerer Produktpreise ist die Analyse der Interdependenzen zwischen den Produkten auf Absatz- und Kostenseite. Das Wissen um diese Beziehungen sowie deren Berücksichtigung macht eine Gewinnmaximierung erst möglich. Dabei unterscheiden Simon/Fassnacht (2009, S. 286ff.) vier Arten der Beziehung zwischen den Produkten eines Unternehmens:

- *Substitutive Beziehung*
  Stehen Produkte in einer substitutiven Beziehung zueinander, so können sie beliebig gegeneinander ausgetauscht werden, da sie dieselben Bedürfnisse des Kunden befriedigen. Die Kreuzpreiselastizität ist positiv, da bei einer Reduktion des Preises für ein Produkt die Absatzmenge des anderen Produktes sinkt. Ein bekannter Begriff in diesem Zusammenhang ist der Effekt der Kannibalisierung der Produkte, den die Unternehmen durch Maßnahmen wie einer Positionierung in unterschiedlichen Preissegmenten so gering wie möglich halten wollen. Beispiele für substitutive Produktbeziehungen sind Zigarettenmarken oder Automodelle. Für die Preisent-

scheidung derartiger Produkte folgt, dass der übergreifend optimale Preis höher ist als der isolierte.

- *Komplementäre Beziehungen*

  Die Kreuzpreiselastizität komplementärer Produkte ist negativ, da bei einer Preiserhöhung des einen Produktes die Absatzmenge des anderen Produktes ebenfalls sinkt. Dies liegt an der gemeinsamen Verwendung beider Produkte, die sich gegenseitig ergänzen. Dabei kann die Art der Komplementarität fix sein, wie zum Beispiel bei Auto und Klimaanlage, aber auch variabel, wie bei Drucker und Papier. Bei dieser Art von Produktbeziehung verhält sich die Auswirkung auf die Preisentscheidung entgegengesetzt zu Produkten mit substitutiver Beziehung: Der übergreifend optimale Preis ist in diesem Fall niedriger als der isolierte.

- *Dynamische Beziehungen*

  Die Beziehung zweier Produkte nennt sich dynamisch, wenn nach dem Kauf eines Hauptproduktes der Bezug von Folgeprodukten notwendig wird. Beispiele hierfür sind der Kauf eines Druckers als Hauptprodukt und der von Druckerpatronen als Folgeprodukte oder auch der Kauf von Verschleißteilen als Folgeprodukte bei Gebrauchsgütern. Dabei ist es nicht unüblich, dass der Preis für die Hauptprodukte weit unterhalb des optimalen Preises liegt, da die Preiselastizitäten der Folgeprodukte weit höher sind und der Gewinn über diese langfristig maximiert werden kann.

- *Informationstransfer*

  Zusätzlich zu den eben beschriebenen verwendungsbasierten Beziehungen kann ein Transfer bisheriger Erfahrungen des Nachfragers mit einem Produkt auf andere Produkte die Kauf- und Preisbereitschaft stark beeinflussen. Diesen Informationstransfer können Unternehmen nutzen, indem sie für bestimmte Einstiegs- oder Eckprodukte besonders günstige Preise anbieten.

Die Zielfunktion zur Maximierung des Gewinns bei Einbeziehung mehrerer Produkte eines Unternehmens wird in Kapitel 12.4 (Formel 41) vorgestellt.

6.3.2 Preisbündelung

Unter Preisbündelung wird das gemeinsame Angebot mehrerer Leistungen zu einem Preis verstanden. Dabei kann zwischen reiner und gemischter Preisbündelung unterschieden werden. Bei reiner Preisbündelung können die Elemente lediglich als Gesamtpaket, bei gemischter Preisbündelung auch als Einzelleistung gekauft werden (vgl. Bruhn 2012, S. 174).

In der Literatur existieren verschiedene Ansätze zur Abgrenzung zwischen Einzelprodukten und Preisbündeln. Simon/Fassnacht (2009, S. 296 f.) schlagen folgende Abgrenzung vor:

- Die einzelnen Elemente besitzen einen eigenen Preis, der im Vergleich zum Bündelpreis nicht verschwindend gering ist.
- Die Elemente des Bündels können einzeln verkauft werden.
- Bei der Beschreibung des Bündels werden die Komponenten ausdrücklich erwähnt.
- Die Elemente sind wichtige Kriterien bei der Entscheidung zum Kauf eines Bündels.

Beispiele für Produktbündel sind in der Praxis in nahezu allen Produktgruppen zu finden: bei Fastfood-Ketten in Form von Menüs, bei Urlaubsreisen im Rahmen einer Kombination von Flug und Hotel, bis hin zu Software, bei der ein Paket mehrere Anwendungsprogramme enthält (vgl. Simon/Fassnacht 2009, S. 296).

Die Ziele, die im Rahmen der Preisbündelung verfolgt werden, können Tabelle B.12 entnommen werden. Werden produktpolitische Ziele verfolgt, so wird in der Regel der Begriff Produktbündelung verwendet (vgl. Siems 2009, S. 211).

Tabelle B.12   Ziele der Preisbündelung (Siems 2009, S. 211)

Ziele der Preisbündelung	
Produktpolitische Ziele	Lock-in-Effekte
	Unterstützung neuer/schwacher Produkte
	Marktsegmentierung
Preispolitische Ziele	Abschöpfung der Zahlungsbereitschaften
	Preispsychologische Effekte
	Preisaufschläge (Premium Bundling)

Tabelle B.13   Maximalpreise für Einzelprodukte und Preisbündel (Simon/Fassnacht 2009, S. 299)

Nachfrager	Maximalpreise der Nachfrager in €		
	A	B	A + B
1	6	1	7
2	2	5	7
3	5	4	9
4	3	2,5	5,5
5	2,4	1,8	4,2

Die Abschöpfung von Zahlungsbereitschaften stellt eines der wichtigsten Ziele der Preisbündelung dar. Simon/Fassnacht (2009, S. 299) erklären die Erreichung dieses Zieles durch ein Beispiel. Gegeben sind die Maximalpreise pro Produkt A, B und Produktbündel von fünf Nachfragern (s. Tabelle B.13), sowie variable Kosten von 0 €, wie es beispielsweise bei e-Books im Onlinehandel der Fall ist. Die Maximalpreise geben an, welchen Betrag die Nachfrager höchstens für ein Produkt zu zahlen bereit sind. Ein Kauf erfolgt also nur, sofern der Kaufpreis kleiner oder gleich dem Maximalpreis des jeweiligen Nachfragers ist.

Das Beispiel besteht aus drei Fällen, die zunächst beschrieben werden und in Tabelle B.14 dargestellt sind.

Tabelle B.14 Beispielrechnung zur Preisbündelung (nach Simon/Fassnacht 2009, S. 299)

Nachfrager	Fall 1			Fall 2	Fall 3		
	Kauf A (5 €)	Kauf B (4 €)	Kauf Bündel (5,50 €)	Kauf A (2,40 €)	Kauf B (4 €)	Kauf Bündel (5,50 €)
1	ja	-	ja	-	-	ja
2	-	ja	ja	-	-	ja
3	ja	ja	ja	-	-	ja
4	-	-	ja	-	-	ja
5	-	-	-	ja	-	-
Gewinn	10 €	8 €	22 €	2,40 €		22 €
Σ Gewinn	18 €			22 €	24,40 €		

- *Fall 1*
  Die optimalen Preise der Produkte seien gegeben und betragen 5 € für Produkt A und 4 € für Produkt B. Zu diesen Preisen können die Produkte A und B jeweils zweimal verkauft werden. Produkt A an die Nachfrager 1 und 3 und Produkt B an die Nachfrager 2 und 3. Daraus resultiert (bei variablen Kosten von 0) ein Gewinn (bzw. Deckungsbeitrag) von 18 €.

- *Fall 2*
  Werden die beiden Produkte als reines Produktbündel für zusammen 5,50 € angeboten, so werden 4 Bündel verkauft. Dies führt zu einem Gewinn von 22 €, also 4 € mehr als in Fall 1, obwohl der Bündelpreis erheblich niedriger ist als der kumulierte Preis für die Produkte A und B im ersten Fall. Diese Differenz von 4 € liegt nun an der Abschöpfung der Konsumentenrente (vgl. Abbildung B.46), die sich durch die Differenz aus Bündelpreis und bisher gezahltem Preis berechnet. Die Abschöpfung beträgt 0,50 € bei Nach-

frager 1, 1,50 € bei Nachfrager 2, -3,50 € bei Nachfrager 3 und 5,50 € bei Nachfrager 4.

- *Fall 3*

Wird anstelle einer reinen Preisbündelung die gemischte Preisbündelung angewendet und für A ein Preis von 2,40 € sowie für B ein Preis von 4 € angesetzt, so steigt der Gewinn noch einmal auf nun 24,40 € an. Durch diese Variante der Preisbündelung wird die Konsumentenrente demnach weiter abgeschöpft.

6.4 Die Dimension Nachfrager

6.4.1 Grundlagen

Ein bezogen auf die Nachfrager homogenes Preissystem ist in der Praxis relativ selten. Preisdifferenzierung, sei es in personeller, räumlicher, quantitativer oder einer weiteren möglichen Form begegnet Nachfragern täglich. Ein oft in diesem Zusammenhang zitiertes Beispiel ist der Preis einer Flasche Cola an verschiedenen Orten. Dieses Beispiel ist in Abbildung B.25 dargestellt.

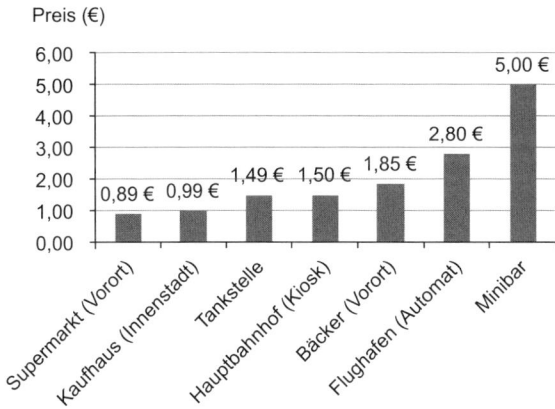

Abbildung B.25 Preise einer 0,5-l-Flasche Cola (Simon/Fassnacht 2009, S. 252)

Die Idee, die hinter den unterschiedlichen Preisen steckt, ist das Ausnutzen heterogener Nutzwerte und damit Zahlungsbereitschaften der Konsumenten für bestimmte Produkte oder deren Kauf zu unterschiedlichen Bedingungen. Des Weiteren werden unterschiedliche Preise für unterschiedliches Kaufverhalten angewandt, um zum Beispiel besonders treue Kunden zu belohnen (vgl. Hofbauer/Hellwig 2012, S. 254). Im Rahmen der Preisdifferenzierung werden folglich Güter gleicher oder zumindest sehr ähnlicher Art verschiedenen Kunden zu unterschiedlichen Konditionen angeboten. Dabei werden, dem Konzept von Pigou folgend, drei Arten der Preisdifferenzierung unterschieden (vgl. Diller 2008, S. 228 f.):

- *Preisdifferenzierung ersten Grades*
  Bei jedem Nachfrager soll die maximale Zahlungsbereitschaft abgeschöpft werden. Da dies zu individuellen Preisen führt, ist dieses Konzept in der Praxis relativ selten anzutreffen. Möglichkeiten der Anwendung finden sich im Rahmen individueller Preisverhandlungen und Auktionen.

- *Preisdifferenzierung zweiten Grades*
  Das Produkt wird differenziert angeboten, wobei es den Kunden frei steht, welches Angebot sie in Anspruch nehmen wollen. Folglich wird diese Form auch Selbst-Segmentation genannt. Ein Beispiel hierfür ist die Nutzung von Schwimmbädern zu bestimmten Öffnungszeiten, zu denen der Eintritt günstiger angeboten wird.

- *Preisdifferenzierung dritten Grades*
  In diesem Fall werden die Nachfrager vom Anbieter selektiert, ein Wechsel zwischen den differenzierten Angeboten ist ihnen folglich nicht möglich. Diese Art der Preisdifferenzierung existiert beispielsweise im Rahmen von Vergünstigungen für Rentner und Studenten bei Theatervorstellungen.

Simon/Fassnacht (2009, S. 257) führen vier Voraussetzungen auf, die für eine erfolgreiche Durchsetzung der Preisdifferenzierung gegeben sein müssen. Dazu gehören zum einen unterschiedliche Maximalpreise und Preiselastizitäten der Nachfrager. Diese sind notwendig, um die Kunden in einem zweiten Schritt in mindestens zwei Segmente unterteilen zu können. Die dritte Voraussetzung ist die Möglichkeit, diese Segmente differenziert bedienen zu können. Des Weiteren bedarf es eines monopolistischen Spielraums des Unternehmens, damit potenzielle Kunden bei höheren Preisen nicht auf Konkurrenzprodukte ausweichen.

Während die Auswahl konkreter Formen der Preisdifferenzierung an späterer Stelle des Preismanagementprozesses, nämlich der Festlegung der Strategie erfolgt, soll an dieser Stelle die Grundlage der Preisdifferenzierung, die Marktsegmentierung, vorgestellt werden. Diese macht eine differenzierte Bearbeitung der Nachfrager erst möglich.

6.4.2 Marktsegmentierung

Ein Markt ist definiert als das Zusammentreffen von Angebot und Nachfrage. Dabei unterscheiden sich die Nachfrager, selbst diejenigen, die das gleiche Produkt kaufen, erheblich. Diese Unterschiede können das Resultat demografischer, psychologischer und vieler weiterer Faktoren sein. Für die Preisfindung sind aber vor allem die Bewertung des Produktnutzens und die daraus resultierenden Zahlungsbereitschaften der Nachfrager von Interesse. Aus theoretischer Sicht wäre es optimal, die individuellen Zahlungsbereitschaften eines jeden Nachfragers abschöpfen zu können. Dies ist in der Praxis aus ökonomischen Gründen in den meisten Fällen jedoch nicht sinnvoll, da die Kosten für die Beschaffung der dafür notwendigen Daten den zusätzlichen Gewinn in den meisten Fällen kompensieren würden. Daher ist eine Aufteilung der Nachfrager in Gruppen mit ähnlichen Präferenzen sinnvoll. Diese Gruppen sollten in sich möglichst homogen sein und sich von anderen Gruppen deutlich abgrenzen (vgl. Hofbauer/Bergmann S. 227f). Wurde die Aufteilung unternommen, so können die Segmente in einem nächsten Schritt – zum Beispiel mit Hilfe der Preisdifferenzierung – unterschiedlich bedient und die individuellen Zahlungsbereitschaften abgeschöpft werden.

Nagle/Hogan (2007, S. 80ff.) bezeichnen die Marktsegmentierung als eine der wichtigsten Aufgaben im Marketing und sprechen sich für die so genannte wertorientierte Marktsegmentierung aus. Diese unterscheidet sich von anderen Methoden der Segmentierung dadurch, dass eine Aufteilung des Marktes anhand des von den Kunden wahrgenommenen Produktwertes erfolgt. Die Segmentierung wird in sechs Schritten vollzogen, die im Folgenden beschrieben werden.

1. Bestimmung der grundlegenden Segmentierungskriterien

Das Ziel des Segmentierungsprozesses ist die Aufteilung der Nachfrager in Segmente, deren Kaufverhalten von gemeinsamen Kriterien bestimmt wird. Der erste Schritt ist daher eine möglichst genaue Beschreibung des Marktes, anhand derer im zweiten Schritt die grundlegenden Segmentierungskriterien ausgewählt werden können. Diese sind auf Konsumgütermärkten meist demographische Werte, während bei Industriegütermärkten oftmals Unternehmensdaten verwendet werden. Um die notwendigen Daten zu beschaffen, können Sekundärquellen wie staatliche Statistiken oder Branchendatenbanken herangezogen werden. Mit Hilfe dieser Kriterien wird die Basis der wertorientierten Marktsegmentierung gelegt. Ergebnis dieses ersten Schrittes sollen Kaufmuster, Kundenbeschreibungen sowie eine Aufzählung befriedigter und unbefriedigter Kundenbedürfnisse sein.

2. Identifikation kritischer Wertfaktoren

Nach der ersten vorläufigen Segmentierung werden nun die unterschiedlichen Kaufmotivationen der Nachfrager in die Analyse einbezogen. Diese können durch so genannte Tiefenbefragungen ermittelt und von Experten oder Zwischenhändlern bestätigt werden. Ziel dieses Schrittes ist eine Auflistung der Wertfaktoren, die nach der Fähigkeit priorisiert werden, den Markt segmentieren zu können. Zu diesen Wertfaktoren gehören ebenso die Werte der bislang unbefriedigten Bedürfnisse.

3. Bestimmung betrieblicher Zwänge und Vorteile

Nun erfolgt die Überlegung, welche Wertfaktoren das Unternehmen im Vergleich zu Wettbewerbern besonders gut und kostengünstig anbieten kann. Hierzu kann unter anderem auf Erfahrungen, Investitionen und Humankapital zurückgegriffen werden. Das Ziel dieses Schrittes ist, zu verstehen, welche Kunden welche Kosten verursachen, und somit deren Rentabilität und das Potenzial des Unternehmens zur Bedürfnisbefriedigung zu kennen.

4. Einteilung primärer und sekundärer Segmente

Der vierte Schritt kombiniert die bisher erhobenen Informationen, indem nun eine Primärsegmentierung des Marktes basierend auf den Möglichkeiten des Unternehmens und den Kundenbedürfnissen erfolgt. Die Primärsegmente werden dann erneut anhand des Wertfaktors segmentiert, der innerhalb der Primärsegmente am stärksten variiert. Dieser Prozess kann beliebig fortgesetzt werden. Dabei ist jedoch zu beachten, dass die Segmentierung nur solange wirtschaftlich ist, wie sich die einzelnen Segmente noch wesentlich voneinander unterscheiden.

5. Erstellung detaillierter Segmentbeschreibungen

Die in den Verkaufsprozess involvierten Gruppen wie Verkäufer oder auch die Marketingkommunikation müssen nun einen Überblick erhalten, welche Art von Kunden in den jeweiligen Segmenten bedient wird. Nur so ist die Einhaltung der jeweiligen Strategien in den Segmenten möglich.

6. Entwicklung von Messgrößen und Segmentbeschränkungen

Im letzten Schritt müssen nun Messgrößen definiert werden, die den vom Kunden erhaltenen Wert je Segment und somit dessen Preis nachvollziehbar machen. Außerdem müssen die Beschränkungen, die eine Einhaltung der Segmente sicherstellen, definiert werden.

Weitere Ausführungen zur zielgruppenorientierten Marktbearbeitung finden sich in Hofbauer/Sangl 2011 (S. 55ff.).

7 Verhaltenswissenschaftliche Ansätze

In den Kapiteln 5 und 6 wurden Konzepte der klassischen Preistheorie vorgestellt. Ziel dieser Kapitel war die quantitative Beschreibung der Beziehung zwischen Preis und Absatzmenge. Im Rahmen der Analysen wurde rationales Handeln der Nachfrager vorausgesetzt und angenommen, dass diese über vollkommene Informationen verfügen (vgl. Kapitel 5.3.3). Modelltheoretisch erfolgte die Darstellung der Beziehung zwischen Preis (Stimulus) und Absatzmenge (Response) in einem so genannten Stimulus-Response-Modell (S-R-Modell) (vgl. Abbildung B.26). Da sämtliche Prozesse, die zwischen der Preisfestsetzung des Unternehmens und der Anpassung der Absatzmenge stattfinden, in dieser Analyse nicht beleuchtet werden, entspricht die Betrachtungsweise der in einem Black-Box-Modell.

Abbildung B.26 Stimulus-Response-Modell

Zahlreiche Studien haben allerdings die unvollständige Darstellung des Preisverhaltens der Kunden durch dieses Modell betont (vgl. Monroe/Lee 1999; Kahnemann/Knetsch/Thaler 1986). In diesem Kapitel soll nun zusätzlich das Verhalten des Kunden, das oftmals entgegen der Prämissen der klassischen Preistheorie irrational ist, analysiert werden. Das S-R-Modell wird durch diese Analyse zu einem Stimulus-Organismus-Reponse-Modell (S-O-R-Modell) erweitert (vgl. Abbildung B.27) (vgl. Simon/Fassnacht 2009, S. 145f.; Homburg/Koschate 2005a, S. 384).

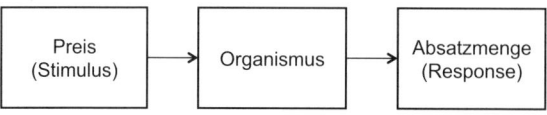

Abbildung B.27 Stimulus-Organismus-Response-Modell

In der Forschung liegt der Fokus bereits seit einiger Zeit auf den verhaltenswissenschaftlichen Einflüssen auf die Preisfindung. Die so genannte Behavioral-Pricing-Forschung versucht, die klassische Preistheorie zu ergänzen, und verwendet dabei einen deskriptiven Forschungsansatz, der sich auf kognitive Prozesse konzentriert. Grundlage dieses Forschungsgebietes sind in vielen Fällen Modelle und Erkenntnisse der psychologischen Forschung. Im deutschsprachigen Raum wurde das Behavioral Pricing bisher noch relativ wenig beachtet, weswegen der Großteil der Erkenntnisse aus dem US-amerikanischen Raum stammt (vgl. Simon/Fassnacht 2009, S. 145f.; Homburg/Koschate 2005a, S. 384).

Die im Rahmen der Verhaltenstheorie am häufigsten eingesetzte Erhebungsform ist die Befragung, die in Kapitel 3.2.2.1 beschrieben wurde (vgl. Simon/Fassnacht 2009, S. 146).

Abbildung B.28 stellt einen Ansatz zur Systematisierung der verhaltenswissenschaftlichen Konzepte dar. Dieser Ansatz orientiert sich am Kaufentscheidungsprozess der Kunden (vgl. Hofbauer/Sangl 2011, S. 117) und besteht aus fünf Phasen: der Preisinformationssuche, der Preiswahrnehmung, der Preisbeurteilung, der Entscheidung sowie der Nachkaufphase. Der Prozess des Preislernens und das daraus resultierende Preiswissen der Nachfrager haben Einfluss auf jede der fünf Phasen und sind aus diesem Grund zentral abgebildet. Die einzelnen Konzepte werden in den folgenden Kapiteln näher beschrieben.

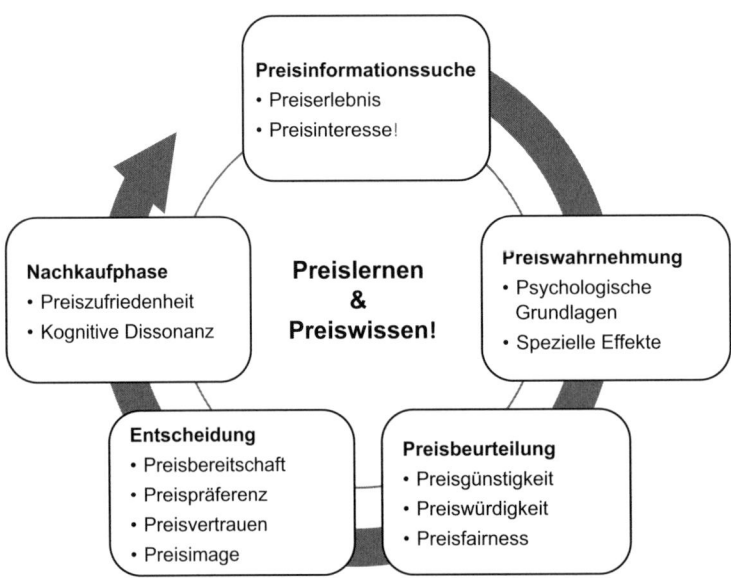

Abbildung B.28 Systematisierung verhaltenswissenschaftlicher Ansätze

7.1 Preisinformationssuche

Die zentralen Fragen, die sich ein Unternehmen im Rahmen der Analyse der Preisinformationssuche seiner potenziellen Kunden stellen muss, lauten wie folgt (vgl. Homburg/Koschate 2005a, S. 387):

- Durch welche Faktoren wird die Preisinformationssuche beeinflusst?
- Mit welcher Intensität suchen die Kunden nach Preisinformationen?

Um diese beiden Fragen beantworten und daraufhin entsprechend den Kundenbedürfnissen handeln zu können, muss sowohl das Konzept der Preiserlebnisse als auch das des Preisinteresses untersucht werden.

7.1.1 Preiserlebnisse

Um einen Kaufentscheidungsprozess anzustoßen, müssen die Kunden aktiviert werden (vgl. Simon/Fassnacht 2009, S. 148). Eine Möglichkeit für Unternehmen, Nachfrager zu aktivieren, ist es, die Wirkung von Emotionen gezielt zu nutzen. Während im Konsumgütermarketing die große Bedeutung einer emotionalen Ansprache der Kunden schon seit langer Zeit bekannt ist, erfolgte im Produktivgütermarketing der Wandel hin zur Erlebnisorientierung erst in den letzten Jahren (vgl. Raab/Unger/Unger 2010, S. 237).

Für das Preismanagement eines Unternehmens bedeutet dieses Konzept die Notwendigkeit, die Wirkungen der Preise auf die Emotionen der Nachfrager zu kennen und entsprechend zu handeln. Diller (2008, S. 96f.) benutzt in diesem Kontext das Wort Erlebnis als Synonym für Emotion und definiert Preiserlebnisse als Empfindungen, die von Preisen ausgelöst werden. Wie alle Emotionen lassen sich auch Preiserlebnisse in drei Hauptdimensionen unterteilen (vgl. Trommsdorff 2009, S.60; Diller 2008, S.96f.):

- *Stärke*

  Die Stärke einer Emotion beschreibt das Ausmaß der Auswirkung eines Gefühls auf Denken und Handeln einer Person.

- *Richtung*

  Die Richtung einer Emotion gibt an, ob das Preiserlebnis positiv oder negativ ist, entscheidet also über Zu- oder Abwendung vom jeweiligen Produkt. Im Rahmen von Preisentscheidungsprozessen ist dabei die unterschiedliche Reaktion in Abhängigkeit von Person, Situation und Kulturraum zu beachten (vgl. Simon/Fassnacht 2009, S. 149).

- *Art*

  Die Art von Emotionen kann weiter in Inhalt und Qualität unterteilt werden. Deren Beschreibung gestaltet sich aufgrund des kaum operationalisierbaren Charakters sehr schwierig. Diller (2008, S. 97f.) versucht dennoch, verschiedene Ausprägungen wie Preisfreude, -stolz, -überraschungen und -belohnungen darzustellen.

Die Aktivierung der Nachfrager ist das Ziel, das ein Unternehmen mit Hilfe von Preiserlebnissen zu erreichen versucht. Diese ist die Voraussetzung für weitere Handlungen der Konsumenten wie die Preiswahrnehmung oder -beurteilung. Darüber hinaus differenzieren Preiserlebnisse das Produkt, was immer wichtiger wird, je weniger sich ein Unternehmen durch eine Differenzierung der Produktmerkmale von der Konkurrenz abheben kann. Eine dritte Auswirkung ist der Einfluss von Preiserlebnissen auf die Wahrnehmung des Produktes. So wirken sich Emotionen nicht nur auf die Intensität, sondern ebenso auf die Inhalte der Wahrnehmung aus. Dieser Einfluss kann bis hin zu einer Ausblendung von Produktnachteilen führen (vgl. Diller 2008, S. 99f.; Raab/Unger/Unger 2010, S. 234).

Diese Effekte müssen nun von den Entscheidern im Preismanagementprozess durch konsequentes Erlebnismarketing genutzt werden (vgl. Diller 2008, S. 100f.). Der Begriff Erlebnismarketing beschreibt den gezielten Einsatz von Maßnahmen, um Kunden über Emotionen anzusprechen und so deren Einkauf zu einem Erlebnis zu machen (vgl. Thommen 2008, S. 210). Möglichkeiten des Erlebnismarketings bezogen auf den Preis sind das Angebot von Preissensationen, also kurzfristigen Preissenkungen, die Einführung von Preisinnovationen in Form neuartiger Preissysteme sowie die besondere Betonung preislicher Vorteile durch eine preiserlebnisbetonte Kommunikationspolitik. Im Rahmen des Erlebnismarketings sind allerdings stets die gesetzlichen Vorschriften zu beachten, die der Gesetzgeber zum Schutz der Nachfrager erlassen hat (vgl. Diller 2008, S. 100f.).

7.1.2 Preisinteresse

Das Preisinteresse beschreibt das Verlangen des Kunden, Informationen zum Preis eines Produktes zu erlangen und diese im Rahmen des Kaufentscheidungsprozesses anzuwenden. Für das Unternehmen bedeutet ein hohes Preisinteresse der Nachfrager gut informierte potenzielle Kunden, die den Nutzen des Produktes genau kennen und nicht bereit sind, höhere Preise zu bezahlen (vgl. Homburg/Koschate 2005a, S. 387; Diller 2008, S. 101).

7.1.2.1 Teilkonstrukte des Preisinteresses

Das Preisinteresse besteht aus drei Teilkonstrukten, die in Abbildung B.29 (Diller 2008, S. 101ff.) dargestellt sind.

Abbildung B.29 Teilkonstrukte des Preisinteresses (nach Diller 2008, S. 102)

Preisgewichtung

Die Preisgewichtung drückt die relative Bedeutung des Preises im Rahmen der Kaufentscheidung aus. Dabei muss der Nachfrager zwischen der Priorisierung des Preises und anderer Kriterien wie Qualität und Bequemlichkeit abwägen (vgl. Diller 2008, S. 103).

Abbildung B.30 zeigt die Entwicklung der Gewichtung von Preis und Qualität deutscher Käufer zwischen den Jahren 2007 und 2011. Dabei ist eine, wenn auch sehr schwache, Tendenz zur stärkeren Beachtung der Qualität gegenüber dem Preis zu beobachten, die auch Diller (2008, S. 104) erwähnt.

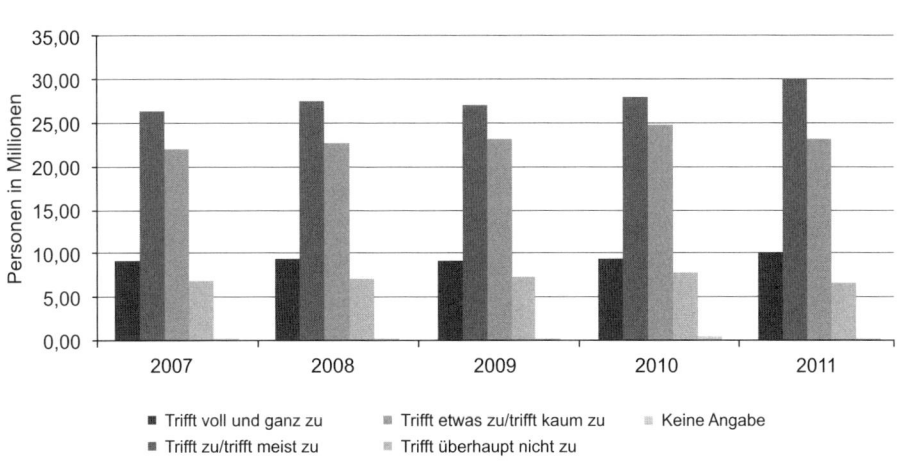

Abbildung B.30 Einstellung: Qualität wichtiger als Preis (Statista 2011)

Alternativenbewusstsein

Das Alternativenbewusstsein beschreibt das Bedürfnis eines Nachfragers nach einer Abwägung verschiedener Kaufalternativen, bevor die Kaufentscheidung getroffen wird. Eine extreme Ausprägung des Alternativenbewusstseins sind so genannte habitualisierte Kaufhandlungen. Diese sind definiert als Kaufentscheidungen, im Rahmen derer der Konsument sich durch eine Wiederholung vergangener Kaufhandlungen von der Informationssuche entlastet. Die betrachteten Alternativen reduzieren sich folglich auf eine einzige, da sich der Aufwand der Einbeziehung mehrerer Optionen aus Sicht des Nachfragers nicht lohnt. Im Gegenteil dazu existiert bei manchen Nachfragern ein regelrechtes Abwechslungsbedürfnis, das im Englischen Variety-Seeking genannt wird. Dieses Motiv, das zu einem Wechsel des Produktes trotz Zufriedenheit führen kann, ist dadurch begründet, dass bereits der Markenwechsel an sich dem Nachfrager Nutzen stiftet (vgl. Trommsdorff 2009, S. 118).

Ein theoretisches Konzept, das in Zusammenhang mit dem Alternativenbewusstsein steht, ist das Konzept des Evoked Set. Dieses beschreibt eine Auswahl an Alternativen, die überhaupt vom Nachfrager in Betrachtung gezogen werden (vgl. Diller 2008, S. 104ff.).

Preissuche

Die Preissuche gibt das tatsächliche Ausmaß der Informationsaktivitäten der Nachfrager beim Kauf eines Produktes an. Dabei beschränken sich diese Informationsaktivitäten nicht nur auf den Beginn des Kaufentscheidungsprozesses, sondern gehen unter Umständen noch darüber hinaus. Dies ist der Fall, wenn Nachfrager auch nach dem Kauf sicherstellen wollen, dass sie den „richtigen" Preis bezahlt haben. In diesem Fall ist es für ein Unternehmen wichtig, kognitive Dissonanzen (vgl. Kapitel 7.5.3) nach dem Kauf zu vermeiden (vgl. Simon/Fassnacht 2009, S. 151). Die theoretische Basis für den Großteil verhaltenswissenschaftlicher Modelle zum Konzept der Preissuche stellt die Informationsökonomie dar. Diese besagt, dass die Preissuche erst dann abgebrochen wird, wenn der Grenzertrag die Suchkosten nicht mehr decken kann (vgl. Diller 2008, S. 106).

Urbany/Dickson/Kalapurakal (1996, S. 93f.) identifizieren vier Arten von Suchkosten, beziehungsweise Einschränkungen der Preissuche. Dazu gehört zum einen die begrenzte Zeit, die einem Nachfrager für Kaufentscheidungen zur Verfügung steht. Die Autoren haben außerdem festgestellt, dass die Preissuche umso geringer ausfällt, je mehr Kinder im Vorschulalter zum Haushalt gehören. Der dritte Einflussfaktor ist die Schwierigkeit, Geschäfte zu vergleichen, was vor allem bei Einkaufsstätten mit großer Auswahl der Fall ist. Eine letzte Beschränkung kann dadurch entstehen, dass der Nachfrager nicht mobil genug ist, um im jeweils günstigsten Geschäft einzukaufen, und aus diesem Grund die Suche nach den günstigsten Produkten für ihn keinen Vorteil bringt.

Ein preispsychologisches Persönlichkeitskonzept, das die Preissuche wesentlich beeinflusst, ist das so genannte Price-Mavenism-Motiv. Dieses Motiv bezeichnet das Bedürfnis eines Nachfragers, Preisinformationen zu sammeln und diese in einem nächsten Schritt anderen Nachfragern weiterzugeben (vgl. Homburg/Koschate 2005a, S. 387).

Eine wesentliche Veränderung der Herangehensweise an die Preissuche wurde durch die Verbreitung des Internets ausgelöst. Der Bundesverband Informationswirtschaft, Telekommunikation und neue Medien e.V., kurz BITKOM, hat eine Statistik veröffentlicht, die die Nutzung von Entscheidungshilfen der Käufer im World Wide Web zeigt (Abbildung B.31). Diese Statistik aus dem Jahr 2010 besagt, dass bereits mehr als 29% der Gesamtbevölkerung und 41% der Internetnutzer Preisvergleichsseiten zu Hilfe nehmen, um Kaufentscheidungen zu treffen. Eine weitere Erkenntnis der Untersuchung ist, dass bereits 55% der Nachfrager online nach Informationen über Produkte und Preise suchen. Der frühere BITKOM-Präsident Prof. Dr. August-Wilhelm Scheer hat daher folgende Aussage getroffen: „Das Internet hat das Konsumverhalten der Menschen grundlegend verändert. Bei Kaufentscheidungen ist das Web Informationsquelle Nummer eins." (BITKOM 2010).

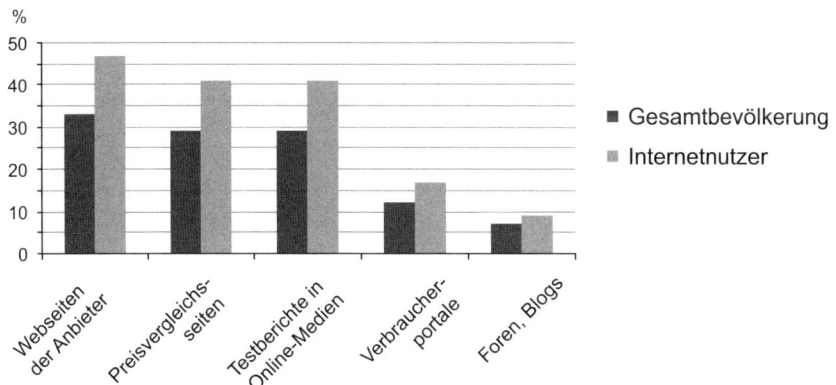

Abbildung B.31   Preissuche im Internet (nach BITKOM 2010)

7.1.2.2 Einflussfaktoren auf das Preisinteresse

Um das Preisinteresse der Nachfrager besser verstehen und für das eigene Unternehmen nutzen zu können, müssen Unternehmern die Einflussfaktoren bekannt sein. Drei Arten von Einflussfaktoren auf das Preisinteresse lassen sich unterscheiden (Diller 2008, S. 108ff.): Käuferspezifika, Situationsspezifika und Produktspezifika. Diese drei Arten sollen im Folgenden vorgestellt werden.

Käuferspezifika

Kategorisiert werden kann das Preisinteresse als sekundäres Bedürfnis eines Menschen, also ein Bedürfnis, das nicht angeboren ist. Folglich unterliegt dieses Konzept einem ständigen Lernprozess. Diller führt vier Wurzeln der Motivation des Preisinteresses auf, die Abbildung B.32 entnommen werden können (vgl. Diller 2008, S. 109ff.).

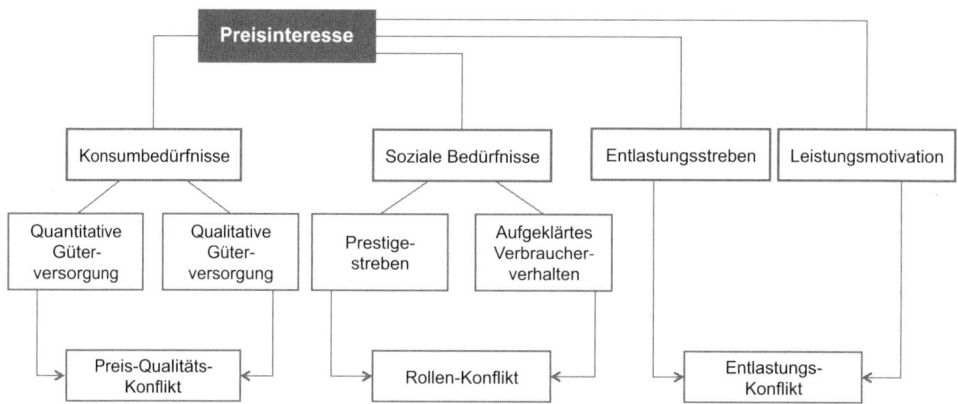

Abbildung B.32 Motivationsgrundlagen und Konfliktfelder des Preisinteresses (Diller 2008, S. 110)

Zunächst sorgen die Konsumbedürfnisse für Preisinteresse, da günstige Einkäufe den Versorgungsgrad des Nachfragers erhöhen. Dabei sind allerdings nicht nur quantitative, sondern auch qualitative Bedürfnisse des Kunden zu berücksichtigen. Ein weiterer Einflussfaktor sind die sozialen Bedürfnisse. Der Prestigeeffekt reduziert das Preisinteresse, da die Preise teurerer Güter nicht nur den negativen Effekt einer Minderung des verfügbaren Einkommens mit sich bringen, sondern gleichzeitig den positiven Effekt, den Wohlstand des Besitzers zu symbolisieren. Der so genannte Veblen-Effekt führt daher zu steigenden Absatzmengen bei Preiserhöhungen, der Snob-Effekt zu sinkenden Absatzmengen bei Preissenkungen. Diese beiden Effekte können durch das Bedürfnis der Nachfrager begründet werden, sich durch den Kauf besonders teurer Produkte von anderen Nachfragern abzugrenzen. Dem gegenüber steht der Bandwagon-Effekt, der dazu führt, dass die Produkte gekauft werden, die typisch für eine bestimmte Prestigegruppe sind. Der individuelle Nutzen des Nachfragers tritt dabei in den Hintergrund. Tabelle B.15 fasst die wichtigsten Aussagen dieser sozialen Einflussfaktoren auf das Konsumentenverhalten zusammen.

Tabelle B.15 Soziale Einflussfaktoren auf das Konsumentenverhalten (nach Büttner et al. 2008, S. 53 f.)

Soziale Einflussfaktoren auf das Konsumentenverhalten	
Einflussfaktor	**Beschreibung**
Veblen-Effekt	• Nachfragefördernder Einfluss des Preises als Maßstab für sozial vorteilhafte Demonstrationswirkungen
Snob-Effekt	• Differenzierungsbedürfnis der Nachfrager • Negative Korrelation zwischen Einzel- und Gesamtnachfrage
Bandwagon-Effekt	• Produktkauf zur Demonstration der Zugehörigkeit zu einer bestimmten Prestigegruppe • Positive Korrelation zwischen Einzel- und Gesamtnachfrage

Das bereits erwähnte Price-Mavenism-Motiv zählt ebenfalls zu den sozialen Bedürfnissen, da der Nachfrager mit Hilfe hoher Preis-Expertise soziale Akzeptanz erlangen will.

Das Entlastungsstreben als dritter Einflussfaktor steht in Konkurrenz zur Preissuche, da es dazu führt, dass der Nachfrager seine Zeit für andere Aktivitäten als die Preissuche nutzt. Im Gegensatz dazu erhöht die Leistungsmotivation das Preisinteresse, indem vorteilhafte Käufe Emotionen wie Stolz und Freude beim Nachfrager auslösen. Dadurch wird der so genannte Entlastungskonflikt zwischen Entlastungsstreben und Leistungsmotivation ausgelöst (vgl. Diller 2008 S. 109ff.).

Urbany/Dickson/Kalapurakal (1996, S. 94) identifizieren drei weitere Faktoren, die sich auf das Preisinteresse der Nachfrager auswirken. Dazu gehört zum einen deren Preiswissen, das positiv mit der Preissuche korreliert. Die Autoren merken jedoch an, dass bei Nachfragern, die von ihrem Wissen überzeugt sind, die externe Preissuche auch geringer ausfallen kann, da diese Konsumenten ihr Gedächtnis anstelle externer Preisinformationen nutzen. Der zweite Einflussfaktor wird als bisheriges Investment in die Preissuche bezeichnet. Dies bedeutet, dass manche Nachfrager eine einmalige, fundierte Informationserhebung zu Beginn sich wiederholender Kaufhandlungen, wie beispielsweise der Einkaufsstättenwahl, bevorzugen. Die daraus resultierende Entscheidung wird danach nicht mehr in Frage gestellt. Der dritte Einflussfaktor ist das Zeitmanagement der Nachfrager, das in positivem Zusammenhang mit der Preissuche steht.

Neben den eben beschriebenen Faktoren beeinflussen auch Soziodemographika und Involvement das Preisinteresse. Die Soziodemographika sind dabei im Gegensatz zu den beiden anderen Faktoren einfach zu erheben. Zwar existieren einige Ausnahmen, doch lässt sich generell die Tendenz beobachten, dass die soziale Mittelschicht besonders preisinteressiert ist, während ältere

Verbraucher ein eher geringeres Preisinteresse aufweisen. Bezüglich des Produktinvolvements gilt, dass Nachfrager mit hohem Involvement, also hohem persönlichen Interesse an einem Produkt, in der Regel relativ geringes Preisinteresse aufweisen (vgl. Diller 2008, S. 112ff.).

Mit Hilfe von Ergebnissen eigener Studien teilt Diller (2008, S. 112) die Nachfrager in drei Lager auf: die Sparer, die Ausgaben so gering wie möglich halten wollen, die Optimierer, die nach dem besten Preis-Leistungs-Verhältnis streben und auch als Smart Shopper bezeichnet werden, und die Tiefpreismeider, die entweder niedrige Qualität vermeiden oder bewusst ihre finanziellen Möglichkeiten zur Schau stellen wollen.

Generell lässt sich eine Polarisierung der Gesellschaft beobachten. Zum einen existiert ein Trend zu höherem Preisinteresse. Dies ist beispielsweise am wachsenden Erfolg des Discounting-Prinzips in vielen Märkten zu beobachten. Wie bereits in Kapitel 1 erwähnt, wird dieser Trend unterstützt durch die wachsende Preistransparenz, die durch das Internet ermöglicht wird. Andererseits steigen aber zugleich die Marktanteile von Luxusanbietern. Dies führt zum Konzept des hybriden Käufers, der bei manchen Produktgruppen extrem preissensitiv ist, während er in anderen Bereichen den Fokus auf Qualität und hochpreisige Produkte legt (vgl. Kapitel 4.2.2) (vgl. Diller 2008, S. 117f.).

Da es für den Nachfrager unter Umständen einen hohen Aufwand erfordert, sich Preistransparenz bezüglich eines bestimmten Produktes zu verschaffen, wird dieser Prozess in der Regel stark vereinfacht. Zum einen wird die Phase der Informationsbeschaffung oft von der Vorkauf- in die Kaufphase des Entscheidungsprozesses verlagert. Zum anderen zeigt sich oftmals die Tendenz der passiven statt aktiven Aufnahme von Preisinformationen, was zu einer Bringschuld des Anbieters führt (vgl. Diller 2008, S. 106f.).

Situationsspezifika

Die Informationssituation eines Marktes hat großen Einfluss auf das Preisinteresse, da hohe Preistransparenz in der Regel mit hohem Preisinteresse einhergeht. Diese Aussage lässt sich durch das oben beschriebene Entlastungsstreben begründen: Je weniger Aufwand nötig ist, um die nötigen Informationen zu beschaffen, desto intensiver wird der Nachfrager nach Preisen suchen und auch verschiedene Alternativen bewerten (vgl. Diller 2008, S. 114; Mehta/Rajiv/Srinivasan 2003, S. 81). Diller (2008, S. 114f.) identifiziert zudem den Zeitdruck der Nachfrager als Einflussfaktor für die Preissuche und hält fest, dass für Produkte, die dem Nachfrager helfen, Zeit zu sparen, die Preisgewichtung relativ betrachtet geringer ist. Ein weiterer Faktor, der die Preissuche von Konsumenten beeinflusst, ist die von den Nachfragern wahrgenommene Preisverteilung. Diese gilt als klassischer Indikator zur Messung des Vorteils, der mit Hilfe der Preissuche erlangt werden kann. Je größer die Preisspannweite beziehungsweise die Varianz der Preise vom Nachfrager wahrgenommen wird, desto größer ist die Möglichkeit, durch Suche entsprechender Informationen einen günstigeren Preis herauszufinden (vgl. Urbany/Dickson/Kalapurakal 1996, S. 93).

Produktspezifika

Diller (2008, S. 115ff.) betont zwei produktspezifische Faktoren, die er als besonders wichtig für die Intensität des Preisinteresses eines Nachfragers erachtet: das Kaufrisiko und das Bedürfnis des Nachfragers nach Abwechslung in der jeweiligen Produktkategorie.

Kuß/Tomczak (2007, S. 129) beschreiben das Kaufrisiko als die Unsicherheit des Nachfragers über negative Konsequenzen einer Kaufentscheidung sowie die Wahrscheinlichkeit, dass diese Folgen auftreten. Die logische Konsequenz, dass mit höherem Risiko auch eine höhere nachgefragte Informationsmenge einhergeht, konnte allerdings empirisch noch nicht bestätigt werden (vgl. Kuß/Tomczak 2007, S. 129). Der positive Zusammenhang zwischen absolutem Preisniveau, sozialer Sichtbarkeit des Produktes und Intensität der Informationssuche konnte allerdings nachgewiesen werden (vgl. Diller 2008, S. 116; Kuß/Tomczak 2007, S. 129).

Das Bedürfnis der Nachfrager nach Abwechslung, das Variety-Seeking, ist stark abhängig vom jeweiligen Produktfeld (vgl. Diller 2008, S. 116). Die Tendenz zu entsprechendem Verhalten existiert vor allem bei Gütern des täglichen Bedarfs, den so genannten „Fast Moving Consumer Goods" (vgl. Riemenschneider 2006, S.2). Trommsdorff (2009, S. 119) identifiziert sowohl objektive Produkteigenschaften, die dieses Verhalten fördern, als auch subjektive Merkmale. Zu den objektiven Produkteigenschaften gehören die Anzahl an Alternativen und die Kauffrequenz. Subjektive Merkmale, die die Tendenz einer Person zum Variety-Seeking verstärken, sind geringes Involvement, geringes wahrgenommenes Kaufrisiko sowie eine geringe Unterschiedlichkeit der Alternativen.

7.2 Preiswahrnehmung

Die Preiswahrnehmung kann auch als Verarbeitung der Informationen bezeichnet werden, die im Rahmen der Preisinformationssuche (vgl. Kapitel 7.1) erhoben wurden. Im Zuge der Verarbeitung wird der objektive Preis eines Produktes vom Nachfrager in einen subjektiv wahrgenommenen Preis transformiert. Die Forschung hat einige Sequenzmodelle zur Darstellung der Wahrnehmung und Verarbeitung von Preisstimuli hervorgebracht. Abbildung B.33 bildet ein solches Modell ab (vgl. Pechtl 2005, S. 16f.).

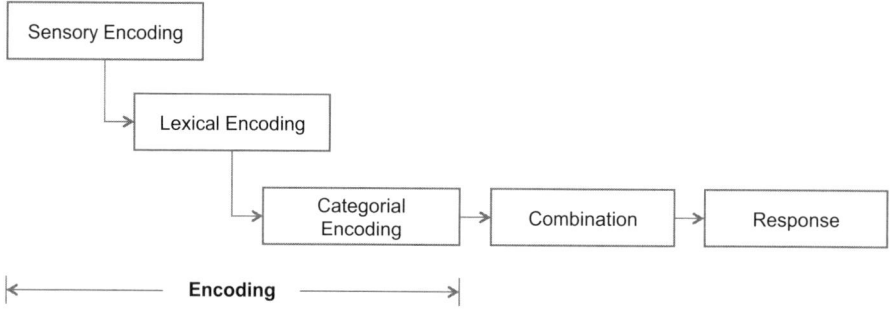

Abbildung B.33 Sequenzmodell der Preiswahrnehmung und -verarbeitung (Pechtl 2005, S. 17)

Der Begriff Encoding bezeichnet die kognitive Verarbeitung oder auch Transformation eines Stimulus, also den Prozess der Preiswahrnehmung, der im Verlauf dieses Kapitels näher beschrieben werden soll (vgl. Simon/Fassnacht 2009, S. 152). Dieser Prozess kann, wie Abbildung B.33 und Abbildung B.34 zu entnehmen ist, in drei Schritte unterteilt werden.

Das Sensory Encoding beschreibt die physische Wahrnehmung des Preisstimulus, wie zum Beispiel der Ziffernfolge, auf einem Preisschild. Diesem Stimulus wird im Schritt des Lexical Encoding eine (monetäre) Bedeutung zugeteilt. Während des Categorical Encoding wird der Preis dann individuell, also subjektiv, bewertet und kategorisiert. Im Zuge der Combination, der nicht mehr Inhalt dieses Kapitels ist, wird der bewertete Preis mit anderen Eigenschaften des Produktes zu einem Gesamteindruck verarbeitet. Dieser führt schließlich im Rahmen der Response, der „Antwort", zu Kauf oder Nichtkauf des Produktes (vgl. Pechtl 2005, S. 16f.; Simon/Fassnacht 2009, S. 152).

Diller (2008, S. 120) bezeichnet das Resultat der Enkodierung als Preisempfinden und weist darauf hin, dass eine strikte Abgrenzung zwischen Wahrnehmung und Beurteilung eines Preises nicht möglich ist. In der Praxis sind die theoretischen Konzepte der Preiswahrnehmung vor allem für die Auszeichnung und externe Kommunikation der Preise, also der Preiswerbung, sowie für die Ausgestaltung des Preissystems von Bedeutung.

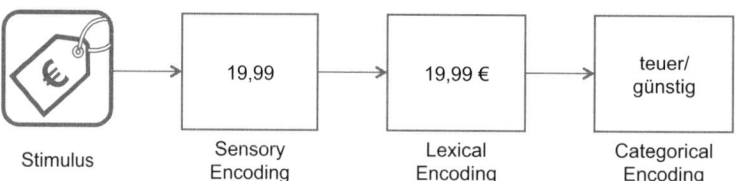

Abbildung B.34 Beispiel zur Enkodierung eines Preisstimulus

7.2.1 Psychologische Grundlagen

Wie bereits zu Beginn von Kapitel 7 erwähnt, basieren die Konzepte der Behavioral-Pricing-Forschung oftmals auf Grundlagen der Psychologie. Einige der theoretischen Grundlagen der Preiswahrnehmung sollen im Folgenden beschrieben werden.

7.2.1.1 Weber-Fechner-Gesetz

Dieses Gesetz entstammt der Psychophysik und ist eine Weiterentwicklung des Weberschen Gesetzes. Die Kernaussage ist, dass die Wahrnehmung der Veränderung eines bestimmten Stimulus von dessen Ausgangsniveau abhängig ist. Mit steigender Höhe des Stimulus erhöht sich das subjektive Empfinden für gleich hohe Differenzen nur unterproportional (vgl. Simon/Fassnacht 2009, S. 152f.).

Bezogen auf das Preismanagement bedeutet das Gesetz, dass eine Preisdifferenz umso geringer wahrgenommen wird, je höher der Ausgangspreis ist. Ein Beispiel hierfür bietet eine Studie von Tversky und Kahneman (1981). In dieser Studie wurden zwei verschiedenen Gruppen dieselben Produkte, ein Taschenrechner und eine Jacke, zu jeweils unterschiedlichen Preisen angeboten. Gruppe eins konnte den Taschenrechner zu 15 $ und die Jacke zu 125 $ erwerben, Gruppe zwei den Taschenrechner zu 125 $ und die Jacke zu 15 $. Danach wurde beiden Gruppen die Möglichkeit angeboten, den Taschenrechner in einem 20 Minuten entfernten Geschäft 5 $ billiger zu erwerben. Setzt man rationales Handeln voraus, so müssten nun in jeder Gruppe ungefähr gleich viele Nachfrager dieses Angebot angenommen haben. Tatsächlich aber haben mehr Mitglieder der ersten Gruppe den Umweg in Kauf genommen. Grund hierfür ist, das die wahrgenommene Ersparnis von 5 $ bei der ersten Gruppe höher ist als bei der zweiten (vgl. Werth 2004, S. 64f.).

7.2.1.2 Theorie der Referenzpreise

Die in den nächsten Kapiteln beschriebenen Theorien bedienen sich allesamt des Konzepts des Referenzpreises, auch Preisanker genannt. Aus diesem Grund soll diese bedeutende Theorie, die ebenso großen Einfluss auf die Preiswahrnehmung wie auf die Preisbeurteilung besitzt, nun näher beschrieben werden.

Die Theorie der Referenzpreise wurde maßgeblich von Monroe geprägt. Monroe (1973, S. 77) definiert Referenzpreise als Stimuli, die von Nachfragern genutzt werden, um andere Preise zu beurteilen. Die Kernaussage dieser Theorie ist, dass die Kaufentscheidung letztlich nicht ausschließlich vom absoluten Preis des Kaufobjektes, sondern vielmehr von dessen Differenz zu einem Referenzpreis beeinflusst wird (vgl. Diller 2008, S. 123). Kalyanaram/Winer haben 1995 die theoretische Fundierung für die Existenz von Ankerpreisen bestätigt.

Sie definieren Ankerpreise als nachfragerinterne Standards, mit denen wahrgenommene Preise verglichen werden, und führen eine Vielzahl von Studien auf, die den bedeutenden Einfluss von Referenzpreisen auf Kaufentscheidungen bestätigen.

Arten von Referenzpreisen

Referenzpreise können in zwei Arten unterschieden werden: interne und externe Referenzpreise. Interne Referenzpreise sind als im Gedächtnis gespeicherte Preisinformationen zu einem Produkt zu verstehen (vgl. Luksch 2012, S. 32). Diese Informationen entstehen durch eine Konfrontation mit Preisen und weiteren Informationen in der Vergangenheit, die im Anschluss abgespeichert werden. Sie sind folglich ein Teil des Preiswissens, das in Kapitel 7.6.2 näher beschrieben wird. Kurzfristig kann ein Unternehmen diese internen Preisanker nicht verändern. Mittel- bis langfristig können sie allerdings unter anderem durch die Kommunikation externer Referenzpreise beeinflusst werden. Externe Referenzpreise werden definiert als Vergleichsmaßstäbe, die durch eine Beobachtung der Umfeldstimuli entstehen. Dabei können diese Vergleichsmaßstäbe zufällig, beispielsweise durch beiläufige Wahrnehmung von Preisen anderer Produktklassen subtil durch gezielte Anordnung der Produkte in einem Regal, oder offensiv mit Hilfe von Kommunikationsmaßnahmen der Anbieter entstehen. Da die Ausprägung des Preiswissens von zahlreichen Studien als gering eingestuft wurde (vgl. Kapitel 7.6.2), wird die Relevanz der internen Referenzpreise häufig angezweifelt und folglich auf die Bedeutung externer Referenzpreise verwiesen (vgl. Luksch 2012, S. 37).

Sind sowohl interne als auch externe Referenzpreise verfügbar, so spricht man von multiplen Referenzpreisen. Luksch (2012, S. 40) führt einige Studien auf, die sich damit auseinandergesetzt haben, welche Art von Referenzpreis in diesem Fall verwendet wird. Als Ergebnis wird unter anderem aufgeführt, dass externe Referenzpreise vor allem dann herangezogen werden, wenn der objektive Preis deutlich über dem internen Referenzpreis liegt. Dies hat den Grund, dass sich die Nachfrager Gewissheit über die Korrektheit der internen Referenzpreise verschaffen wollen. Weitere Studien kamen zu dem Ergebnis, dass Schnäppchenjäger sowie Personen, die unter Zeitdruck stehen, tendenziell eher auf externe Referenzpreise achten. Auch im Falle geringer Markenpräferenz sowie einer niedrigen Kauffrequenz werden bevorzugt externe Referenzpreise bei der Entscheidung herangezogen.

Entstehung interner Referenzpreise

Diller (2008, S. 125f.) listet einige Studien auf, die sich mit der Art und Weise der Entstehung interner Referenzpreise beschäftigt haben. Die folgende Aufzählung beschreibt einige beobachtete Möglichkeiten.

- *Der interne Referenzpreis als geometrisches Mittel*

  Einige Studien bestätigen den Referenzpreis als geometrisches Mittel aller objektiven Preisstimuli, mit denen der Nachfrager bisher konfrontiert wurde.

- *Der interne Referenzpreis als Funktion der zuletzt gezahlten Preise*

  Vor allem bei Gütern des täglichen Bedarfs entwickelt sich der Referenzpreis häufig aus den Preisen der zuletzt gekauften Güter. Preiserfahrungen, die längere Zeit zurückliegen, haben demnach nur noch einen geringen Einfluss auf den aktuellen Referenzpreis.

- *Der interne Referenzpreis als Funktion der Preisverteilung*

  Dieser Ansatz sagt aus, dass im Rahmen einer Preisbeurteilung nicht nur die externen Referenzpreise an sich, sondern zusätzlich die Preisspannweite sowie die Verteilung der Preise in dieser Spanne berücksichtigt werden. Diese Aussage steht in Einklang mit der Range- und der Range-Frequency-Theorie, die in Kapitel 7.2.1.4 beschrieben werden.

Kalyanaram/Winer (1995) geben darüber hinaus zu bedenken, dass der Referenzpreis nicht unbedingt ein Preispunkt sein muss, sondern ebenfalls einen Preisbereich darstellen kann.

Des Weiteren wirken sich nicht nur die Preise identischer Produkte der Vergangenheit auf den Referenzpreis aus, sondern auch die Preise vergleichbarer Güter (Diller 2008, S. 123ff.).

Implikationen für das Preismanagement

Eine Aussage, die aus der Theorie der Referenzpreise abgeleitet werden kann, ist die Tatsache, dass konstante Sonderangebote Referenzpreise senken können. Somit werden spätere Preissenkungen nicht mehr als solche wahrgenommen, und eine Rückkehr zu den „normalen" Preisen wird als Preiserhöhung empfunden (vgl. Kalyanaram/Winer 1995; Mazumdar/Raj/Sinah 2005, S. 87f.). Als Möglichkeit für die Anbieter, die Theorie zu ihrem Vorteil einzusetzen, führt Diller die Nutzung von so genannten Mondpreisen an, wobei sowohl wettbewerbsrechtliche Regelungen als auch Regelungen zum Verbraucherschutz beachtet werden müssen. Mondpreise bezeichnen überhöhte Normalpreise, die andere Angebote als besonders günstig darstellen. Eine weitere, in der Praxis sehr häufig zu beobachtende Möglichkeit der Nutzung des Preisankereffektes ist der so genannte Preisgegenüberstellungseffekt. In diesem Rahmen werden teurere Preise der Vergangenheit angeführt, um die aktuelle Preishöhe zu relativieren. Auch die Auswirkungen von Preisplatzierungseffekten wurden in der Forschung bereits des Öfteren untersucht. Adaval/Monroe (2002) konnten mit Hilfe von zwei Experimenten nachweisen, dass ein Produkt als preiswerter wahrgenommen wird, wenn es in der Nähe hochpreisiger Artikel platziert wird.

7.2.1.3 Adaptionsniveautheorie

Die Adaptionsniveautheorie geht auf den Psychophysiker Helson zurück und bietet einen Ansatz zur Erklärung der Relativierung von Wahrnehmungen. Die Hauptaussage dieses Ansatzes ist, dass die Wahrnehmung eines Stimulus abhängig von einem Vergleich mit einem so genannten Adaptionsniveau oder, bezogen auf das Preismanagement, einem Referenzpreis ist (vgl. Diller 2008, S. 122) (Abbildung B.35). Die Beurteilung dieses Stimulus erfolgt proportional zu dessen Differenz zum Referenzpreis (vgl. Pechtl 2005, S. 25).

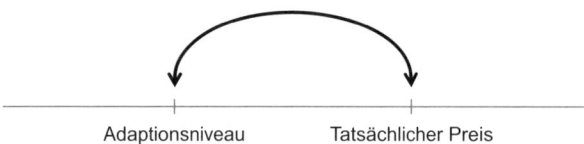

Abbildung B.35 Adaptionsniveautheorie (nach Simon/Fassnacht 2009, S. 154)

7.2.1.4 Range- und Range-Frequency-Theorie

Im Gegensatz zur Adaptionsniveautheorie orientieren sich die Range- und die Range-Frequency-Theorie nicht an einem Preispunkt, sondern an einer Preisspannweite (Abbildung B.36, Abbildung B.37). Im Rahmen der Range-Theorie wird der Kaufpreis dementsprechend relativ zur Lage bezüglich dieser Spannweite wahrgenommen und bewertet (vgl. Simon/Fassnacht 2009, S. 154).

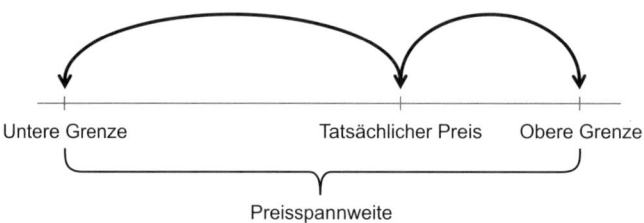

Abbildung B.36 Range-Theorie (nach Simon/Fassnacht 2009, S. 154)

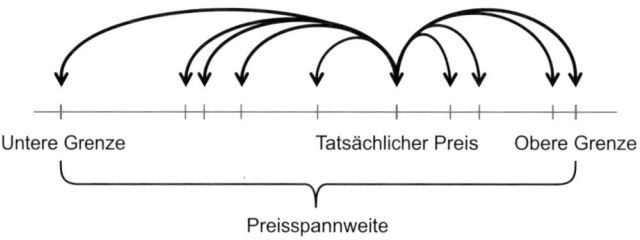

Abbildung B.37 Range-Frequency-Theorie (nach Simon/Fassnacht 2009, S. 154)

Die Range-Frequency-Theorie erweitert die Range-Theorie dadurch, dass sie nicht nur die Preisspannweite, sondern ebenso die Verteilung mehrerer Werte der Vergangenheit bei der Wahrnehmung eines Preisstimulus berücksichtigt (vgl. Simon/Fassnacht 2009, S. 154f.).

7.2.1.5 Assimilations-Kontrast-Theorie

Im Rahmen der Assimilations-Kontrast-Theorie erfolgt ebenfalls ein Vergleich des Kaufpreises mit einem Referenzpreis. Die Kernaussage dieser Theorie ist eine Assimilation, also eine Angleichung der Stimuli, die dem Referenzpreis vergleichsweise nahe kommen. Diese Preise werden folglich als dem Referenzpreis ähnlicher empfunden als es tatsächlich der Fall ist. Beträgt der Kaufpreis eines Produktes also 4,10 € und der Referenzpreis liegt bei 4 €, so wird der Unterschied von 0,10 € möglicherweise gar nicht wahrgenommen. Das Gegenteil, der so genannte Kontrasteffekt, tritt auf, sofern der Kaufpreis stark vom Referenzpreis abweicht. Konsequenz ist, dass er als dem Referenzpreis unähnlicher wahrgenommen wird, als es objektiv der Fall ist (vgl. Simon/Fassnacht 2009, S. 155). Beträgt der Kaufpreis also bei demselben Referenzpreis 5,50 €, so wird ein sehr großer Unterschied wahrgenommen, obwohl der absolute Betrag von 1,50 € mit Abstand betrachtet nicht sehr hoch ist. So würde dieser Betrag beispielsweise bei einem Kaufpreis von 400 € vermutlich assimiliert und als unerheblich betrachtet.

Bezogen auf das Preismanagement lässt sich folgern, dass Preiserhöhungen im Assimilationsbereich liegen sollten, damit sie von den Nachfragern möglichst nicht wahrgenommen werden. Preissenkungen hingegen sollten im Kontrastbereich liegen, da ansonsten die damit verfolgten Ziele einer positiven Reaktion der Kunden vermutlich nicht erreicht werden.

7.2.1.6 Prospect-Theorie

Die Prospect-Theorie, die auf die Wissenschaftler Kahnemann und Tversky zurückgeht, besagt, dass positive Abweichungen vom Referenzpreis als Gewinne, negative Abweichungen als Verluste wahrgenommen werden. Abbildung B.38 stellt diese Aussage grafisch dar, wobei der Referenzpreis als Schnittpunkt zwischen Abszisse und Ordinate dargestellt ist. Beträgt der Kaufpreis eines Gutes beispielsweise 40 € und der Referenzpreis 50 €, so wird der Theorie zufolge vom Käufer des Produktes ein Gewinn von 10 € wahrgenommen. Liegt der Kaufpreis aber bei 60 €, so entspricht dies in der Wahrnehmung des Kunden einem Verlust von 10 €. Konsequenz dieser Überlegungen ist, wie bereits erwähnt, dass nicht der absolute Preis des Produktes entscheidend ist, sondern vielmehr dessen Höhe relativ zu den Referenzpreisen der Kunden. Diese Aussage führt zu der in der Abbildung dargestellten Justierung der Nutzenfunktion

7 Verhaltenswissenschaftliche Ansätze

auf das Referenzpreisniveau (vgl. Simon/Fassnacht 2009, S. 155 f.; Diller 2008, S. 123).

Zusätzlich zu der eben beschriebenen Registrierung der Preise als Gewinn oder Verlust nimmt der Kunde entsprechend dem Gossenschen Gesetz, das in Kapitel 5.3.1 beschrieben wurde, einen sinkenden Grenzverlust und Grenznutzen wahr. Verluste werden dabei als schwerwiegender empfunden als Gewinne, was zu dem Verlauf der Funktion in Abbildung B.38 führt, die im Verlustbereich stärker ansteigt als im Gewinnbereich. Dieses Phänomen wird auch als Besitztumseffekt bezeichnet. Dieser besagt, dass ein Kunde den Verlust eines Nutzens stärker wahrnimmt als den Gewinn eines wertmäßig gleichen Nutzens (vgl. Simon/Fassnacht 2009, S. 155 f.; Diller 2008, S. 140ff.).

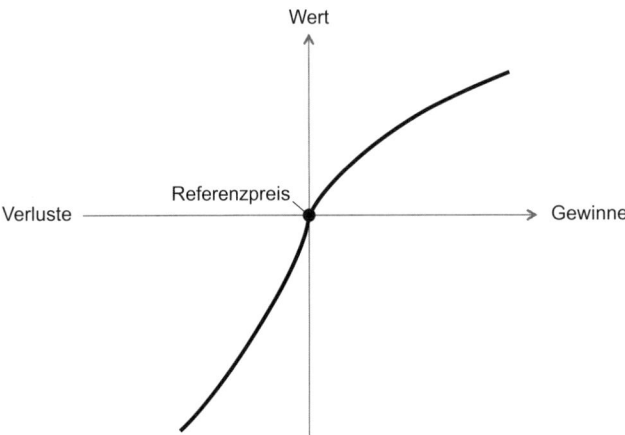

Abbildung B.38 Prospect-Theorie (nach Kahnemann/Tversky 1979, S. 279)

Eine Konsequenz der abnehmenden Steigung der Wertfunktion für das Preismanagement ist, dass Nachfrager Komplettpreise in der Regel den Zahlungen von Einzelpreisen vorziehen, solange dabei absolute Preisobergrenzen nicht überschritten werden. Bei Preissenkungen indes ist das Gegenteil der Fall, hier werden mehrere kleine Preisnachlässe als positiver empfunden als ein einziger höherer Nachlass (vgl. Simon/Fassnacht 2009, S. 156f.; Diller 2008, S. 141f.).

7.2.1.7 Mental-Accounting-Theorie

Die Mental-Accounting-Theorie ist eine Weiterentwicklung der Prospect-Theorie und wird auch Theorie der mentalen Buchführung genannt. Basierend auf der Annahme der Nutzenmaximierung durch den Kunden setzt die Mental-Accounting-Theorie die Minimierung der Verluste und die Maximierung der Gewinne durch den Nachfrager voraus. Die Kernaussage dieses Ansatzes ist die

Bildung gedanklicher Konten durch den Nachfrager. So werden beim Kauf eines Produktes Verluste in Höhe des Preises und weiterer Transaktionskosten auf den jeweiligen Konten gespeichert. Bei Gebrauch des Produktes wiederum erfolgt die Verbuchung eines Gewinns in Höhe des Kundennutzens. Es werden folglich verschiedene Teilaspekte beurteilt. Diese können im Rahmen der Kaufentscheidung entweder segregiert, also getrennt, oder integriert, als Gesamtheit, bewertet werden. Für das Preismanagement lassen sich auf dieser Theorie aufbauend die im Folgenden beschriebenen Aussagen treffen. Dabei bedeutet $v(x) + v(y)$ eine getrennte Beurteilung der Teilaspekte x und y, während $v(x + y)$ die Integration der Teilaspekte beschreibt. Das jeweilige Vorzeichen vor x und y gibt an, ob es sich um eine Preissenkung (+) oder eine Preiserhöhung (-) handelt (vgl. Simon/Fassnacht 2009, S. 158f.; Diller 2008, S. 143ff.):

- Mehrere negative Preismaßnahmen werden schlechter beurteilt als eine einzelne negative Preismaßnahme in gleicher Höhe. So sollte beispielsweise beim Kauf eines Autos ein Komplettpreis angeboten werden, anstatt die einzelnen Preise für elektrische Fensterheber und Klimaanlage gesondert anzugeben. Dies wird dadurch begründet, dass im Rahmen eines Komplettpreises nur ein Verlust gebucht werden muss. Mathematisch wird diese Aussage folgendermaßen ausgedrückt:

$$|v(-x) + v(-y)| > |v(-x-y)| \qquad \text{Formel 20}$$

- Für positive Preismaßnahmen gilt die gegenteilige Aussage. So sollten Rabatte für verschiedene Produkte im Rahmen eines Einkaufs immer gesondert und nicht als einzelner Betrag ausgewiesen werden. So können Nachfrager mehrere Gewinne positiv verbuchen. Mathematisch lässt sich dies beschreiben durch:

$$v(x) + v(x) > v(x + y) \qquad \text{Formel 21}$$

- Werden sowohl Preiserhöhungen als auch Preissenkungen durchgeführt und überwiegen dabei die Preissenkungen, so zieht der Kunde eine Zusammenfassung der Maßnahmen vor. Dadurch kann vom Nachfrager lediglich ein Gewinn abgespeichert werden, ohne dass er die Verluste zu berücksicht. Es gilt:

$$|v(x) + v(-y)| < |v(x-y)| \qquad \text{Formel 22}$$

- Überwiegen die Verluste im Rahmen gegenläufiger Preismaßnahmen, so kann keine eindeutige Aussage getroffen werden:

$$|v(x) + v(-y)| <> |v(x-y)| \qquad \text{Formel 23}$$

Bei diesen Überlegungen muss jedoch mit in Betracht gezogen werden, dass diese Theorie aus Kommunikationssicht nur begrenzt anzuwenden ist. So wird eine Aufteilung des Gesamtpreises in Teilpreise bis zu einer gewissen Anzahl als positiv wahrgenommen. Wird diese jedoch überschritten, so erscheint der aufgeteilte Preis wieder teurer. Als Orientierung kann man von einer Schwelle von etwa vier Teilpreisen ausgehen. Auch die Gewichtung der einzelnen Teilpreise beeinflusst die Wahrnehmung. Ist ein Teilpreis im Vergleich zu den anderen besonders hoch, so wird er als Basispreis bezeichnet und zuerst bewertet. Danach folgt sequenziell die Bewertung der weiteren Komponenten. Daraus folgt, den Basispreis möglichst niedrig festzusetzen und die Komponenten entsprechend teurer zu bepreisen (vgl. Simon/ Fassnacht 2009, S. 393).

Zusammengefasst lässt sich als Kernaussage der Prospect-Theorie die Verlustaversion sowie die abnehmende Sensitivität der Nachfrager festhalten. Die Mental-Accounting-Theorie erweitert dieses Konzept um Aussagen zur Zusammenfassung und Bewertung von Teilergebnissen.

7.2.2 Effekte der Preiswahrnehmung

Aufgrund der Vielzahl an Informationen, die Tag für Tag auf die Nachfrager einströmen, haben diese eine so genannte selektive Wahrnehmung herausgebildet, die für den Einzelnen wichtige von unwichtigen Informationen trennt. Diese Selektion der Informationen lässt sich mit dem in Kapitel 7.1.2.2 beschriebenen Entlastungsstreben der Nachfrager begründen. Um die Auswirkung dieser selektiven Wahrnehmung auf das Preismanagement einschätzen zu können, ist das Wissen um die Heuristiken der Enkodierung, die die Nachfrager entwickelt haben, essenziell (vgl. Simon/Fassnacht 2009, S. 161; Diller 2008, S. 128). Im Folgenden werden fünf Effekte vorgestellt, die die Wahrnehmung von Preisen vereinfachen.

Preisschwelleneffekte

Preisschwellen bezeichnen bestimmte Preise, bei deren Über- oder Unterschreitung besonders starke Veränderungen der Absatzmengen auftreten. Der Einsatz von Preisschwellen vereinfacht die Realität, indem statt einzelner Preise lediglich Kategorien oder Preisbereiche wahrgenommen werden. Da mit diesen Schwellen bereits eine Preisbewertung einhergeht, handelt es sich nicht nur um Wahrnehmungs-, sondern bereits um Reaktionsschwellen (vgl. Simon/ Fassnacht 2009, S. 161; Diller 2008, S. 128). Die Preisschwellen können in zwei Arten unterschieden werden (vgl. Diller 2008, S. 128; Monroe 1973, S. 74):

- *Absolute Preisschwellen*
  Oberhalb/unterhalb dieser Preisschwellen wird der Nachfrager von einem Kauf des Produktes absehen, da entweder sein Budget überschritten oder aber der Preis für eine gute Qualität als zu gering empfunden wird.

- *Relative Preisschwellen*

  Werden diese Preisschwellen über- oder unterschritten, so wird nicht endgültig von einem Kauf des Produktes abgesehen, die Beurteilung des Produktes verschlechtert sich allerdings sprunghaft.

Grafisch lässt sich dieser Effekt durch einen Knick der Preisabsatzfunktion ausdrücken (Abbildung B.39).

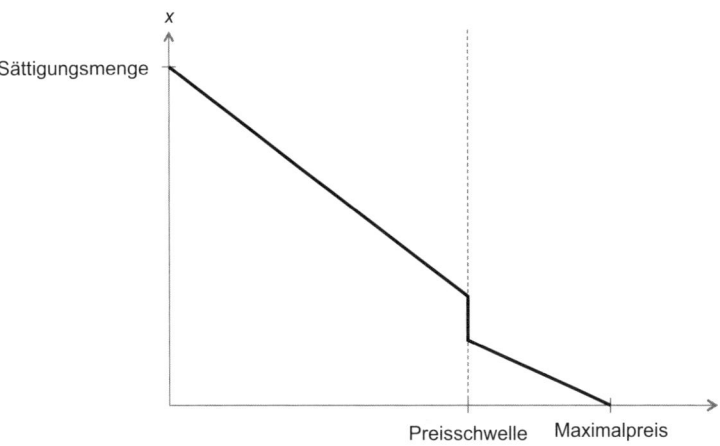

Abbildung B.39 Preisabsatzfunktion mit Preisschwelleneffekt (nach Simon/Fassnacht 2009, S. 163)

Empirisch bestätigt werden konnte der Effekt bisher nicht (vgl. Kaas/Hay 1984, S. 337). Aus diesem Grund gehen viele Forscher von einer „Self Fulfilling Prophecy" aus. Das bedeutet, dass die Überzeugung von der Existenz von Preisschwellen zu entsprechenden Handlungen der Anbieter führt, die Kunden sich im Laufe der Zeit daran gewöhnt haben und sich daher entsprechend verhalten (vgl. Simon/Fassnacht 2009, S. 164). Dennoch existiert besonders im Handel eine starke Überzeugung von der Wirkung der Preisschwelleneffekte. Da Preisschwellen vor allem bei so genannten runden Preisen wie 5, 10 oder 100 € vermutet werden, existiert die Endung von Preisen mit der Ziffer 9 überproportional oft (vgl. Müller-Hagedorn/Wierich 2005). Nach einer Studie von Diller/Brielmaier (1993) kommt die Endung 0 hingegen nur bei knapp 2 Prozent der untersuchten Produkte vor.

Implikationen für das Preismanagement resultieren vor allem bei Preiserhöhungen. So empfehlen Kaas und Hay bei einer Überschreitung der Preisschwelle durch den Anbieter, diese sofort deutlich zu überschreiten. Wird die Überschreitung der Schwelle zu lange verzögert, so bildet sie sich umso deutlicher heraus und führt wahrscheinlich zu höheren Absatzrückgängen. Durch großzügiges Überschreiten der Preisschwelle soll außerdem der potenzielle Absatzrückgang durch einen höheren Deckungsbeitrag ausgeglichen werden (Kaas/Hay S. 1984, S. 345).

Preisendungseffekte

Simon/Fassnacht (2009, S. 161) zitieren eine Studie von Diller und Brambach, welche die Häufigkeitsverteilung der Endziffern von Kaufpreisen angibt. Das Ergebnis war eine auffallend hohe Prozentzahl von Kaufpreisen mit den Endungen 9 (ca. 25%) und 5 (ca. 22%). Auch Stiving/Winer (1997) bemerken eine überproportional hohe Verwendung der Endziffer 9 bei Preisen und identifizieren einige Effekte, die dazu führen könnten, dass in der Praxis nur wenige runde Preise existieren. Diese sind in Abbildung B.40 dargestellt und werden im Folgenden näher beschrieben.

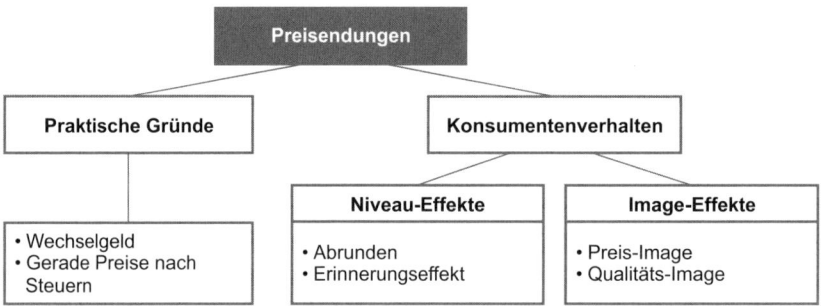

Abbildung B.40 Erklärungsansätze für Preisendungen
(nach Stiving/Winer 1997, S. 58)

Bezüglich der praktischen Gründe existiert die Hypothese, dass ungerade Preise die Kassierer zum Öffnen der Kasse zwingen sollten. Diese Maßnahme soll verhindern, dass diese das Geld selbst einstecken. Manche Unternehmen setzen ihre Preise außerdem so fest, dass sie nach Addition der Steuern ihre Produkte zu geraden Preisen anbieten können (vgl. Stiving/Winer 1997, S. 58).

Die Begründungen, die Stiving/Winer bezogen auf das Konsumentenverhalten angeben, lassen sich in zwei Effekte unterscheiden. Die Niveau-Effekte enthalten zum einen die Annahme, dass Kunden die Preise abrunden. Dies könnte daran liegen, dass die Preise von links nach rechts gelesen werden und die zuerst gelesenen Ziffern die Preiswahrnehmung besonders stark beeinflussen. Könnte diese Annahme empirisch nachgewiesen werden, so würde dies die Vorteilhaftigkeit von auf die Ziffer 9 endenden Preisen für die Preisfestsetzung bestätigen. Bisher haben Studien allerdings unterschiedliche Ergebnisse hervorgebracht. Ein weiterer Effekt, der als Erinnerungseffekt bezeichnet wird, besagt, dass sich Konsumenten nicht an alle Ziffern eines Preises erinnern und so nur die ersten Ziffern im Gedächtnis bleiben.

Die Image-Effekte beschreiben Auswirkungen der Preisendungen auf Preis- und Qualitätsimage des Produktes (vgl. Stiving/Winer 1997, S.58; Simon/Fassnacht 2009, S. 161):

- *Preisimage-Effekt*
  Dieser Effekt besagt, dass ein auf die Ziffer 9 endender Preis als besonders günstig wahrgenommen wird.
- *Qualitäts-Image-Effekt*
  Ein auf die Ziffer 9 endender Preis drückt in diesem Fall schlechte Qualität aus.

Trotz dieser Begründungen ist die Wirkung von Preisendungen stark umstritten. Diller/Brielmaier (1993) haben die Auswirkungen einer Aufrundung gebrochener Preise auf die nächsthöhere Preisschwelle im Drogeriewarenfachhandel untersucht. Das Ergebnis war eine überraschend positive Einstellung der Kunden gegenüber runden Preisen und folglich eine tendenziell positive Wirkung auf den Kaufentscheidungsprozess. Diesen Ergebnissen steht jedoch auch eine größere Anzahl an Studien gegenüber, die zu dem Schluss kommen, dass eine Endung der Preise mit der Ziffer 9 eine Erhöhung der Nachfrage mit sich führt (vgl. Schindler/Kibarian 1996; Stiving/Winer 1997; Manning/Sprott 2009).

Eine seit längerem existierende Frage der Forschung beschäftigt sich zudem mit der Auswirkung einer Aufrundung der Preise auf die Deckungsbeiträge der Unternehmen. Da in der Nähe runder Preise Preisschwelleneffekte vermutet werden, nutzt vor allem der Handel überwiegend gebrochene Preise. Mehrere Studien haben die Wirkung einer Aufrundung bereits getestet, kommen aber zu keinem einheitlichen Ergebnis. Müller-Hagedorn/Wierich (2005) zweifeln jedoch die Existenz von Preisschwellen vor allem bei niedrigpreisigen Konsumgütern an und empfehlen dem Handel Marktexperimente zur Erforschung der Wirkung einer Aufrundung von Preisen.

Preisfigureneffekte

Preisfigureneffekte entstehen bei bestimmten Anordnungen der Preisziffern wie zum Beispiel aufsteigende (1,23 €) oder absteigende Reihenfolge (3,21 €) oder auch identische Ziffern (2,22 €). Einige Studien (vgl. bspw. Stiving/Winer 1997) haben die Dominanz der linken Preisziffern im Vergleich zu den weiter rechts stehenden Preisziffern bestätigt, was zu einer Empfehlung der aufsteigenden Reihenfolge führen würde. Simon/Fassnacht (2009, S. 165f.) betonen allerdings, dass eine Wirkung dieser Effekte auf die Kaufentscheidungen der Konsumenten noch nicht empirisch bestätigt werden konnte. Die Autoren weisen aber auf die in der Praxis existierende Anwendung von Preisfiguren, zum Beispiel bei Preisen der Unternehmen Media Markt und Saturn, hin, die offensichtlich von einer Wirkung dieser Effekte überzeugt sind.

Eckartikeleffekte

Eckartikel sind definiert als häufig nachgefragte Produkte, deren Preise in der Regel bewusster wahrgenommen werden und die sich positiv wie negativ auf das Image eines Anbieters auswirken können. Die Wahrnehmung eines Nachfragers beschränkt sich also aufgrund der begrenzten Aufnahmefähigkeit auf bestimmte Artikel, denen folglich bei Preisentscheidungen besondere Beachtung geschenkt werden muss. Die Implikation dieses Effektes für den Handel ist die Hervorhebung dieser Artikel, die oftmals besonders günstig angeboten werden, in der Werbung oder am Point of Sale (vgl. Diller 2008, S. 131; Simon/Fassnacht 2009, S. 166).

Preisfärbungseffekte

Unter Preisfärbung wird die Übertragung und Verwendung bekannter Zusammenhänge auf aktuelle Entscheidungen verstanden. So wird beispielsweise ein rotes Preisetikett oftmals automatisch mit einer Preissenkung für das jeweilige Produkt verbunden. Anbieter können in diesem Zusammenhang vor allem Maßnahmen im Bereich der Preisoptik und Preiskommunikation nutzen. Dazu gehören folgende Möglichkeiten, bei denen vor Anwendung jedoch rechtliche Beschränkungen geprüft werden müssen (vgl. Simon/Fassnacht 2009, S. 166f.; Diller 2008, S. 131f.):

- *Begriffe*
  Bestimmte Begriffe wie Sparpreis, Preisknüller oder auch Sonderangebot können die Wahrnehmung der Preise enorm beeinflussen.

- *Optik*
  Die Schriftgröße und farbliche Gestaltung der Preise wie auch die Platzierung der Produkte an bestimmten Orten färben ebenso auf die Preiswahrnehmung ab.

- *Abverkaufsbeschränkungen*
  Zeitliche oder mengenmäßige Restriktionen von Angeboten signalisieren deren Knappheit und können einen Anstieg der Absatzmenge bewirken. Ein bekanntes Beispiel ist die Formulierung „nur solange der Vorrat reicht".

7.3 Preisbeurteilung

Preiswahrnehmung und Preisbeurteilung können in der Realität nur schwer getrennt werden. In der Theorie wird die Preisbeurteilung jedoch als Folge der Wahrnehmung betrachtet, um die Konzepte besser beschreiben zu können. Das Ergebnis der Preisbeurteilung wird als Preisurteil bezeichnet (vgl. Simon/Fassnacht 2009, S. 168).

Eine Übersicht über die verschiedenen Arten von Preisurteilen bietet Abbildung B.41.

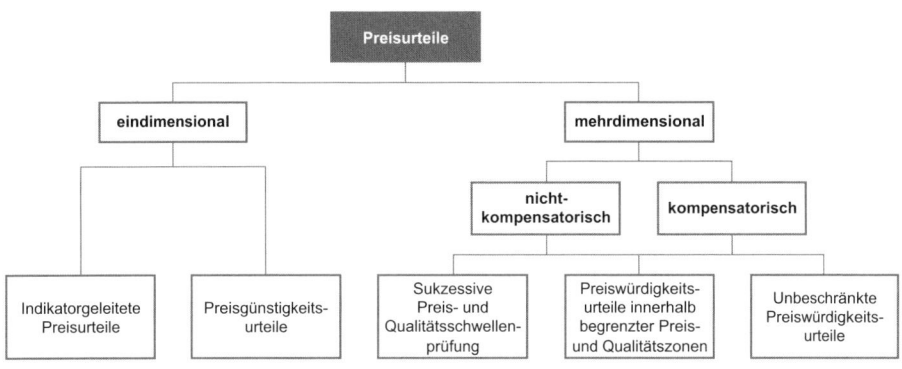

Abbildung B.41   Typologie von Preisurteilstechniken (Diller 2008, S. 139)

Im Rahmen indikatorgeleiteter Urteile entscheidet der Nachfrager auf Basis leicht zu identifizierender Merkmale, wie zum Beispiel der Marke des Produktes. Bei Preisgünstigkeitsurteilen wird die Entscheidung allein aufgrund des Preises, ohne Einbeziehung des Leistungsumfangs, getroffen. Wird ein Urteil mit Hilfe einer sukzessiven Preis- und Qualitätsschwellenprüfung getroffen, so werden alle relevanten Eigenschaften des Produktes in die Entscheidung einbezogen und sukzessive eingestuft. Wird eine bestimmte Preishöhe überschritten oder Qualität unterschritten, so kann dies nicht kompensiert werden. Bei Preiswürdigkeitsurteilen innerhalb begrenzter Preis- und Qualitätszonen werden zunächst die Qualität eines Produktes sowie dessen Preis separat bewertet. Falls keines der beiden Urteile eine Schwelle über- oder unterschreitet, werden diese Bewertungen in einem nächsten Schritt zu einem Preiswürdigkeitsurteil zusammengefasst. Im Rahmen des unbeschränkten Preiswürdigkeitsurteils werden alle relevanten Merkmalsausprägungen des Produktes miteinander verknüpft und ein Gesamturteil gefällt. Die beiden Formen des Preisgünstigkeits- und Preiswürdigkeitsurteiles sollen aufgrund ihrer besonderen Bedeutung in den Kapiteln 7.3.1 und 7.3.2 näher beschrieben werden (vgl. Diller 2008, S. 138ff.).

7.3.1 Preisgünstigkeit

Im Rahmen von Preisgünstigkeitsurteilen wird die Leistungskomponente ausgeblendet und lediglich der zu bezahlende Preis bewertet. Dieses Urteil basiert auf einem Vergleich der verschiedenen wahrgenommen Preise beziehungsweise des Kaufpreises mit dem internen Referenzpreis (vgl. Diller 2008, S. 140ff.). Preisgünstigkeitsurteile werden aufgrund der ausschließlichen Betrachtung des Preises vor allem bei vergleichbaren, austauschbaren Produkten angewendet, die an unterschiedlichen Orten zu unterschiedlichen Preisen angeboten werden, sowie bei Produkten, bei denen sich der Käufer bezüglich der Qualität sicher ist. Diese Art des Preisurteils hat große Bedeutung für das Image von Einkaufsstätten (vgl. Meffert/Burmann/Kirchgeorg 2012, S. 487; Luksch 2012, S. 29).

Die theoretische Grundlage für das Preisgünstigkeitsurteil kann Thaler's Transaction-Utility-Theorie bilden. Diese unterteilt den Wert eines Produktes in zwei Nutzenteile: den Transaktions- und den Akquisitionsnutzen. Der Transaktionsnutzen vergleicht dabei den Kaufpreis mit dem internen Referenzpreis, was zu einem Preisgünstigkeitsurteil führt. Der Akquisitionsnutzen hingegen wird im Rahmen des Preiswürdigkeitsurteiles verwendet (vgl. Werner 2009, S. 89; Luksch 2012, S. 27).

7.3.2 Preiswürdigkeit

Trifft ein Nachfrager ein Preiswürdigkeitsurteil, so bezieht er neben dem Preis auch die Leistungskomponente des Produktes in die Entscheidung ein. Es steht folglich das Verhältnis zwischen Produktnutzen und Produktpreis im Mittelpunkt der Betrachtung. Die Leistungskomponente besitzt in der Regel mehrere Facetten, die miteinander verknüpft werden müssen. Preiswürdigkeitsurteile sind daher im Vergleich zu Preisgünstigkeitsurteilen komplexer. Angewendet werden sie vor allem dann, wenn die Leistungen verschiedener Produkte nicht gleich sind und so ein Preisgünstigkeitsurteil nicht aussagefähig ist (vgl. Diller 2008, S. 148ff.).

Das Preiswürdigkeitsurteil wird unter Berücksichtigung des Akquisitionsnutzens eines Produktes getroffen. Dieser beinhaltet das Wohlgefallen beziehungsweise den Wert des Produktes für den Käufer. Der Akquisitionsnutzen stellt somit den Nutzen des Produktes abzüglich der monetären Gegenleistung des Käufers dar (vgl. Werner 2009, S. 10).

Ein wichtiger Aspekt in Bezug auf das Konstrukt der Preiswürdigkeitsurteile ist die Rolle des Preises als Qualitätsindikator. Eine preisorientierte Qualitätsbeurteilung des Nachfragers kann dazu führen, dass dieser bei zu geringen Preisen beginnt, an der Qualität des Produktes zu zweifeln. Das bedeutet, dass ab einer bestimmten Schwelle eine Senkung des Produktpreises nicht zu einer Verbesserung des Preiswürdigkeitsurteils führt. Ursache für die Verknüpfung von Preis und Qualität ist die asymmetrische Informationsverteilung zwischen Produzent und Konsument, die dazu führt, dass es Nachfragern oftmals schwerfällt, die Qualität eines Produktes richtig einzuschätzen. Dies kann, wie bereits bei den Prestigeeffekten der Fall, zu einer zumindest abschnittsweise positiven Steigung der Preisabsatzfunktion führen. Des Weiteren ist eine Verknüpfung von Preis und Qualität mit einer Reduzierung des Kaufrisikos verbunden (vgl. Diller 2008, S. 150f.). Abbildung B.42 zeigt zusätzliche Einflussfaktoren auf die preisorientierte Qualitätsbeurteilung sowie deren Korrelation. (-) drückt dabei eine negative, (+) eine positive und (+/-) eine nicht eindeutig bestimmbare Korrelation zwischen Einflussfaktor und Qualitätsbeurteilung aus.

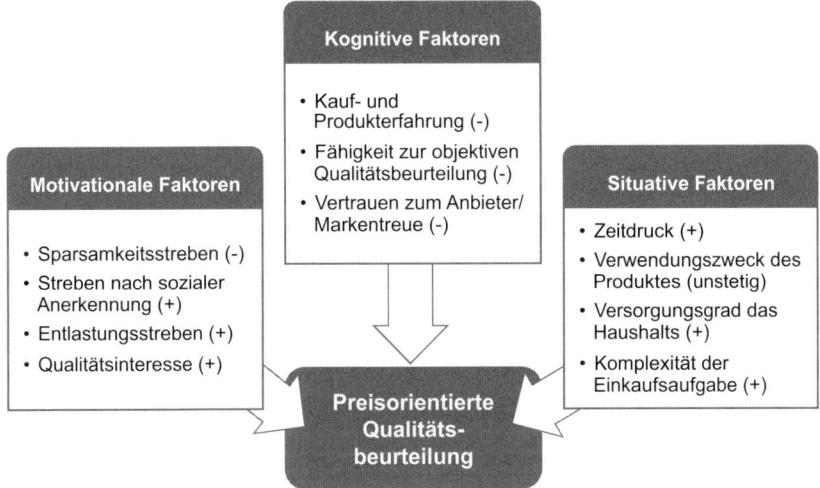

Abbildung B.42 Einflussfaktoren auf die preisorientierte Qualitätsbeurteilung (nach Diller 2008, S. 150)

Diller (2008, S. 152) bemerkt, dass Nachfrager auf Konsumgütermärkten in den letzten Jahren wesentlich erfahrener bezüglich der Qualitätsbeurteilung geworden sind und die preisorientierte Qualitätsbeurteilung aus diesem Grund abnimmt. Diese Entwicklung erklärt die zunehmende Bedeutung der Discounter, die zum Großteil keine bekannten Handelsmarken, sondern No-Name-Produkte anbieten.

7.3.3 Preisfairness

Die Einschätzung der Nachfrager bezüglich der Preisfairness von Anbietern ist für diese von großer Bedeutung. Kahnemann/Knetsch/Thaler (1986, S. 728) bezeichnen die wahrgenommeine Preisfairness eines Anbieters gar als eine der wichtigsten Determinanten für langfristigen Erfolg. Wird ein Anbieter als unfair bezeichnet, so führt dies meist zu Reaktionen wie Kundenunzufriedenheit, den Verzicht auf einen Kauf des Produktes sowie einer Verbreitung negativer Informationen, die dem Anbieter langfristig schaden können.

Diller (2008, S. 164) beschreibt den Begriff der Preisfairness als subjektive Wahrnehmung eines Nachfragers, die mit Kognitionen und Emotionen verbunden ist und deren Resultat ein Urteil über die Gerechtigkeit der Preissetzung des Anbieters ist. Dieser Definition folgend kann die Preisfairness als Teilkonstrukt der Preiszufriedenheit (vgl. Kapitel 7.5.2) bezeichnet werden. Einen Überblick über Studien zur Preisfairness bieten Wild/Anselstetter (2007).

Bezüglich der theoretischen Fundierung des Konzeptes der Preisfairness gibt es verschiedene Ansätze, die im Folgenden vorgestellt werden.

Wendet man das Prinzip der Verteilungsgerechtigkeit an, so wird das Preisfairnessurteil auf Basis einer Abwägung zwischen Kaufpreis und erzieltem Nutzen getroffen. Die so genannte Equity-Theorie, die auf George Homans zurückgeht, geht darüber hinaus und vergleicht die Relation zwischen Aufwand und Ertrag beider Transaktionspartner (vgl. Xia/Monroe/Cox 2004, S. 1; Pechtl 2005, S. 20f.). Ein zentraler Begriff dieser Theorie ist der der „Distributive Justice", also der ausgleichenden Gerechtigkeit (vgl. Wild/Anselstetter 2007, S. 8). Abbildung B.43 zeigt mögliche Ergebnisse der Preisfairnessbeurteilung unter

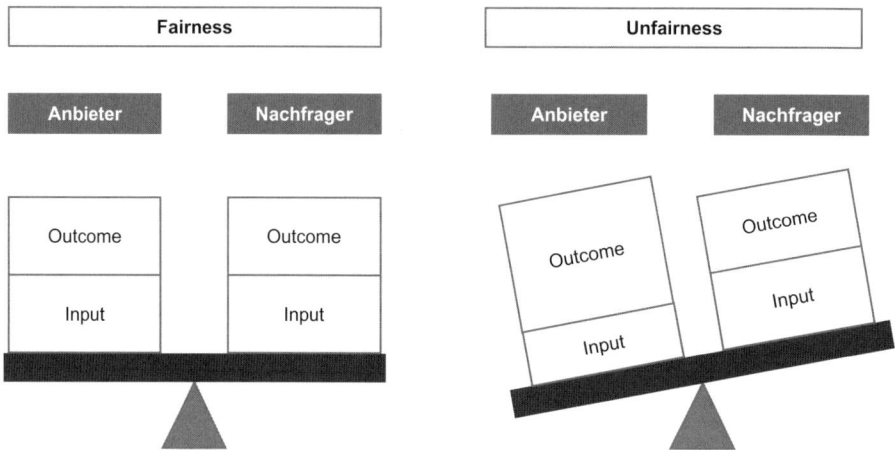

Abbildung B.43 Preisfairnessbeurteilung mit Hilfe der Equity-Theorie

Verwendung dieser Theorie. Wenn die Waage zugunsten des Anbieters ausschlägt, empfindet der Nachfrager den Preis als unfair.

Das so genannte Dual-Entitlement-Prinzip, das auf Kahnemann, Knetsch und Thaler (1986) zurückgeht, stellt die Ansprüche des Anbieters und Nachfragers in den Vordergrund. Der Anbieter hat demnach einen Anspruch auf einen angemessenen Gewinn, während der Nachfrager den Anspruch eines angemessenen Preises stellt. Um die Angemessenheit der jeweiligen Ansprüche beurteilen zu können, wird ein Referenzpreis herangezogen, der als fair gilt. Der Fokus der Theorie liegt auf Hypothesen zur Reaktion der Nachfrager auf Preiserhöhungen, von denen drei im Folgenden aufgeführt werden (vgl. Pechtl 2005, S. 20):

- Preiserhöhungen als Folge gestiegener Kosten werden von den Kunden als fair bewertet.
- Eine Preiserhöhung mit dem Ziel der Gewinnsteigerung wird als unfair bewertet.
- Werden Kostenreduktionen nicht an die Konsumenten weitergegeben, so wird dies nicht als unfair bewertet.

Es gibt drei mögliche Resultate von Preisvergleichen: Fairness, Benachteiligung und Bevorteilung. Dabei wird die eigene Benachteiligung stärker gewichtet als eine Bevorteilung (vgl. Xia/Monroe/Cox 2004, S. 1). Faktoren, die die Beurteilung der Preisfairness beeinflussen, sind Abbildung B.44 zu entnehmen. Diese Faktoren sind das Resultat einer Metaanalyse von Wild/Anselstetter (2007), die 62 Studien zum Thema Preisfairness umfasst.

Das übereinstimmende Ergebnis mehrerer Studien ist die Bestätigung einer negativen Korrelation zwischen Preislevel und Preisfairness. Die wahrgenommene Preisfairness nimmt folglich mit zunehmendem Preislevel ab. Je höher der Preis, desto eher wird ein unfairer Preis vermutet. In Bezug auf den Einfluss

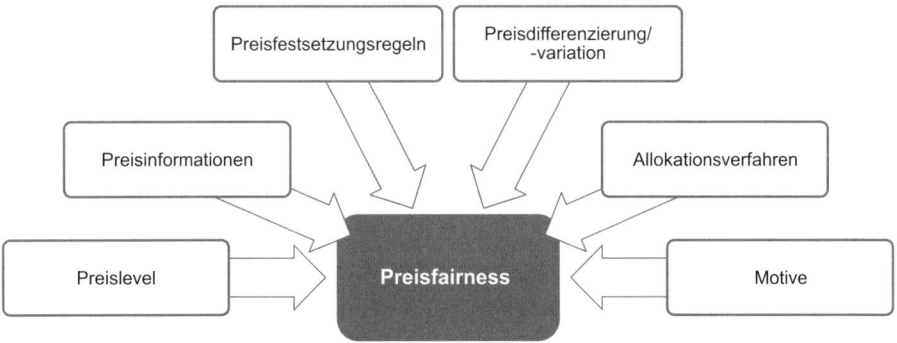

Abbildung B.44 Einflussfaktoren auf die Beurteilung der Preisfairness (nach Wild/Anselstetter 2007, S. 18ff.)

von Preisinformationen auf die Beurteilung der Preisfairness konnte bisher vor allem die positive Wirkung anbieterseitiger Begründungen für Preiserhöhungen empirisch bestätigt werden. Untersuchungen der Auswirkungen verschiedener Verfahren der Preisfestsetzung haben ergeben, dass die Verfahren als fairer beurteilt werden, bei denen Kosten symmetrisch behandelt werden, also sowohl Kostensenkungen als auch Kostensteigerungen an den Kunden weitergegeben werden. Eine unterschiedliche Behandlung der Nachfrager durch Preisdifferenzierung und -variation wird allgemein als unfair beurteilt, wobei eine Kommunikation der Bedingungen die negative Beurteilung abschwächt. So werden beispielsweise Ermäßigungen für Studenten und Rentner in der Regel nicht als unfair beurteilt. Untersuchungen bezüglich der Allokationsverfahren haben ergeben, dass vor allem die Verfahren „first come – first served" und die administrative Verteilung durch den Staat als fair, eine Verteilung nach dem Zufallsprinzip oder mithilfe des Preismechanismus hingegen als unfair beurteilt wird. Eine weitere wichtige Determinante der Beurteilung der Preisfairness ist das Motiv der Preissetzung des Anbieters. Studien konnten bestätigen, dass Preiserhöhungen als fair beurteilt werden, sofern sie aus positiven Motiven des Anbieters wie Lohnsteigerungen der Arbeitnehmer resultieren (vgl. Wild/Anselstetter 2007, S. 18ff.).

Sobald ein Kaufpreis als unfair eingestuft wird, kann der Nachfrager die im Folgenden beschriebenen Aktionen durchführen. Dabei kann zwischen zwei Arten unterschieden werden: Aktionen, die das finanzielle, oder die das psychologische Gleichgewicht wieder herstellen sollen (vgl. Xia/Monroe/Cox 2004, S. 4ff.). Gemäß Tabelle B.16 können sie dem Selbstschutz oder der Rache dienen.

Wird der Käufer signifikant bevorteilt, so führt dies entweder zu keiner Reaktion oder zu Reaktionen, die außerhalb der Transaktion stattfinden. Der Verkäufer profitiert zwar möglicherweise von einer Verbreitung positiver Informationen, finanziell erfolgt allerdings zumeist kein Ausgleich. Vielmehr versu-

Tabelle B.16   Reaktionen auf das Preisfairnessurteil
(nach Xia/Monroe/Cox 2004, S. 7f.)

Reaktionen auf das Preisfairnessurteil	
Aktivität	**Beschreibung**
Keine Reaktion	Das Preisurteil führt zu keiner Reaktion, da die Bevorteilung oder Benachteiligung als nicht signifikant eingestuft wird.
Selbstschutz	Das Preisurteil führt zu Beschwerden, Verbreitung von negativen Informationen und/oder Beendigung der Geschäftsbeziehungen.
Rache	Falls die Ungerechtigkeit zu groß erscheint, erwägt der Nachfrager sogar Konsequenzen, die für ihn selbst ungünstig sind, wie beispielsweise den Wechsel zu einem teureren Konkurrenten.

chen Käufer ein dadurch entstandenes Schuldgefühl durch Spenden für gemeinnützige Organisationen zu vermindern (vgl. Xia/Monroe/Cox 2004, S. 7).

Auch Wild/Anselstetter (2008, S. 31ff.) definieren vier Konsequenzen der Preisfairnessbeurteilung, die in Abbildung B.45 dargestellt sind und im Folgenden beschrieben werden.

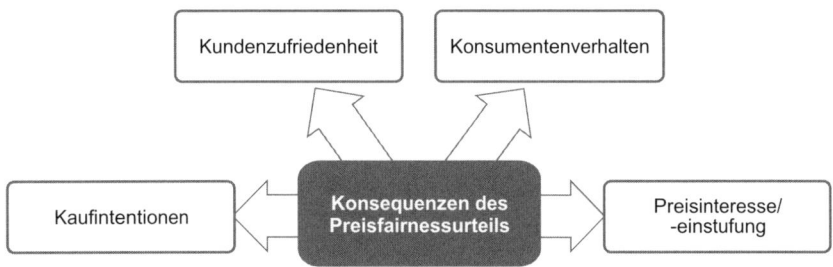

Abbildung B.45 Konsequenzen des Preisfairnessurteils
(nach Wild/Anselstetter 2008, S. 31ff.)

Entsprechend einiger Studien führt eine positive Beurteilung der Preisfairness zu einer höheren Kaufintention, was die Bedeutung dieses Konstrukts für das Preismanagement betont. Des Weiteren konnte eine positive Korrelation sowohl zwischen der Preisfairness und der Kundenzufriedenheit im Allgemeinen als auch der Preiszufriedenheit im Besonderen bestätigt werden. In Bezug auf das Konsumentenverhalten konnte in einigen Studien eine negative Korrelation zwischen Preisfairness und Wechselabsichten festgestellt werden. Andere Studien jedoch konnten diese Beziehung nicht bestätigen und verweisen auf den Einfluss der Kosten auf die Wechselabsichten der Nachfrager. Hinsichtlich der Reaktion der Nachfrager konnte die Beschwerde als häufigste Reaktion auf eine wahrgenommene unfaire Behandlung durch den Anbieter identifiziert werden. Bedeutend für ein Unternehmen ist auch die Auswirkung der Preisfairnessbeurteilung auf die Weiterempfehlungsabsichten, die ebenfalls in einem positiven Zusammenhang stehen. In Bezug auf das Konstrukt des Preisinteresses (vgl. Kapitel 7.1.2) lässt sich schließlich festhalten, dass bei einer Wahrnehmung unfairer Preise das Preisinteresse der Nachfrager stark ansteigt (vgl. Wild/Anselstetter 2007, S. 31ff.).

Für das Preismanagement bedeuten die eben beschriebenen Aktivitäten nicht, dass Preisdifferenzierung oder Preiserhöhungen zugunsten der Beurteilung der Preisfairness unterlassen werden sollen. Vielmehr müssen sich die Entscheider des Unternehmens damit auseinandersetzen, wie eine Festsetzung oder Veränderung der Preise so vorgenommen werden kann, dass die Nachfrager diese nicht als unfair einstufen. Dazu gehört beispielsweise die Information der Nachfrager über die Ursache von Preisänderungen. Eine weitere Möglichkeit, die Beurteilung der wahrgenommenen Preisfairness zugunsten des Unternehmens zu beeinflussen, ist das aktive Management der Kundenbeziehung, da das Vertrauen zum Anbieter eine große Rolle im Rahmen der Preisbeurteilung spielt. Ein dritter wichtiger Aspekt ist die Reaktion auf eine wahrgenommene Benachteiligung. Diese muss folglich nicht nur verhindert, sondern, falls dies nicht möglich war, auch richtig behandelt werden. Dazu gehört zum einen, den Kunden ein Rückgaberecht einzuräumen. Dieses Recht kann das Kaufrisiko senken und kognitive Dissonanzen (vgl. Kapitel 7.5.3) reduzieren. Zum anderen ist ein nachfragerfreundliches Beschwerdemanagement wichtig, das den Kunden das Gefühl gibt, gehört zu werden. Dadurch kann möglicherweise die Verbreitung negativer Informationen an Dritte verhindert werden, sofern Probleme des Kunden im Rahmen des Beschwerdemanagements gelöst werden können. Darüber hinaus kann eine direkte Kommunikation mit dem Unternehmen sogar zu Produktverbesserungen führen (vgl. Hofbauer 2014; Xia/Monroe/Cox 2004, S. 8f.).

7.4 Entscheidung

In der Phase der Entscheidung, in welcher der Kunde den Kauf oder Nichtkauf des jeweiligen Produktes beschließt, sind die in den folgenden drei Abschnitten beschriebenen Konstrukte der Preisbereitschaft, der Preispräferenz sowie des Preisvertrauens zu berücksichtigen. Diese Konstrukte werden auch als Preisintentionen bezeichnet (vgl. Simon/Fassnacht 2009, S. 174). Diller (2008, S. 154ff.) vergleicht Preisintentionen mit Einstellungen und definiert sie als Zustände, die durch Preiserlebnisse und Preislernen entstehen und die in bestimmten Entscheidungssituationen zu entsprechenden Verhaltensweisen führen. Als Beispiel führt er den Kauf von Modeartikeln auf, bei denen preisbewusste Käufer gelernt haben, die Artikel erst gegen Ende der Saison zu erwerben, da sie zu diesem Zeitpunkt in der Regel günstiger sind als zu Beginn. Derartige erlernte Verhaltensweisen erleichtern den Käufern die Entscheidung, da diese sich darauf verlassen können und sich nicht bei jedem Kauf erneut mit dem jeweiligen Kaufobjekt auseinandersetzen müssen. Diller betont allerdings, dass sich Abweichungen vom zu erwartenden Verhalten aus bestimmten Gründen, wie zum Beispiel Zeitdruck beim Einkauf, nicht ausschließen lassen.

7.4.1 Preisbereitschaft

Die Preisbereitschaft, die auch als Zahlungsbereitschaft oder Maximalpreis bezeichnet werden kann, ist für die Festsetzung von Preisen durch Unternehmer von sehr großer Bedeutung. Wieseke/Haumann (2010, S. 176) bestätigen diese Aussage und schreiben von einem positiven Zusammenhang zwischen

Preisbereitschaft der Kunden und dem Markterfolg des Unternehmens. Definiert werden kann die Preisbereitschaft als der Betrag, den der Käufer eines Gutes maximal zu zahlen bereit ist. Dieses Konstrukt stellt folglich eine absolute Preisschwelle dar und drückt den Nutzen des Produktes für den Käufer monetär aus. Dabei muss sich die Preisbereitschaft nicht ausschließlich auf einen Preispunkt konzentrieren, sondern kann sich ebenso auf ein Preisintervall beziehen. Die Ermittlung dieser bedeutenden Größe kann beispielsweise durch eine direkte Kundenbefragung, eine Auktion oder eine Conjoint-Analyse erfolgen (vgl. Kapitel 3.2). Dabei kann besonders das in Kapitel 3.2.2.1 vorgestellte van Westendorp-Verfahren hervorgestellt werden (vgl. Diller 2008, S. 155f.; Simon/Fassnacht 2009, S. 174).

Ein wichtiger Begriff in diesem Zusammenhang ist die Konsumentenrente. Die Konsumentenrente entspricht der Differenz zwischen dem Maximalpreis eines Nachfragers und dem Kaufpreis des Produktes. Ziel einer Unternehmung ist, diese Konsumentenrente mit Hilfe von Verfahren wie der Preisdifferenzierung oder Preisbündelung so gut wie möglich abzuschöpfen, während das Ziel der Nachfrager darin besteht, die Konsumentenrente zu maximieren (vgl. Kapitel 6.3.2 und 6.4.2).

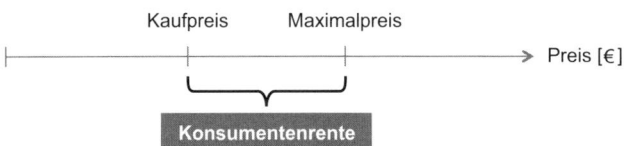

Abbildung B.46 Konsumentenrente

Diller (2008, S. 155) weist darauf hin, dass als Folge einer durch den Konsumenten vermuteten Beziehung zwischen Preis und Qualität (vgl. Kapitel 7.3.2) nicht nur der Maximal-, sondern zudem ein Mindestpreis, also die untere absolute Preisschwelle des Nachfragers, berücksichtigt werden muss.

Bei Preisbereitschaften handelt es sich um veränderbare interne Referenzpreise, die durch zahlreiche Einflussfaktoren bestimmt werden (vgl. Diller 2008, S. 155). Wieseke/Haumann haben diese Einflussfaktoren untersucht und konnten sie in drei Kategorien zusammenfassen, die in Abbildung B.47 dargestellt sind und im Folgenden beschrieben werden sollen. (+) drückt eine positive, (-) eine negative und (+/-) eine nicht eindeutig bestimmbare Korrelation zwischen Einflussfaktor und Preisbereitschaft aus.

- *Konsumentenbezogene Einflussfaktoren*
  Bezogen auf die Konsumenten konnten die Autoren vier Prädiktoren identifizieren und daraus Implikationen für das Preismanagement ableiten.

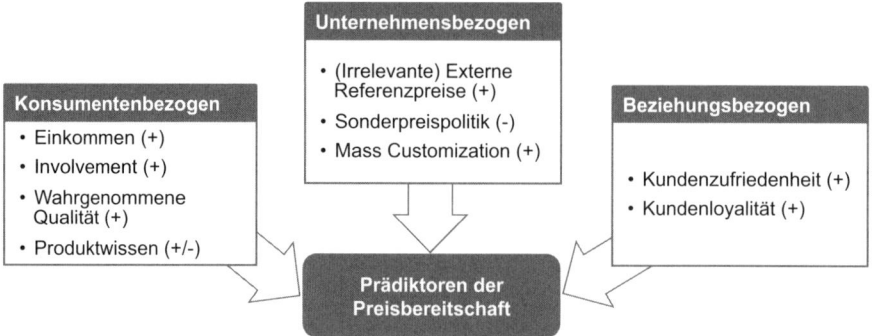

Abbildung B.47 Prädiktoren der Preisbereitschaft
(nach Wieseke/Haumann 2010, S. 176ff.)

Dazu gehört zum einen die positive Beziehung zwischen Einkommen und Preisbereitschaft, die dadurch genutzt werden kann, dass dieses Wissen im Rahmen der Definition der Zielgruppe berücksichtigt wird. Des Weiteren sollte eine Schulung der Verkaufsmitarbeiter zur Erkennung stark involvierter Kunden erfolgen, da sich das Involvement der Nachfrager ebenso positiv auf die Preisbereitschaft auswirkt. Eine weitere Implikation ist die Betonung der Qualität der Produkte, deren Wahrnehmung die Preisbereitschaft ebenfalls steigert. Dieser Zusammenhang sollte bei der Gestaltung der Verpackung oder bei der Planung von Kommunikationsmaßnahmen berücksichtigt werden. Bezüglich des Produktwissens sollte bei großer Unsicherheit aufseiten der Nachfrager das Wissen erhöht und damit die Preisbereitschaft gesteigert werden. Handelt es sich um Produkte mit hoher Markentreue, so sollte das Unternehmen bei der Kommunikation hingegen stärker auf die Vermittlung von Emotionen statt objektiver Informationen setzen.

- *Unternehmensbezogene Einflussfaktoren*
Im Hinblick auf unternehmensbezogene Prädiktoren kann eine Steuerung des Konsumentenverhaltens durch den bewussten Einsatz externer Referenzpreise erfolgen. Dabei können diese externen Referenzpreise relevant für die Kaufentscheidung, aber auch irrelevant sein. Unter relevanten externen Referenzpreisen werden die Preise der Produkte verstanden, die dem Kaufobjekt ähnlich sind. Diese wirken sich vor allem durch ihren Einfluss auf die Bildung interner Referenzpreise auf die Kaufentscheidung aus (vgl. Kapitel 7.2.1.2). Unter dem Begriff irrelevante externe Referenzpreise ist hingegen die Kommunikation von Preisen gemeint, die nicht mit dem Kaufobjekt in Zusammenhang stehen. Dies ist beispielsweise bei Preisen für eine völlig andere Produktgruppe der Fall. So ist etwa der Preis von Toastern irrelevant beim Kauf eines Wasserkochers. Dennoch haben auch irrelevante externe Preise Einfluss auf die Preisbereitschaft des Kunden. Dieses Phäno-

men wird als Ankerheuristik bezeichnet und wird in einer Arbeit von Tversky und Kahnemann (1974) beschrieben. Nunes/Boatwright (2004) konnten im Rahmen einer Studie feststellen, dass die irrelevanten Preise dabei nicht bewusst von den Nachfragern aufgenommen werden müssen, um Einfluss auf deren Zahlungsbereitschaft auszuüben. Besonders auffallend war auch der große Einfluss extremer Werte auf die Kaufentscheidung, wenn diese erst kurz zuvor wahrgenommen wurden. Als Implikation für das Preismanagement folgt die Positionierung der Produkte in einem hochpreisigen Umfeld. Das Angebot einiger sehr teurer Artikel in einer Einkaufsstätte mit ansonsten durchschnittlichem Preisniveau kann die Zahlungsbereitschaft der Nachfrager enorm steigern.

Die Sonderpreispolitik als Möglichkeit zur Beeinflussung der Nachfrager zu nutzen, wird hingegen von vielen Marketingforschern kritisch gesehen. Die Kritiker sind der Meinung, dass zu viele Preis-Promotions die Preissensitivität der Nachfrager erhöhen und den internen Referenzpreis senken, was wiederum zu einer Senkung der Preisbereitschaft führt. Daher sollte bevorzugt die Strategie eines dauerhaft niedrigen Preises geprüft werden.

Ein positiver Einfluss geht hingegen von der so genannten „Mass Customization" aus, also einer Verbindung von „Mass Production" und „Customization". Wieseke/Haumann (2010) nennen einige Studien, die eine wesentlich höhere Preisbereitschaft für individuell angefertigte Produkte bestätigen konnten (Hofbauer 2014).

- *Beziehungsbezogene Einflussfaktoren*

  Hinsichtlich der beziehungsbezogenen Prädiktoren konnte die positive Auswirkung der Kundenzufriedenheit auf den Markterfolg eines Unternehmens in zahlreichen Studien bestätigt werden. Dass die Kundenzufriedenheit auch zu einer höheren Preisbereitschaft führt, lässt sich beispielsweise mit Hilfe der Equity-Theorie (vgl. Kapitel 7.3.3) ableiten, da die Zufriedenheit den Output des Nachfragers erhöht (Hofbauer/Hellwig 2012, S. 42ff.). Die Kundenloyalität, für die die Kundenzufriedenheit eine der Voraussetzungen darstellt, steigert die Preisbereitschaft ebenso, da loyale Kunden tendenziell eher auf die Produkteigenschaften als auf den Preis fokussiert sind (vgl. Wieseke/Haumann 2010, S. 176ff.).

7.4.2 Preispräferenz

Preispräferenzen beziehen sich nicht nur auf Einzelpreise, sondern auch auf weitere Entscheidungskomponenten einer Kaufentscheidung. Definiert werden können Preispräferenzen als mehr oder weniger dauerhafte Verhaltensabsichten, die zu einer Bevorzugung bestimmter Einkaufsalternativen führen. Diese Verhaltensweisen resultieren aus dem Streben der Nachfrager nach einer

Entlastung von Denk- und Suchprozessen (vgl. Kapitel 7.6.1) (vgl. Diller 2008, S. 137f./ 156f.; Seeringer 2011, S. 133). Tabelle B.17 gibt einen Überblick über die Auswirkungen von Preispräferenzen auf die vier Dimensionen Qualität, Quantität, Ort und Zeit.

Tabelle B.17 Auswirkungen von Preispräferenzen (nach Simon/Fassnacht 2008, S. 177)

Auswirkungen von Preispräferenzen	
Auswirkung auf ...	Beeinflussung ...
Qualität	der Markenwahl, Preislagenwahl, Betriebsformenwahl (Bsp.: Markentreue/Variety Seeking)
Quantität	der eingekauften Menge (Einzelpackungen/Vorratskäufe)
Ort	der Einkaufsstätte (Bsp.: Discounter/hochpreisiger Supermarkt)
Zeit	des Kaufzeitpunktes (Bsp.: vor/nach Weihnachten).

7.4.3 Preisvertrauen

Gemäß der Principal-Agent-Theorie existieren in nahezu allen Kaufprozessen Informationsasymmetrien. Durch Unsicherheiten aufseiten der Käufer bezüglich der Eigenschaften des Produktes, der Absichten des Vertragspartners sowie dessen Verhaltensweisen in Bezug auf die Vertragsabwicklung entstehen Risiken, die die Nachfrager einstufen müssen. Aus diesem Grund ist das Vertrauen des Käufers in den Anbieter ein wichtiger Einflussfaktor im Rahmen des Kaufentscheidungsprozesses, da es das wahrgenommene Risiko mindert. Definiert wird das Preisvertrauen als die Erwartung eines Kunden, dass sich der Anbieter nicht einseitig eigennützig verhält, beziehungsweise dass er den Nachfrager auch bei Informationsrückständen nicht benachteiligt (vgl. Diller 2008, S. 162f.; Hartmann 2006, S. 96).

Das Preisvertrauen ist stark abhängig von der Preiszufriedenheit (vgl. Kapitel 7.5.2). Diese beiden Konzepte können durch unterschiedliche Blickwinkel abgegrenzt werden. Während sich die Preiszufriedenheit auf eine bestimmte Transaktion bezieht, ist das Preisvertrauen bereits Voraussetzung für das Zustandekommen dieses Geschäftes und kann sich dadurch verändern. Sofern opportunistisches Verhalten der Anbieter nicht durch gesetzliche Regelungen verhindert wird, muss der Käufer auf Fairness des Anbieters (vgl. Kapitel 7.3.3) vertrauen (Diller 2008, S. 163).

Deshalb sind Anbieter gut beraten, sich um Preistransparenz, Preissicherheit und Preiszuverlässigkeit zu bemühen, die mittel- bis langfristig das Vertrauen in den Anbieter aufbauen (Diller 1999, S. 8). Dabei ist vor allem den Informationsaspekt zu betonen, der auf eine vom Kunden wahrgenommene Preisehrlichkeit abzielt und durch Preisklarheit, Preiswahrheit, den Verzicht auf Preisschönung, eine übersichtliche Preisinformation sowie die Durchschaubarkeit der Preisstellung erlangt werden kann. Hat der Anbieter erreicht, dass ihm die Nachfrager Vertrauen entgegenbringen, so rückt in der Regel die Bedeutung einzelner Preise in den Hintergrund (Hartmann 2006, S. 96).

Hartmann (2006, S. 96f.) definiert drei Ansatzpunkte, auf die Anbieter zur Steigerung des Preisvertrauens zurückgreifen können:

- *Prozessbasiertes Vertrauen*

    Diese Art des Vertrauens entwickelt sich durch positive Interaktionserfahrungen mit dem Anbieter in der Vergangenheit. Diese können vom Nachfrager selbst erlebt oder von anderen Nachfragern weitergegeben worden sein.

- *Eigenschaftsbasiertes Vertrauen*

    Eigenschaftsbasiertes Vertrauen entsteht, wie der Name bereits verrät, durch die Verbindung positiver Eigenschaften mit dem Anbieter. Dazu gehören ein guter Ruf, Glaubwürdigkeit sowie Fairness des Anbieters.

- *Institutionenbasiertes Vertrauen*

    Der Anbieter kann das Vertrauen der Nachfrager auch durch bestimmte Zertifizierungen oder das Angebot bekannter Marken stärken, die das wahrgenommene Risiko einer Kaufentscheidung mindern.

7.5 Nachkaufphase

Die Nachkaufphase ist entscheidend für den Wiederkauf der Produkte sowie für die Verbreitung von Informationen über den Anbieter. Aus diesem Grund sollten sich Unternehmer bezüglich des Preisimages ihrer Unternehmung, beziehungsweise ihrer Produkte, der Preiszufriedenheit der Käufer sowie potenzieller kognitiver Dissonanzen im Klaren sein.

7.5.1 Preisimage

Diller (2008, S. 136) definiert das Preisimage als eine Gesamtheit subjektiver Wahrnehmungen, Kenntnisse, Gefühle und Einstufungen von Preisen, die im Rahmen des Gesamtimages auf die Kaufentscheidung einwirken. Sie tragen zur Vereinfachung von Kaufentscheidungen bei, indem sie die Preiskenntnis, beispielsweise im Rahmen der Auswahl von Einkaufsstätten, in gewissem Maße ersetzen. Diller (1991, S. 2ff; 2003, S. 7ff.) identifiziert sechs Merkmale, die Preisimages charakterisieren:

- *Mehrdimensionalität*
  Preisimages betreffen alle preisrelevanten Merkmale des Anbieters. Dazu gehören unter anderem die Preislagenstruktur, Preiserlebnisse und das Preiswissen.

- *Ganzheit*
  Preisimages beziehen sich nicht auf einzelne Aspekte, sondern vielmehr auf deren Verknüpfung zu einer Gesamtheit. Implikation für das Preismanagement ist die Ausgestaltung einer Leitidee, an der sich alle weiteren Maßnahmen orientieren.

- *Subjektivität*
  Preisimages bilden die Wirklichkeit in der Regel verzerrt und ungenau ab. Diese Abweichungen werden entweder durch den Konsumenten selbst oder beispielsweise auch von Konkurrenten verursacht.

- *Bezugsobjekt*
  Preisimages können sich sowohl auf bestimmte Produkte als auch auf Teilsortimente, Unternehmen oder Einkaufsstätten beziehen.

- *Partialcharakter*
  Preisimages sind lediglich ein Teil des Gesamtimages der jeweiligen Bezugsobjekte. Dabei stehen sie in besonderer Beziehung zum Qualitätsimage (vgl. Kapitel 7.3.2).

- *Hierarchische Struktur*
  Images sind hierarchisch verbunden, wobei übergeordnete Images die untergeordneten beeinflussen.

Preisimages entstehen durch Lernprozesse, die entweder durch eigene Erfahrungen, weitergegebene Erfahrungen anderer Nachfrager oder durch die Kommunikation von Anbietern mit Nachfragern angestoßen werden. Da es für den Nachfrager in den meisten Fällen nahezu unmöglich ist, sich ein gesamheitliches Bild über alle Preise eines Geschäfts oder Unternehmens zu verschaffen, werden typische Merkmale eines Produktes oder Unternehmens generalisiert. Bei Bestätigung verfestigen diese sich im Laufe der Zeit zu Einstellungen, die in einem nächsten Schritt steuernd auf die Wahrnehmung einwirken. Als Konsequenz werden dem Image entsprechende Elemente eher wahrgenommen als andere (vgl. Diller 2008, S. 136f.; Diller 1991, S. 4.). Einflussfaktoren auf die Bildung von Preisimages können Abbildung B.48 entnommen werden. (+) drückt eine positive, (-) eine negative und (+/-) eine nicht eindeutig bestimmbare Korrelation zwischen Einflussfaktor und Preisimage aus.

Die Implikation für das Preismanagement liegt darin, den Effekt eines Preisimages durch die Schaffung eines konsistenten und attraktiven preispolitischen Erscheinungsbildes zu nutzen. Gelingt dies, so führt es zu einer Erhö-

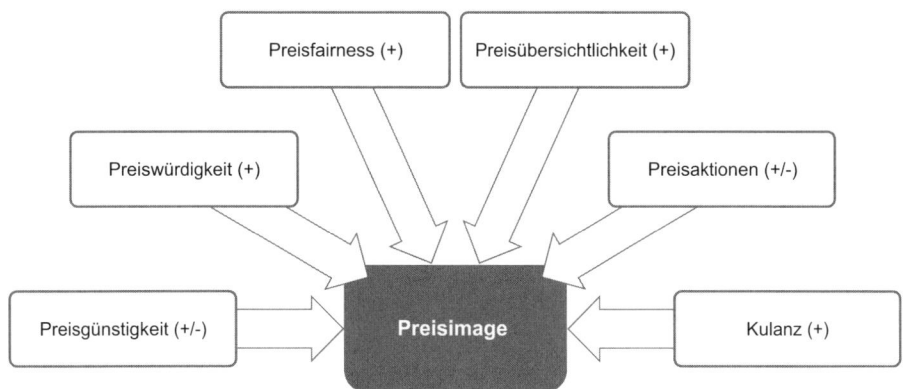

Abbildung B.48 Einflussfaktoren auf das Preisimage (nach Diller 2008, S. 136f.)

hung der Preiszufriedenheit sowie der Kundenbindung, einer geringeren Beachtung der Wettbewerbsprodukte und gestiegenem Preisvertrauen. Dabei erfordert ein positives Preisimage keineswegs ausschließlich niedrige Preise, sondern vielmehr ein attraktives Preis-Leistungs-Verhältnis, das den Bedürfnissen der Zielgruppe möglichst genau entspricht (vgl. Diller 2008, S. 216f.).

7.5.2 Preiszufriedenheit

Die Zufriedenheit der Kunden ist eine zentrale Einflussgröße für den Unternehmenserfolg (vgl. Hofbauer/Schöpfel 2010, S. 61ff.). Zufriedenheit kann als ein positives Gefühl nach der Kaufentscheidung, Unzufriedenheit entsprechend als negatives Gefühl beschrieben werden. Die Bedeutung für das Unternehmen folgt zum einen aus einer Verbindung des Gefühls mit Kaufobjekt und Anbieter, die das künftige Käuferverhalten beeinflussen kann. Zum anderen führt Unzufriedenheit zu einer motivationalen Kraft, die die (Wieder-)Herstellung der Zufriedenheit zum Ziel hat (vgl. Kapitel 7.5.3) (vgl. Trommsdorff 2009, S. 127ff.). Versteht man die Preiszufriedenheit als ein Teilkonstrukt der Kundenzufriedenheit, so lässt sie sich als Erfüllungsgrad der Kundenerwartungen durch das Preismanagement des Unternehmens definieren. Da der Preis ein entscheidender Faktor im Rahmen der Kaufentscheidung ist, führt dies zu der Annahme, dass die Preiszufriedenheit die Kundenzufriedenheit wesentlich beeinflusst.

Trotz intensiver Beschäftigung der Wissenschaft mit dem Konstrukt der Kundenzufriedenheit wurde der Teilaspekt der Preiszufriedenheit bisher nur wenig beachtet. Diese Aussage wurde im Jahr 1999 von Diller/That getroffen und gilt bis heute, was sich an den wenigen Veröffentlichungen zum Thema Preiszufriedenheit zeigt. Dabei haben die beiden Autoren durchaus beachtliches Verbesserungspotenzial im Rahmen der Preiszufriedenheit der Nachfrager aufgedeckt. So zitieren sie eine Studie, die sich mit Preiszufriedenheit in der Dienstleistungsbranche beschäftigt und zu dem Schluss kommt, dass der Prozentsatz der von der Preisleistung überzeugten Kunden branchenübergreifend unter 50 Prozent liegt.

Als Ansatzpunkte für das Preismanagement eines Unternehmens definiert Diller (2008, S. 158) fünf so genannte Teilzufriedenheiten, die in Tabelle B.18 anhand von Beispielen je Kaufphase beschrieben werden (vgl. Diller 2008, S. 157f.; Rothenberger/Hinterhuber 2005, S. 233ff.).

Tabelle B.18 Preisteilleistungen als Gegenstände der Preiszufriedenheit (nach Diller 2008, S. 160)

Teildimensionen / Kaufphasen	Preisgünstigkeit	Preiswürdigkeit	Begleitende Preisleistungen		
			Preistransparenz	Preissicherheit	Preiszuverlässigkeit
Vorkaufphase	• Nebenkosten des Einkaufs	• Preis-Qualitäts-Verhältnis der Leistungsinformationen	• Preisauszeichnung • Preisinformation	• Verzicht auf Preisschönung	• Preiskonstanz
Entscheidungsphase	• Preishöhe • Preisnachlässe	• Preis-Qualitäts-Verhältnis der Güter	• Nachvollziehbarkeit der Preisstellung	• Preisberatung • Pauschalpreise	• Korrekte Fakturierung
Nachkaufphase	• Nachkaufkosten	• Wirtschaftlichkeit des Produktgebrauchs	• Preisauszeichnung für Reparaturen	• Preiskonstanz	• Verzicht auf versteckte Nebenkosten • Kulanz

Um die Begriffe des Preisurteils und der Preiszufriedenheit abzugrenzen, kann die zeitliche Perspektive herangezogen werden. So schließt das Konzept der Preiszufriedenheit im Gegensatz zum Preisurteil auch die Vor- und Nachkaufphase mit ein.

Der Zusammenhang zwischen Preiserwartung, Preiszufriedenheit und Preisimage ist in Abbildung B.49 dargestellt. Dabei sind diese drei Teilkonstrukte keineswegs statisch, sondern verändern sich im Laufe der Zeit, sofern neue Erfahrungen hinzugewonnen werden.

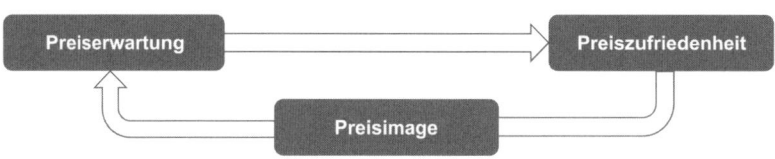

Abbildung B.49 Regelkreis-Modell der Preisimage-Genese (Diller/Müller 2003c, S. 18)

7.5.3 Kognitive Dissonanzen

Die Theorie der kognitiven Dissonanz gehört zur Gruppe der Konsistenztheorien, die das Streben der Menschen nach Widerspruchsfreiheit zu erklären versuchen, und geht auf Festinger zurück. Die Kernaussage besteht darin, dass im Falle zweier verbundener Wissenselemente, die als diskrepant empfunden werden, ein negatives, aktivierendes Gefühl entsteht. Die Definition der kognitiven Dissonanz geht über die Definition der Unzufriedenheit, also einer Diskrepanz zwischen Erwartung und Ergebnis, hinaus und bezieht eine Gegenüberstellung von gewählten und ausgeschlossenen Kaufalternativen ein. Die kognitive Dissonanz kann folglich als konflikthafter Zustand einer Person nach einer bestimmten Entscheidung, Handlung oder Informationskonfrontation beschrieben werden. Entscheidet sich der Käufer beispielsweise für eine Produktalternative A, so verzichtet er auf die Vorteile der übrigen Alternativen, was im Nachhinein zu einer auch Nachkauf-Dissonanz genannten Emotion führen kann. Diese Emotion ist zumeist in der Phase, die direkt auf die Handlung folgt, besonders hoch und wird dann von einer Phase der Dissonanzreduktion abgelöst. Während dieser Phase werden Aktivitäten unternommen, die auf eine Beseitigung des negativen Gefühls ausgerichtet sind. Dafür kommen zwei Strategien in Frage: die Bestätigung der gefällten Entscheidung oder der Versuch, diese rückgängig zu machen (vgl. Hofbauer/Dürr 2009, S. 31ff; Trommsdorff 2009, S. 127ff.; Foscht/Swoboda 2007, S. 63, 204; Raab/Unger/Unger 2010, S. 43). Abbildung B.50 veranschaulicht mögliche Verhaltensweisen bei kognitiven Dissonanzen.

Im Rahmen der Elimination wird versucht, widersprüchliche Informationen zu vermeiden, als nicht relevant einzuordnen oder deren Quellen abzuwerten. Das Gegenteil geschieht durch eine Addition unterstützender Informationen, beziehungsweise einer Aufwertung dieser Quellen. Die Substitution beschreibt eine Kombination der eben beschriebenen Verhaltensweisen, bei der negative durch positive Informationen ersetzt werden. Zieländerungen sind eine weitere Möglichkeit der Reduktion kognitiver Dissonanzen. Raab/Unger/Unger veranschaulichen dieses Beispiel anhand eines Autokaufs. Stellt der Käufer im Nachhinein fest, dass das Auto nicht so sportlich wie gewollt ist, so behauptet

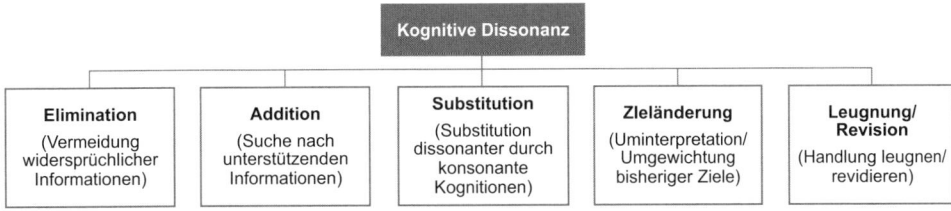

Abbildung B.50 Mögliche Verhaltensweisen bei kognitiven Dissonanzen (nach Raab/Unger/Unger 2010, S. 43f.)

er, dass die Sicherheit des Fahrzeugs sowieso wichtiger ist. Die Leugnung oder Revision einer Handlung kann auch als Form der Elimination gesehen werden, im Rahmen derer der Nachfrager die Verantwortung für den Kauf auf andere überträgt beziehungsweise die Transaktion rückgängig macht. Die eben beschriebenen Verhaltensweisen können sowohl separat als auch in Kombination verwendet werden (vgl. Raab/Unger/Unger 2010, S. 43f.).

Implikationen für das Management eines Unternehmens existieren unter anderem im Rahmen der Informationsbereitstellung für die Kunden in der Nachkaufphase. Die Werbung eines Unternehmens soll folglich nicht nur neue Kunden ansprechen, sondern ebenso bestehende Kunden in dem Vertrauen zum Unternehmen und dem gekauften Produkt bestärken. Eine Möglichkeit für Unternehmen, kognitiven Dissonanzen entgegenzuwirken, ist die gezielte Bereitstellung positiver Informationen nach dem Kauf, wie zum Beispiel ein Beipackzettel, auf dem zum Erwerb der Kaufsache gratuliert wird (vgl. Foscht/Swoboda 2007, S. 204; Raab/Unger/Unger 2010, S. 58).

7.6 Preislernen und Preiswissen

Ein Kaufentscheidungsprozess beginnt nur in Ausnahmefällen ohne jegliches Vorwissen des Nachfragers. Vielmehr existieren bereits zu Beginn Informationen, die durch eigene Erfahrungen, weitergegebene Erfahrungen, Werbebotschaften oder weitere Quellen erworben wurden. Diese Informationen beeinflussen den Kaufentscheidungsprozess und können während diesem aktualisiert werden (vgl. Kuß/Tomczak 2007, S. 21).

7.6.1 Preislernen

Lernen im Allgemeinen wird definiert als ein Vorgang, der sowohl Wissen als auch Verhalten der jeweiligen Person verändert (vgl. Kuß/Tomczak 2007, S. 34). Der Begriff Preislernen wird von Diller (2008, S. 133) entsprechend als der Prozess definiert, in dem durch Preisbeobachtungen und -erfahrungen Preisinformationen im Langzeitgedächtnis gespeichert werden.

Wie die Preiswahrnehmung ist auch das Preislernen ein selektiver Prozess, in den nicht alle Informationen aufgenommen werden. Begründet werden kann dies durch das Entlastungsstreben der Nachfrager (vgl. Kapitel 7.1.2.2). Daher werden vor allem Preise mit folgenden Merkmalen abgespeichert (vgl. Diller 2008, S. 133):

- Preise, die dem Konsumenten als wichtig erscheinen
- Preisinformationen, die einfach zu erhalten sind
- Preisinformationen, die einfach abzuspeichern sind

- Preise, die sich mittel- bis langfristig nur wenig verändern

Bezüglich der Lernprozesse sollen im Folgenden die kognitive Berieselung, die Generalisierung und Diskriminierung von Preisimages, die klassische Konditionierung, die preisorientierte Habitualisierung sowie das instrumentelle Preislernen beschrieben werden.

Kognitive Berieselung

Die auch „Mere-Exposure-Hypothese" genannte Lerntheorie besagt, dass Informationen unbewusst aufgenommen werden können. In diesem Fall erfolgt die Speicherung des Preisstimulus folglich nicht bewusst durch den Nachfrager, sondern sie geschieht vielmehr nebenbei, wenn er mit dem Stimulus konfrontiert wird. Dies geschieht zumeist bei Informationen, denen der Konsument regelmäßig ausgesetzt wird, wie zum Beispiel wöchentliche Preiswurfzettel oder Radio- und Fernsehwerbung der Anbieter (vgl. Diller 2008, S. 135f.; Simon/Fassnacht 2009, S. 181f.).

Generalisierung und Diskriminierung von Preisimages

Nachfrager tendieren dazu, bestimmte Preiserfahrungen zu generalisieren (vgl. Kapitel 7.5.1). Dazu gehören beispielsweise Erfahrungen im Rahmen des Einkaufs in einer Einkaufsstätte. Bietet also eine Einkaufsstätte bestimmte Produkte in einigen Fällen billiger an als die Konkurrenz, so überträgt der Nachfrager dieses Image auch auf bisher noch nicht überprüfte Produkte. Dabei erfolgt die Generalisierung nach einer Theorie von Nyström in vier Schritten. Zunächst werden einige Artikel der Einkaufsstätte beurteilt. Erfolgt kein Widerspruch des bisherigen Bildes durch neue Erfahrungen, so wird das Image schließlich zunächst auf eine Warengruppe, dann auf das Geschäft und schließlich auf alle derartigen Institutionen übertragen (vgl. Müller 2002, S. 38ff.).

Die Diskriminierung beschreibt nun den komplementären Prozess. Demnach führen unterschiedliche Reize auch zu unterschiedlichen Reaktionen. So werden beispielsweise verschiedene Betriebstypen wie Supermärkte und Discounter unterschiedlich beurteilt. Eine Generalisierung erfolgt demnach, wenn die Vergleichsobjekte ähnlich sind, eine Diskriminierung bei unterschiedlichen Objekten (vgl. Müller 2002, S. 38ff.; Diller 2008, S. 136).

Klassische Konditionierung

Die Lerntheorie der klassischen Konditionierung wurde vor allem durch das Experiment von Pawlow bekannt. Dieser kombinierte im Rahmen eines Tierversuches die Fütterung eines Hundes regelmäßig mit einem Glockenton. Nach ausreichend vielen Wiederholungen stellte er fest, dass die physische

Reaktion des Tieres, die Speichelproduktion, bereits bei Erklingen des Glockentons, also dem neutralen Reiz, einsetzte und der eigentliche Reiz der Fütterung dazu nicht mehr nötig war. Bezogen auf das Preismanagement nennt Diller (2008, S. 137) diese Art des Lernens Preiskonditionierung und versteht darunter eine Kombination aus Konditionierung und Generalisierung. Langfristige Effekte vermutet Diller vor allem zusammen mit einer Auslösung von Emotionen, beziehungsweise Preiserlebnissen (vgl. Kuß/Tomczak 2007, S. 35; Diller 2008, S. 137). Ein Beispiel, das an dieser Stelle genannt werden kann, ist die Reaktion der Nachfrager auf als „Sonderangebot" bezeichnete Produkte. Oftmals werden die angeblichen Angebote nicht mehr überprüft, der Nachfrager kauft, obwohl das Produkt vielleicht sogar teurer ist als normal. Grund hierfür ist, dass der jeweilige Nachfrager in der Vergangenheit bereits häufig mit Preisnachlässen für den Kauf so genannter Schnäppchen belohnt wurde und aus diesem Grund nun auf eine Kontrolle des Angebotes verzichtet.

Preisorientierte Habitualisierung

Eine weit verbreitete und überaus wirksame Form des Preislernens ist die Habitualisierung erlernter Verhaltensweisen. Diese kann als Beibehaltung von erlerntem Verhalten beschrieben werden. Grund hierfür ist eine Entlastung des Nachfragers von Such- und Denkaufwand. Beispiele für preisorientierte Habitualisierung sind der Einkauf in ausgewählten Läden sowie der ausschließliche Kauf bestimmter Marken (vgl. Diller 2008, S. 138; Simon/Fassnacht 2009, S. 182). Resultat der preisorientierten Habitualisierung sind die in Kapitel 7.4.2 beschriebenen Preispräferenzen.

Instrumentelles Preislernen

Das instrumentelle Preislernen basiert auf dem so genannten Effektgesetz der Lerntheorie. Dieses besagt, dass belohnte Aktivitäten verstärkt und bestrafte Aktivitäten abgeschwächt werden. Werden Preiserlebnisse folglich als Belohnungen oder Bestrafungen der Kaufhandlung interpretiert, so werden diese Erfahrungen gespeichert und bei zukünftigen Entscheidungen berücksichtigt (vgl. Diller 2008, S. 137f.).

7.6.2 Preiswissen

Preiswissen ist definiert als jegliche preisbezogene Information zu einem Objekt, die der Nachfrager im Gedächtnis gespeichert hat. Der Begriff der Preiskenntnis wird als Synonym verwendet. In Abbildung B.51 sind sechs Merkmale des Preiswissens aufgeführt (vgl. Diller 2008, S. 133; Pechtl 2005, S. 45).

Dabei sind vor allem die Inhalte des Preiswissens, das heißt welche Informationen abgespeichert werden, der Umfang, also die Menge der verfügbaren

7.6 Preislernen und Preiswissen

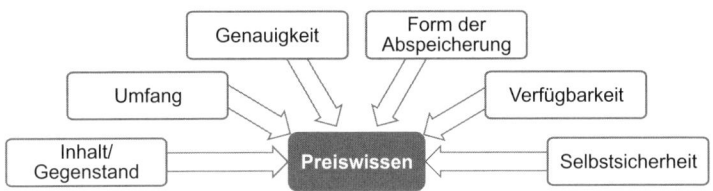

Abbildung B.51 Merkmale des Preiswissens (nach Diller 2008, S. 133)

Informationen, sowie deren Genauigkeit von Interesse. Bezüglich des Inhaltes können verschiedene Kriterien wie ein allgemein verwendbares, markenbezogenes, geschäftsbezogenes und preisaktionsbezogenes Preiswissen unterschieden werden (vgl. Diller 2008, S. 133f.). Während Genauigkeit und Umfang das Preiswissen des Nachfragers aus Sicht des Forschers messen, gibt die Selbstsicherheit die subjektive Einschätzung des Nachfragers an (vgl. Pechtl 2004, S. 27).

Analog zu Abbildung B.33, welche das Sequenzmodell der Preiswahrnehmung („Encoding") und Preisverarbeitung darstellt, lässt sich auch der Prozess des Preislernens und der Anwendung des Preiswissens in verschiedene Schritte aufteilen (Abbildung B.52).

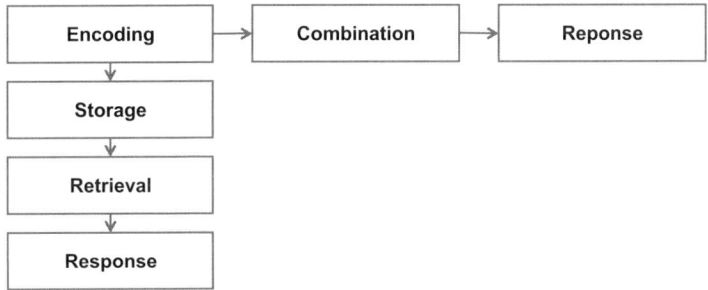

Abbildung B.52 Sequenzmodell zum Preiswissen (Pechtl 2005, S. 45)

Der Prozessschritt „Storage" beinhaltet die Herausbildung kognitiver Strukturen im Langzeitgedächtnis, also das Lernen an sich. Dabei kann zwischen bewusster Speicherung der Information, auch intentionales Lernen genannt, und unbewusstem, so genanntem inzidentellem Lernen unterschieden werden. Im nächsten Schritt, dem „Retrieval"-Prozess, wird die Preisinformation durch den Nachfrager aktiviert. Er erinnert sich folglich an den Preis, was meist durch äußere Einflüsse, wie zum Beispiel einer anstehenden Kaufentscheidung, ausgelöst wird. In diesem Schritt können einige Störungen auftreten. Zum einen ist es möglich, dass bereits gedächtnispsychologische Phänomene, die zu einem Zerfall der Gedächtnisspur führen, eingetreten sind, der Nachfrager sich also schlichtweg nicht erinnern kann. Zum anderen kann ein so genannter „False Recall" auftreten, im Rahmen dessen falsche Preisinformationen abgerufen werden. Im letzten Schritt, der „Response", wendet der Nachfrager das Wissen schließlich an, indem er eine Preisangabe macht (vgl. Pechtl 2005, S. 45f.).

Die Inhalte des Preiswissens können, wie in Abbildung B.53 dargestellt, systematisiert werden (vgl. Pechtl 2005, S. 46ff.).

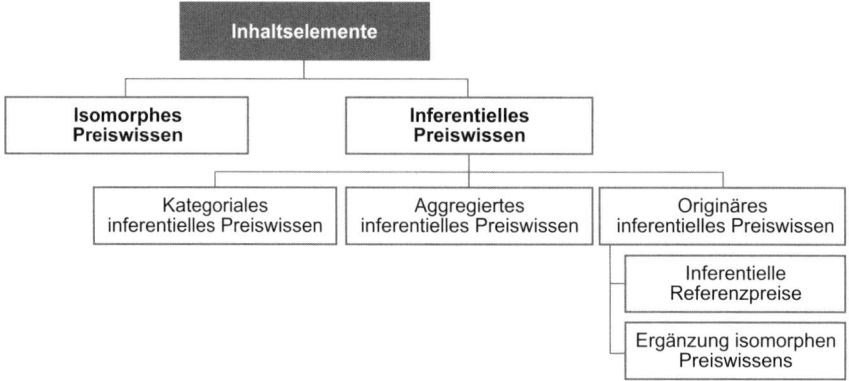

Abbildung B.53 Systematisierung des Preiswissens (Pechtl 2005, S. 47)

Isomorphes Preiswissen bezeichnet Preisinformationen, die ohne weitere Transformation direkt nach der Stufe des „Lexical Encoding" (vgl. Kapitel 7.2) im Gedächtnis gespeichert werden. Inferentielles Preiswissen unterscheidet sich von der Speicherung objektiver Preisinformationen dadurch, dass die Informationen subjektiv verändert werden. Im Rahmen des kategorialen inferentiellen Preiswissens bezieht sich die Veränderung dabei auf eine Preisbewertung wie „billig" oder „teuer". Verdichtet der Nachfrager mehrere Preisinformationen zu einer einzigen, so handelt es sich um aggregiertes, auch abstrakt genanntes, inferentielles Preiswissen, das zu einer Entlastung des Nachfragers führt. Originäres inferentielles Preiswissen enthält Preisinformationen, die der Nachfrager selbst geschaffen hat. Dazu gehören zum einen interne Referenzpreise, die Preiserwartungen des Nachfragers ausdrücken (vgl. Kapitel 7.2.1.2). Zum anderen gehören Preisinformationen dazu, die der Nachfrager geschaffen hat, um Lücken des isomorphen Preiswissens zu schließen (vgl. Pechtl 2005, S. 47f.).

Die Kognitionspsychologie unterscheidet zwei weitere Arten des Preiswissens: explizit und implizit. Dabei handelt es sich bei explizitem Preiswissen um die exakte Kenntnis von Preisen, die im Langzeitgedächtnis gespeichert wurden.

Demgegenüber beschreibt implizites Preiswissen ungenaue Gedächtnisinhalte, die meist erst durch einen Reiz aktiviert werden können (vgl. Simon/Fassnacht 2009, S. 182f.).

Evanschitzky/Kenning/Vogel (2004, S. 391) konnten vier Möglichkeiten identifizieren, das Konstrukt „Preiswissen" zu operationalisieren:

- Die Fähigkeit der Nachfrager, den exakten Preis gekaufter Produkte wiederzugeben
- Die Fähigkeit der Nachfrager, Preisspannweiten anzugeben
- Die Fähigkeit der Nachfrager, verschiedene Produkte entsprechend ihrer Preise in eine Rangfolge zu bringen
- Die Fähigkeit der Nachfrager, den Preis eines bestimmten Produktes wiederzuerkennen

Als häufigste Messmethode haben Homburg/Koschate (2005b, S. 504f.) den so genannten „Recall-Test" identifiziert, bei dem der erste Punkt der Aufzählung gemessen wird, also die Erinnerung an den exakten Kaufpreis. Probanden müssen dabei versuchen, den Preis aktiv und frei zu formulieren. Die Genauigkeit der Angaben wird anhand der Abweichung des erinnerten vom tatsächlichen Preis gemessen. Zwei weitere Messmethoden sind die Abfrage der Preisrange eines Produktes und die Erstellung eines Rankings von Produkten entsprechend ihrer Preise. Der „Recognition-Test" wiederum testet den vierten Punkt der Aufzählung, die Fähigkeit, Preise bestimmter Produkte wiederzuerkennen. Dazu werden den Probanden verschiedene Preise vorgelegt, zwischen denen sie sich entscheiden müssen. Diese Methode führt in der Regel zu besseren Ergebnissen als der „Recall-Test" (vgl. Homburg/Koschate 2005b, S. 504f.). Zu detaillierteren Informationen bezüglich der Messmethoden sei an dieser Stelle auf Pechtl (2004) verwiesen.

Die Erforschung des Preiswissens von Nachfragern war aufgrund dessen Bedeutung für die Kaufentscheidung eines der Kernthemen der Behavioral-Pricing-Forschung der letzten Jahre. Die verschiedenen Studien zur Messung des Preiswissens zu vergleichen ist jedoch aufgrund der zahlreichen möglichen Herangehensweisen, unter anderem der verschiedenen Möglichkeiten der Messung, sehr schwierig. Ein Großteil der Studien allerdings kommt zu der übereinstimmenden Aussage einer geringen Preiskenntnis der Nachfrager (vgl. Homburg/Koschate 2005b, S. 504). Diese Aussage bestätigen auch Evanschitzky/Kenning/Vogel (2004), die bisherige Erkenntnisse über das Preiswissen deutscher Konsumenten analysiert haben. Diese Feststellungen stehen allerdings im Widerspruch zu den zahlreichen Aussagen einer seit Jahren ansteigenden Preissensitivität der Nachfrager. Mögliche Gründe, die diesen Widerspruch entkräften können, sollen im Folgenden beschrieben werden. Dazu gehört zum einen der häufige Wechsel der Preise, vor allem in der Handelsbranche, die häufig

Gegenstand der Studien ist (Evanschitzky/Kenning/Vogel 2004, S. 401f.). Demnach führt auch eine intensive Preisinformationssuche nicht zu höherem Preiswissen, da die Informationen schnell veralten. Ein weiterer Grund kann in dem engen Zusammenhang zwischen Referenzpreis und Preiswissen liegen. Das Preiswissen stellt demzufolge einen Informationspool für die Bildung von Referenzpreisen bereit. Möglicherweise wird der Preisstimulus nun lediglich dazu genutzt, den eigenen Referenzpreis zu aktualisieren und im Anschluss daran wieder zu vergessen. Dies würde zu einer wesentlich höheren Bedeutung des inferentiellen Preiswissens im Vergleich zum isomorphen Preiswissen führen (vgl. Pechtl 2005, S. 48). Auch die häufig angewandte ausschließliche Messung der expliziten Preiskenntnis, die nur einen Teil des Preiswissens erfasst, kann zu einer geringeren gemessenen Preiskenntnis führen als sie tatsächlich gegeben ist. Eine Möglichkeit, dies zu vermeiden, ist eine Kombination der Messverfahren, indem sowohl explizites als auch implizites Preiswissen abgefragt wird (vgl. Homburg/Koschate 2005b, S. 504f.).

Die Ergebnisse dieser Studien sind für das Preismanagement eines Unternehmens von großer Bedeutung, da sowohl Güte als auch Umfang des Preiswissens der Nachfrager eine starke Wirkung auf die Wahrnehmung von Preiserhöhungen und -senkungen besitzen (vgl. Simon/Fassnacht 2009, S. 183; Pechtl 2004, S. 9). So folgern Evanschitzky/Kenning/Vogel (2004) aus der Erkenntnis, dass Preise tendenziell überschätzt werden, die Möglichkeit für Preisentscheider, durch Preiserhöhungen in Höhe der Überschätzung die Gewinne zu steigern. Des Weiteren kann auf Preissenkungen verzichtet werden, sofern die Nachfrager diese aufgrund einer geringen Preiskenntnis gar nicht wahrnehmen (vgl. Hofbauer/Sangl 2011, S. 260).

C Die Preisstrategie

Für ein erfolgreiches Preismanagement ist eine klar definierte Preisstrategie unabdingbar. Diese muss aus der Gesamtstrategie abgeleitet werden, mit dieser zusammenpassen und so zur Erreichung der Gesamtziele beitragen. Wie auch die Unternehmensstrategie, muss die Preisstrategie kommuniziert und konsequent umgesetzt werden. Fehlt eine Preisstrategie, so wird es für ein Unternehmen schwierig oder gar unmöglich, die zahlreichen verschiedenen Preise im Unternehmen abzustimmen und zu optimieren. Kopka/Nils/Weng (2007, S. 159) sprechen von bis zu drei Millionen potenziellen Möglichkeiten einer realistischen Preissetzung bei einem global aufgestellten Anbieter, wobei viele Unternehmen diese Zahl sogar noch übertreffen. Dies macht die Bedeutung einer realistischen Preisstrategie für Unternehmen deutlich.

Für eine erfolgreiche Preisstrategie müssen bei der Festlegung sowohl die Kunden als auch die Wettbewerber sowie Besonderheiten des Unternehmens selbst berücksichtigt werden. Nur eine auf Kundenwünschen abgestimmte Preisstrategie, die für Anbieter und Kunden zu einer Win-Win-Situation führt, kann langfristig zum Erfolg führen. Ebenso wichtig ist die Abgrenzung zum Wettbewerb mittels einer so genannten „Unique Price Position", also einem differenzierten Preis-Leistungs-Verhältnis. Ein weiteres Erfolgskriterium ist die konsequente Verfolgung der Preisstrategie im Unternehmen und daraus folgend der abgestimmte Einsatz der Preisinstrumente. So gehen aus einer Studie der Strategieberater „OC&C" vor allem die Unternehmen als Gewinner hervor, die ihre Leistungen an den Kunden ausrichten, in ihr Leistungsversprechen investieren und eine mittelfristig orientierte Preisstrategie verfolgen (vgl. OC&C, 2012). Die Unternehmen jedoch, die sich nur auf eine Komponente fokussieren, können sich im Wettbewerb zumeist nicht behaupten. Ein Beispiel hierfür ist die mittlerweile insolvente Baumarktkette Praktiker, die lediglich mit Preissenkungen (20% auf alles) geworben und dabei die eigene Kostensituation und Entwicklungen im Wettbewerb nicht ausreichend berücksichtigt hatte. Diller definiert Preisstrategien folglich als aufeinander abgestimmte Ziel- und Handlungskonzepte, die den Erfolg des Unternehmens langfristig sichern (vgl. Diller 2008, S. 209 ff.; Hofbauer/Hellwig 2012, S. 243).

Die zunehmende Bedeutung einer konsistenten Preisstrategie führt Diller auf drei Entwicklungen im Preismanagement zurück (vgl. Diller 2008, S. 211):

1. Die wachsende Anzahl preispolitischer Instrumente erhöht die Bedeutung einer Strategie, an der sich der Einsatz dieser Instrumente ausrichten lässt.

2. Die zunehmende Wettbewerbsintensität erfordert eine Optimierung aller Unternehmensbereiche, um konkurrenzfähig zu bleiben.
3. Die zunehmende Dynamik der Produktlebenszyklen erhöht die Bedeutung von Mengeneffekten und erfordert schnelles Handeln.

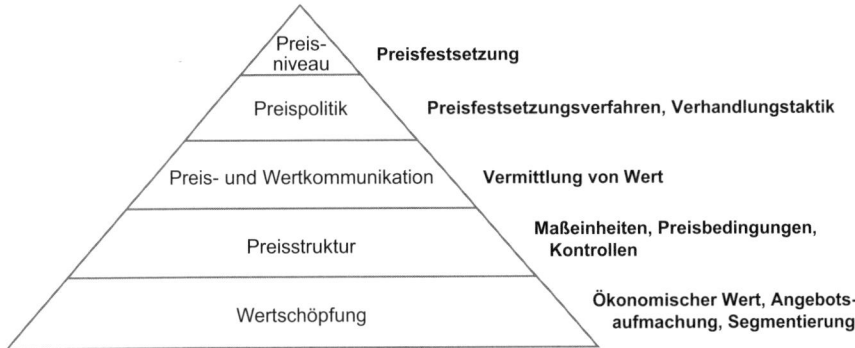

Abbildung C.1 Pyramide der strategischen Preisgestaltung (nach Nagle/Hogan 2007, S. 38)

Nagle/Hogan (2007, S. 37ff.) beschreiben verschiedene Ebenen des Preismanagements, die an der Preisstrategie ausgerichtet werden (Abbildung C.1). Die Basis für erfolgreiches Preismanagement besteht danach darin, Wert für die Kunden zu schaffen. Nur wer den Wert eines Produktes für den Nutzer versteht, kann eine Preisstruktur schaffen, die von den Konsumenten akzeptiert wird. Stehen diese beiden Komponenten nun fest, so müssen sie dem Kunden entsprechend kommuniziert und verständlich gemacht werden. Bevor über den finalen Preis entschieden wird, muss zudem das Preisfestsetzungsverfahren so definiert werden, dass eine Reaktion bei Veränderung der Rahmenbedingungen, beispielsweise einer Preisänderung eines Konkurrenten, flexibel erfolgen kann (vgl. Nagle/Hogan 2007, S. 37).

Oftmals wird die Preisstrategie nur dann angewandt, wenn neue Produkte in den Markt eingeführt werden und ein optimaler Preis kalkuliert werden muss. Doch auch bei einer Änderung der Produkte, der Preise für Produktionsfaktoren oder der Kundenwünsche muss eine Überprüfung der bisherigen Preisstrategie erfolgen (vgl. Hofbauer/Hellwig 2012, S. 246). Abbildung C.2 zeigt vier Entscheidungsbereiche, die die Preisstrategie abdecken muss, um das Maximum für das Unternehmen zu erreichen.

Das Preisniveau beschreibt die Lage der Unternehmenspreise relativ zum Durchschnitt der Wettbewerbspreise und wird in Kapitel 9 behandelt. An diesem Preisniveau orientieren sich daraufhin die einzelnen Preise der Produkte

C Die Preisstrategie

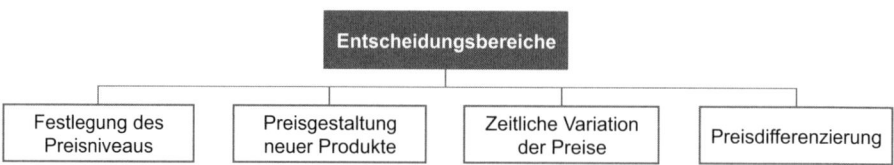

Abbildung C.2 Elemente der Preisstrategie
(nach Kuß/Kleinaltenkamp 2011, S. 284; Schuppar 2006, S. 72 f.)

im Unternehmen. In Bezug auf die zeitliche Variation der Preise muss das Konzept der dynamischen Preisentscheidungen in die Überlegungen einbezogen werden (s. Kapitel 10). Die Grundzüge der Preisdifferenzierung wurden bereits in Kapitel 6.4.1 beschrieben und sollen in Kapitel 10.2 noch näher erläutert werden.

8 Ziele des Preismanagements

Die Preisstrategie leitet sich aus der Unternehmensstrategie ab, aus diesem Grund müssen auch die mit der jeweiligen Strategie verfolgten Ziele aufeinander abgestimmt sein. Die Ziele des Preismanagements geben den operativen Instrumenten die Handlungsrichtung vor und müssen für ein erfolgreiches Handeln der Unternehmen klar definiert sein (vgl. Diller 2008, S. 211). Nichtsdestotrotz fehlt es in vielen Unternehmen an formulierten Preiszielen. Hofbauer/Hellwig (2012, S. 251) definieren 4 übergeordnete Ziele, an denen die Preisstrategie ausgerichtet werden soll:

- *Preislogik*

  Die Markteinführungspreise, die Preisentwicklung sowie die Preisdifferenzierungen müssen ein einheitliches und nachvollziehbares Bild ergeben.

- *Preisindividualisierung*

  Verschiedene Preisalternativen erlauben individuelle Kundenangebote. Die unterschiedliche Behandlung der Kunden muss jedoch nachvollziehbar und fair sein.

- *Preisattraktionen*

  Attraktive (Preis-)Angebote von Zeit zu Zeit belohnen treue Kunden, locken neue Kunden an und schaffen Aufmerksamkeit.

- *Preisimage*

  Alle Preise des Unternehmens müssen sich an dessen Preisimage ausrichten, um die Nachfrager nicht zu verunsichern und ein konsistenten Bild zu schaffen. Das Image hat eine Signalfunktion und dient den Nachfragern als Orientierung bei der Auswahl der Produkte.

Tabelle C.1 listet einige Beispiele für Preisziele auf und unterscheidet diese in unternehmensbezogene, handelsbezogene und konsumentenbezogene Ziele.

Obwohl bei der Definition darauf geachtet werden sollte, ist es oftmals nicht möglich, alle formulierten Ziele in gleichem Maße zu erreichen. Schließen sich zwei Ziele aus oder behindern sich gegenseitig in ihrer Erfüllung, so spricht man von einem Zielkonflikt. In diesem Fall muss abgewogen werden, welches Ziel Vorrang für das Unternehmen hat (vgl. Simon/Fassnacht 2009, S. 25).

Tabelle C.1 Ziele des Preismanagements (nach Bruhn 2010, S. 167)

Ziele des Preismanagements	
Unternehmensbezogene Ziele	Erhöhung von Absatz bzw. Umsatz
	Erhöhung des Marktanteils
	Erhöhung der Deckungsbeiträge und des Gewinns
Handelsbezogene Ziele	Verbesserung der Marktabdeckung
	Erhöhung des Distributionsgrades
	Sicherstellung eines einheitlichen Preisniveaus in unterschiedlichen Vertriebskanälen
Konsumentenbezogene Ziele	Verbesserung der wahrgenommenen Preisgünstigkeit/Preiswürdigkeit
	Beeinflussung der Preiswahrnehmung in eine bestimmte Richtung
	Gestaltung der Preiserwartung

In der Praxis wird häufig diskutiert, ob die Maximierung der Marktanteile oder des Gewinns oberste Priorität haben sollte. Allzu oft wird lediglich eine Maximierung des Marktanteils ohne Berücksichtigung des damit einhergehenden Gewinns angestrebt oder umgekehrt. Für eine ausführliche Auseinandersetzung mit diesem Thema sei auf die Literatur verwiesen (vgl. z.B. Simon/Fassnacht 2009 S. 27ff.; Diller 2008, S. 41ff.). Zusammenfassend kann jedoch gesagt werden, dass die Fokussierung einer einzigen Kenngröße in der Regel zu einer Vernachlässigung zahlreicher anderer Einflussfaktoren führt und daher nicht empfohlen werden kann. Vielmehr sollten Verantwortliche unterschiedliche Kenngrößen zur Bewertung von Alternativen heranziehen.

9 Preispositionierung

Die Positionierung ist ein wichtiger Bestandteil in der Marketingstrategie eines Unternehmens. Dabei kann sich die Positionierung sowohl auf ein Unternehmen, eine Marke, eine Produktgruppe oder auch ein einzelnes Produkt beziehen (vgl. Simon/Fassnacht 2009, S. 32). Es wird jedoch oftmals vergessen, dass die Positionierung nicht direkt mit dem Produkt oder der Dienstleistung in Zusammenhang steht. Die Positionierung eines Gutes oder auch eines Unternehmens bildet vielmehr dessen Wahrnehmung und Image in den Köpfen der Abnehmer ab. Diese Wahrnehmung wird durch eine Vielzahl von Faktoren beeinflusst, die über das Produkt hinausgehen und beispielsweise auch die Kommunikation zwischen Unternehmen und Abnehmer, sowie Verpackung und den Ort des Verkaufs umfasst. Großklaus (2006, S. 22) beschreibt die Positionierung folglich als „die Reflektion des Eindrucks, den die Konsumenten von einem bestimmten Produkt haben bzw. gelernt haben". Dabei sind diese Merkmale keineswegs ausschließlich auf die funktionale Leistung des Produktes begrenzt. Vielmehr müssen ebenso emotionale Leistungen durch ein Hervorrufen positiver Gefühle, symbolische Leistungen, die den Besitzer zu einer bestimmten Gruppe der Gesellschaft zuordnen, oder auch gesellschaftliche Leistungen, die Bedürfnisse anderer Personen berücksichtigen, konsistent sein mit der Positionierung des Produktes (vgl. Simon/Fassnacht 2009, S. 32f.).

Zu dieser eben genannten Vielzahl an Merkmalen, die das Bild des Produktes im Kopf des Konsumenten prägen, gehört auch dessen Preisniveau. Dieses muss mit den restlichen Positionierungsmerkmalen übereinstimmen. Diese Übereinstimmung ist umso wichtiger, je höher die Preistransparenz im Markt ist. Ist der Preis mehrerer Produkte einfach zu vergleichen, so muss er umso konsistenter zu anderen Merkmalen sein (vgl. Simon/Fassnacht 2009, S. 32).

Die Festlegung des Preisniveau muss gut durchdacht sein. Eine Änderung ist im Regelfall höchstens mittelfristig zu realisieren und mit viel Aufwand verbunden. Vor allem eine nachträgliche Anhebung birgt viele Herausforderungen. Die Gründe für die Probleme beim Wechsel des Niveaus liegen sowohl in der gefestigten Meinung des Kunden, als auch dem in der Regel auf das ursprüngliche Niveau angepasstem Leistungsangebot, das kurzfristig nicht geändert werden kann (vgl. Hofbauer/Hellwig 2012, S. 248).

Meffert (2010, S. 81) unterscheidet drei Formen der Preispositionierung, die in Tabelle C.2 dargestellt sind und im Folgenden beschrieben werden.

Tabelle C.2 Formen der Preispositionierung (Meffert 2010, S. 81)

Formen der Preispositionierung		
Generische Positionierung	Nutzenorientierte Positionierung	Wettbewerbsorientierte Positionierung
• Niedrigpreis-Position • Mittelpreis-Position • Hochpreis-Position	• Billig • Discount • Generika • Schnäppchen • Fairness • Value • Premium • Luxus	• Dominanter Preisführer • Barometrischer Preisführer • Preisfolger • Abgestimmtes Preisverhalten

9.1 Generische Preispositionierungsstrategien

Die Theorie der generischen Preispositionierung geht von der Annahme aus, dass die Kunden sowohl Preis als auch Qualität in eine der drei Kategorien niedrig, mittel oder hoch einstufen. Tabelle C.3 stellt mögliche daraus resultierende Strategien für Unternehmen dar. Erstrebenswert sind die Niedrig-, Mittel- und Hochpreisstrategie. Sowohl bei der Vorteils-, als auch bei der Übervorteilungsstrategie entsprechen sich die Höhe der Qualität und die Höhe des Preises nicht. Diese Strategien sind nicht zu empfehlen, da die erste langfristig zumeist unrentabel für das Unternehmen ist und die zweite von den Kunden nicht akzeptiert wird (vgl. Meffert 2010, S. 81f.).

Tabelle C.3 Generische Preispositionierungsstrategien (Meffert 2010, S. 82)

Qualität / Preis	Niedrig	Mittel	Hoch
Hoch	Vorteilsstrategie		Hochpreisstrategie
Mittel		Mittelpreisstrategie	
Niedrig	Niedrigpreisstrategie		Übervorteilungsstrategie

9.1.1 Niedrigpreis-Position

Diese Form der Positionierung ist dadurch charakterisiert, dass das Produkt lediglich die Mindestanforderungen des Kunden abdeckt. Dadurch entsteht beim Kunden die Forderung nach einem Preis, der so gering wie möglich gehalten wird und zumeist die Kostenführerschaft in diesem Segment voraussetzt. Diese Strategie ist in der Regel nur in der kostengünstigen Massenproduktion rentabel, sofern die Nachfrage entsprechend hoch ist (vgl. Meffert 2010, S. 82f.). Simon/Fassnacht (2009, S. 37) betonen allerdings, dass diese Form der Positionierung in den letzten Jahren enorm an Bedeutung gewonnen hat. Besonders sichtbar ist dies an der Verbreitung von Discountern in vielen Bereichen des Alltags wie bei Lebensmitteln, Drogerien, Möbeln oder sogar in der Luftfahrt. Diese Verbreitung steht jedoch nicht im Widerspruch zu der Aussage, dass diese Form der Positionierung oftmals auf lange Sicht nicht rentabel ist. Dies lässt sich an der kurzen Verweildauer so mancher Unternehmen in diesen Segmenten beobachten.

Ein Unternehmen, das zu dieser Strategie tendiert, sollte folglich darauf achten, dass das Niedrigpreissegment ausreichend groß ist. Zudem müssen die Kosten des Unternehmens so niedrig sein, dass der Preis auf Dauer gehalten werden kann. Kurzfristige Änderungen der Positionierung sind in der Regel nicht von Erfolg gekrönt. Des Weiteren muss die funktionale Leistung des Produktes trotz niedriger Kosten ausreichend sein, um die Kunden zufriedenzustellen (vgl. Simon/Fassnacht 2009, S. 42).

Simon/Fassnacht (2009, S. 43ff.) weisen auf eine neue Form der Niedrigpreis-Position hin: die Niedrigstpreis-Position. Diese zielt vor allem auf Menschen mit einem Einkommen unter 10.000 US-Dollar, die sich an westlichen Standards orientierte Produkte nicht leisten können. Das prominente Beispiel für ein Produkt dieses Segments ist das „Nano" genannte Auto des Herstellers Tata, das etwa 2000 US-Dollar kostet.

9.1.2 Mittelpreis-Position

Um in den Köpfen der Konsumenten eine Mittelpreis-Position einzunehmen, muss sich das Produkt im Vergleich zu einem Produkt mit Niedrigpreis-Position durch eine höhere, konstante Qualität abgrenzen (vgl. Meffert 2010, S. 83). Neben funktionalen Leistungskomponenten erwarten die Käufer des Weiteren ansprechendes Design und Verpackung sowie einige symbolische Leistungskomponenten, die sie von Käufern der Niedrigpreis-Produkte abgrenzen. Bezüglich des Sortiments finden sich bei Produkten der Mittelpreis-Position zudem in der Regel mehrere Varianten und Modelle, wobei die Auswahl nicht so differenziert ist wie bei Produkten der Hochpreis-Position (vgl. Simon/Fassnacht 2009, S. 49).

In der Praxis ist es schwierig, diese Position langfristig erfolgreich einzuhalten, da das Produkt sowohl mit günstigeren als auch mit teureren Produkten im Wettbewerb steht. In den letzten Jahren hat sich außerdem ein Trend entwickelt, der diese Art der Positionierung zusätzlich gefährdet. Wie bereits in Kapitel 4.2.2 beschrieben, entwickeln sich die Konsumenten zu hybriden Käufern, die durchschnittliche Qualität vermeiden. Dies bedeutet, dass sie in einer bestimmten Produktkategorie viel Wert auf Qualität legen und bereit sind, mehr Geld zu bezahlen, während sie in anderen Bereichen sehr preissensitiv sind. Dieser Trend hat zu einer veränderten Marktstruktur geführt, die in Abbildung C.3 dargestellt ist (vgl. Meffert 2010, S. 83ff.). Wie der Abbildung entnommen werden kann, werden Produkte der Mittelpreis-Position erheblich weniger nachgefragt als dies früher der Fall war. Um diesem Trend entgegen zu wirken, empfiehlt Prießnitz (2009, S. 167) eine kundenbindende Preispolitik, die die Abwanderung der Kunden mit Hilfe von Bonusprogrammen oder Preisbaukästen verhindern soll.

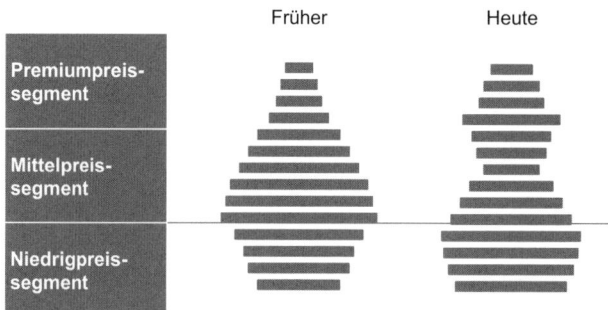

Abbildung C.3   Verschiebung der Preissegmente (Simon/Fassnacht 2009, S. 31)

Nichtsdestotrotz bescheinigen Simon/Fassnacht (2009, S. 52) dieser Form der Positionierung gute Chancen. So werden Produkte mit dieser Positionierung oft mit Werten wie fair, ehrlich und zuverlässig verbunden und machen sich die Aversion gegen Extreme zunutze.

9.1.3 Hochpreis-Position

Die Hochpreis-Position, auch als Premiumpreis-Position bekannt, wird zumeist bei Produkten angewendet, bei denen der Preis bei der Kaufentscheidung nur eine geringe Rolle spielt. Stattdessen dienen Qualität oder Service als Entscheidungskriterien. Diese Positionierung dezimiert die Anzahl potenzieller Abnehmer und beschränkt sich auf eine kleinere Zielgruppe, die den hohen Preis zahlen kann und will (vgl. Meffert 2010, S. 83). Im Vergleich zur Mittelpreis-Position rückt bei Produkten der Hochpreis-Position die funktionale Leistungskomponente im Verhältnis zu den emotionalen, symbolischen und gesellschaftlichen Leistungskomponenten in den Hintergrund. Sogar der Preis an sich kann im Rahmen dieser Positionierung als Abgrenzungsmerkmal Wert für den Kunden darstellen. Daher ist bei dieser Form der Positionierung ein konstanter Preis besonders wichtig. Wiederholte Preissenkungen, beispielsweise mit dem Ziel der Absatzsteigerung, sollten in jedem Fall vermieden werden, da ansonsten Käufer verärgert werden und das Image darunter leidet (vgl. Simon/Fassnacht, S. 54ff.).

Diese Form der Positionierung nutzt die geringe Preiselastizität der Käufer, bietet viele Differenzierungsmöglichkeiten der Produkte und birgt eine geringe Gefahr von Preiskriegen. Unternehmen in dieser Position müssen jedoch beständig in Qualität und Innovation investieren, um nicht von anderen Anbietern überholt zu werden. Außerdem gilt es auch in dieser Position, die Kosten und Komplexität des Unternehmens nicht außer Acht zu lassen (vgl. Simon/Fassnacht 2009, S. 60f.).

Simon/Fassnacht (2009, S. 61ff.) unterscheiden zusätzlich zur Hochpreis-Position die Luxuspreis-Position, zu der viele der derzeit am stärksten wachsenden Marktsegmente zählen. Produkte mit dieser Positionierung grenzen sich durch Extreme ab, sowohl in der Leistung als auch im Preis. Dieser kann im Vergleich zu Produkten der Hochpreis-Position fünf- bis zehnmal so hoch sein, während der Absatz zumeist nur aus wenigen hundert oder tausend Produkten besteht. Die Abgrenzung des Produktes von Wettbewerbsprodukten geschieht in der Regel nicht durch funktionale Merkmale, sondern vielmehr durch emotionale, symbolische und gesellschaftliche Leistungskomponenten. Wie in Kapitel 7.1.2 bereits beschrieben, bedingen Snob- und Veblen-Effekt eine ansteigende Preisabsatzfunktion.

Beispiele für Marken der eben beschriebenen Positionierungsformen können Tabelle C.4 entnommen werden.

Tabelle C.4 Markenbeispiele für generische Positionierungsformen (nach Prießnitz 2009, S. 164)

Markenklassen	Hochpreismarken	Mittelpreismarken	Niedrigpreismarken
Beispiele	Lexus, Mövenpick, Boss	VW-Golf, Sony, Nivea, Milka	Seat, Chantré, Ibis-Hotels
Merkmale	Prestigenutzen durch hohe Preise, Spitzenqualität, neueste Technik, Seriösität, Design	Überdurchschnittliche Qualität, hohe Preiswürdigkeit, breite Anerkennung am Markt	Günstiger Preis, hinreichende Qualität, breite Distribution und aktiver Marktauftritt

9.2 Nutzenorientierte Preispositionierung

Während sich die generische Preispositionierung an Qualität und Preis des Produktes orientiert, rücken bei der nutzenorientierten Preispositionierung der Kundennutzen und damit die ganzheitliche Leistung des Produktes in den Vordergrund. Es wird folglich nicht das Produkt an sich betrachtet, sondern die damit verbundene Lösung für ein Problem, das der Kunde mit dem Kauf des Produktes beseitigen möchte (vgl. Meffert 2010, S. 86).

Diller (2008, S. 257) definiert die von ihm preisstrategische Kundennutzenkonzepte genannten Formen der Positionierung wie folgt: „Preisstrategische Kundennutzenkonzepte sind ganzheitliche Entwürfe zur Lösung von Preisproblemen bei den Kunden, die ein möglichst einzigartiges Preisversprechen („UPP" = Unique Price Proposition) definieren, das im Wettbewerb profilieren und die Kunden an das Unternehmen binden kann."

Der Kundennutzen lässt sich mit Hilfe des Preis-Leistungs-Verhältnisses, das in Kapitel 2.1.1 beschrieben wurde, ausdrücken:

$$p = \frac{Entgelt}{Leistungsumfang} \qquad \text{Formel 24}$$

Weist p einen Wert gegen ∞ auf, so entspricht dies einem Produkt der Luxuspositionierung, da der Preis im Verhältnis zur Leistung überproportional hoch ist. Meffert (2010, S. 86) empfiehlt als Zielwert ein Preis-Leistungs-Verhältnis zwischen 0 und 1, da in diesem Bereich der Nutzen höher ist als der Preis und ein Wert größer 1 schwierig zu kommunizieren und durchzusetzen ist.

Abbildung C.4 soll die Aspekte der generischen und nutzenorientierten Positionierung vergleichen sowie zugehörige strategische Optionen aufzeigen. Auffällig an der Aufteilung der Nutzenpositionen ist, dass im Bereich der niedrigen

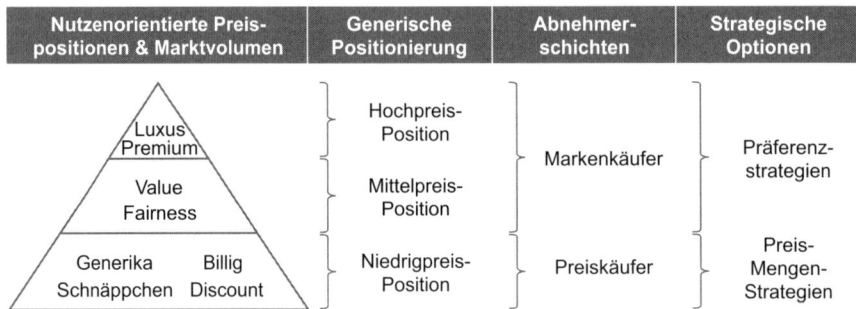

Abbildung C.4 Nutzenorientierte Preispositionen und Marktstrukturen (nach Meffert 2010, S. 87)

Tabelle C.5 Nutzenorientierte Preispositionen (nach Meffert 2010, S. 88 ff., Diller 2008, S. 259ff.)

Nutzenorientierte Preispositionen		
Position	**Beschreibung**	**Beispiel**
Billig	Fokus auf einen möglichst niedrigen Preis ohne Qualitätsansprüche (reine Preisgünstigkeit)	Formule 1
Discount	Dauerniedrigpreise bei durchschnittlicher Qualität	Ryanair
Generika	Beschränkung auf Grundfunktionen; Nachahmung von Produkten höherpreisiger Segmente	Ratiopharm
Schnäppchen	Verkauf des Produktes unter marktüblichem Preis; Positionierung für Hersteller im Gegensatz zu Händlern schwierig	Media-Markt
Fairness	Marktgerechtes Preis-Leistungs-Verhältnis, ehrliches und konsistentes Preisverhalten	IKEA
Value	Übererfüllung des Kundennutzens, Betonung der Preiswürdigkeit	Ferrero
Premium	Hohe Produktqualität zu hohen Preisen	Boss
Luxus	Überragende Leistung, höchste Exklusivität durch geringe Serienanzahl, Hand- oder Auftragsfertigung	Rolex

Preise besonders viele Positionierungen aufzufinden sind. Die strategischen Optionen ergeben sich aus den jeweils absetzbaren Mengen, die das Resultat der jeweiligen Größe des Segmentes sind (vgl. Meffert 2010, S. 86f.).

Eine Übersicht der unterschiedlichen nutzenorientierten Positionierungsformen bietet Tabelle C.5.

Ein Unternehmen kann durchaus mit verschiedenen Produkten mehrere Positionen besetzen und so sein Angebot diversifizieren. Dabei ist es jedoch essenziell, die verschiedenen Produkte klar mit Hilfe von Preissegmentierung und Differenzierung zu trennen (vgl. Meffert 2010, S. 90f.).

9.3 Wettbewerbsorientierte Preispositionierung

Die Formen wettbewerbsorientierter Preispositionierung sollten von allen Unternehmen ohne Monopolstellung in Betracht gezogen werden, um entscheiden zu können, wie die Produkte im Vergleich zu Wettbewerbsprodukten wahrgenommen werden sollen. Sowohl bei den betrachteten generischen als auch bei den nutzenorientierten Arten der Positionierung war die absolute Preishöhe der Produkte ausschlaggebend. Die wettbewerbsorientierten Formen betrachten nun die Preishöhe in Relation zu Wettbewerbspreisen, der absolute Betrag tritt dabei in den Hintergrund.

Die Positionierung der Wettbewerber muss vor allem bei Produkten ähnlicher Qualität bei der Preisentscheidung berücksichtigt werden. Des Weiteren muss die eigene Position auch bei einer Veränderung der Wettbewerberpositionen überprüft werden (vgl. Meffert 2010, S. 91f.). Die Grundlage der wettbewerbsorientierten Preisorientierung ist daher eine intensive Auseinandersetzung mit den Fragen, welche Marktteilnehmer relevante Konkurrenten sind, welche Vor- und Nachteile sie gegenüber anderen Marktteilnehmern haben und welche Strategien sie jetzt und in der Zukunft verfolgen. Dabei sind nicht nur die preislichen Aspekte zu berücksichtigen, sondern ebenso die Kostenpositionen der Wettbewerber sowie der Nutzen, welchen sie den Konsumenten bieten (vgl. Pechtl 2005, S. 128). Diller (2008, S. 267) empfiehlt, darüber hinaus folgende vier Elemente in die Überlegungen einzubeziehen:

- den Stellenwert von Preisvorteilen im Marktauftritt
- das Aktivitätsniveau der Preispolitik
- die Preisaggressivität der Wettbewerber
- die Rollen der Wettbewerber (z.B. Preisfolger, Preisführer)

Am genauesten sind dabei die Konkurrenten zu beobachten, deren Produkte in einer ähnlichen Preislage zu finden sind. Pechtl (2005, S. 130) nennt das Resultat dieser Fokussierung asymmetrische Wettbewerbsstruktur, da Wettbewerbern außerhalb der eigenen Preislage überproportional wenig Aufmerksamkeit geschenkt wird. Pechtl weist außerdem darauf hin, dass preispolitische Aktionen eines Anbieters sich stärker auf Anbieter der niedrigeren als auf die der höheren Preislagen auswirken.

Im Folgenden sollen mögliche Formen der wettbewerbsorientierten Preispositionierung näher beschrieben werden.

9.3.1 Preisfolgerschaft

Die Preisfolgerschaft, auch Preisanpassungsstrategie genannt, geht einher mit passivem Preismanagement, das lediglich auf Aktivitäten der Konkurrenten reagiert. Diese Form der Positionierung ist in der Regel nicht optimal, um die eigenen Ziele zu erreichen.

Hat sich ein Unternehmen dennoch für die Preisanpassungsstrategie entschieden, so gibt es zwei Möglichkeiten der Variation der Preise. Werden diese stets an die Preise der Konkurrenten angeglichen, so wird dieses Vorgehen Chamberlin-Modell genannt. Im Rahmen dieses Modells erfolgt die Preisfestsetzung durch die Einhaltung einer absoluten oder relativen Relation des eigenen Preises zum Konkurrenzpreis. Dieses Modell entbindet den Unternehmer von Preiskalkulationen, da er lediglich dafür sorgen muss, den Preisabstand einzuhalten. Dieses Modell wird in der Praxis zumeist von Unternehmen gewählt, die von einer überlegenen Marktübersicht der Wettbewerber überzeugt sind. Wählt der Anbieter die so genannte Cournot-Anpassung, so akzeptiert er zwar auch die Konkurrenzpreise als gegebene, unveränderliche Rahmenbedingungen, versucht aber zumindest die eigene Position bestmöglich an das neue Preisniveau anzupassen (vgl. Meffert 2010, S. 94f.; Pechtl 2005, S. 130ff.). In der Praxis wird die Form der Preisfolgerschaft vor allem in Märkten mit homogenen Produkten angewendet, da in diesem Fall ein Abweichen der Preise vom Marktdurchschnitt nur schwer zu begründen ist. Je differenzierter die Produkte, desto eher sollte allerdings von diesem Modell Abstand genommen werden. In Bezug auf die Kostenstruktur bedingt die Preisfolgerschaft oftmals ein so genanntes Target Costing, das ausgehend von dem am Markt erzielbaren Preis die vom Markt erlaubten Kosten zum Ergebnis hat, die in jedem Fall erreicht oder unterschritten werden müssen (vgl. Pechtl 2005, S. 131f.).

Ein Unternehmen kann im Falle einer doppelt geknickten Preisabsatzfunktion den Preis innerhalb bestimmter Grenzen (so genannter Präferenzspielraum) variieren (vgl. Kapitel 5.3.2), ohne dass dies Reaktionen der Wettbewerber mit sich bringen muss. In der Praxis ist die Bestimmung dieser Grenzen jedoch äußerst schwierig. Daher sollten die Entscheider etwaige Konsequenzen einer Überschreitung dieser Grenzen in jedem Fall in die Entscheidung einbeziehen.

9.3.2 Dominante Preisführerschaft

Diese Art der Preisführerschaft erlaubt eine proaktive Preissetzung, an der sich die Wettbewerber orientieren. Dabei müssen deren zu erwartende Reaktionen in die Entscheidung einbezogen werden. Je nach Marktgegebenheiten kann zwischen verschiedenen Modellen unterschieden werden, die in Tabelle C.6 abgebildet sind (vgl. Meffert 2010, S. 93).

Tabelle C.6 Nutzenorientierte Formen der Positionierung (nach Meffert 2010, S. 93)

Modelle dominanter Preisführerschaft	
Modell	**Beschreibung**
Stackelberg	Überlegenheitsstrategie; Zeitnahe (Cournot-)Anpassung der Wettbewerbspreise
Chamberlin	Zeitnahe (Chamberlin-)Anpassung der Wettbewerbspreise und identisches Verhalten der Wettbewerber
Bowley	Wettbewerbspreise konstant; Potenzial für Preissenkung nur bei aktivem Unternehmen; Möglichkeit des Preiskampfes

9.3.3 Barometrische Preisführerschaft

Im Gegensatz zur dominanten Preisführerschaft bestimmen bei der barometrischen Form mehrere Unternehmen das Geschehen am Markt. In der Praxis ist diese Form der Preisführerschaft zumeist auf oligopolistischen Märkten zu beobachten. Dort ist eine alleinige Preiserhöhung durch einen Anbieter unwahrscheinlich, da dies für ihn einen unmittelbaren Absatzrückgang bedeuten würde. Im Falle einer Preissenkung hingegen müssen die Wettbewerber unmittelbar reagieren, um einem Nachfragerückgang entgegenzuwirken. Als barometrischer Preisführer wird folglich derjenige Marktteilnehmer bezeichnet, der die Preisänderung als erster vornimmt. Auf dem Markt liegt ein paralleles Preisverhalten vor, bei dem Preisänderungen vom barometrischen Preisführer angestoßen werden. Dabei kann eine Änderung der Preise mehrerer Marktteilnehmer auch durch eine Veränderung einer allgemeinen Situation begründet sein, wie zum Beispiel einem Anstieg der Rohstoffkosten. Damit Wettbewerber zeitnah auf neue Preise reagieren, wird zumeist ein Signal von einem der Unternehmer gesetzt, das eine bevorstehende Preisänderung ankündigt. Sollten die Wettbewerber nicht wie geplant reagieren, so ist unter Umständen eine weitere Preisänderung nötig (vgl. Meffert 2010, S. 93f.; Pechtl 2005, S. 136f.)

9.4 Anpassung der Preispositionierung

Die Positionierung eines Unternehmens oder Produktes muss mittel- bis langfristig festgelegt werden. Nichtsdestotrotz ist es wichtig, die Positionierung regelmäßig zu überprüfen, da durch eine Veränderung der Rahmenbedingungen Anpassungen nötig werden können. Simon/Fassnacht (2009, S. 70ff.) zählen drei Auslöser auf, die eine Reaktion erfordern:

- Verschiebung der Kundenpräferenzen
- Innovationen und neue Technologien
- Konkurrenzeintritte

Als prominente Beispiele dynamischer Positionierung können die Automarken Opel und BMW genannt werden. Während Opel in den 50er und 60er Jahren im Premiumsegment positioniert war, war BMW bekannt für Motorräder und Kleinstwagen. Diese Positionierungen haben sich nun umgekehrt. Opel ist derzeit ein Vertreter des Massensegments, während BMW seine Strategie konsequent und erfolgreich auf das Premiumsegment ausgerichtet hat. Die Zeitspanne von mehr als 50 Jahren lässt jedoch erkennen, dass eine Repositionierung keineswegs kurzfristig erfolgen kann. Dies liegt zum einen an der Trägheit der Kundenwahrnehmungen, zum anderen aber auch an der gesamten strategischen Ausrichtung des Unternehmens. So können Anbieter des Premiumsegmentes ihre Kostenstruktur zumeist nicht der von Unternehmen niedrigpreisiger Segmente anpassen, während es umgekehrt für diese schwierig ist, die Qualitätsstandards kurzfristig stark genug zu erhöhen. Eine in der Praxis häufig zu beobachtende Alternative ist daher die Schaffung neuer Marken, die die gewünschte Marktposition einnehmen sollen. Ein Beispiel hierfür ist das Unternehmen Mercedes Benz, das das Unternehmen Smart zur Abdeckung eines neuen Segmentes gegründet hat. Eine weitere Möglichkeit besteht in der Akquisition von Unternehmen, die die gewünschte Positionierung besitzen (vgl. Simon/Fassnacht 2009, S. 72ff.).

10 Mehrdimensionale Preisstrategien

Ein Preissystem kann anhand von drei Dimensionen charakterisiert werden (vgl. Kapitel 6): Zeit, Bedienung der Nachfrager und Sortiment. Verschiedene Möglichkeiten mehrdimensionaler Preisstrategien wurden in den vorherigen Kapiteln bereits angesprochen und sollen nun detaillierter betrachtet werden.

10.1 Die Dimension Zeit: Strategie der zeitlichen Preisvariation

Während für die Festlegung des Einführungspreises sowie der Differenzierungsmöglichkeiten oftmals viel Zeit und Mühe aufgewendet wird, wird die Planung der weiteren Entwicklung des Produktpreises in vielen Unternehmen vernachlässigt. Das Preismanagement wird fälschlicherweise als statisches Instrument angesehen. Die strategische Planung des Preises in Abstimmung mit dem Produktlebenszyklus ist allerdings entscheidend für die Sicherung eines nachhaltigen Erlös- und Gewinnpotenzials (vgl. McLachlan/Viertler 2007, S. 179; Hofbauer/Hellwig 2012, S. 246). Viele Fehlentscheidungen im Preismanagement sind daher Folgen einer ungenügenden Berücksichtigung der Marktdynamik sowie derer Auswirkungen auf den Produktpreis. Wie in Kapitel 6.2 beschrieben, müssen also dynamische Preisentscheidungen unter Berücksichtigung mehrerer Planungsperioden getroffen werden. Diese Vorgehensweise ist umso wichtiger, je innovationsstärker die Branche ist. Vor allem bei innovationsintensiven Branchen ist Zeit ein besonders kritischer Faktor und muss unbedingt in die Planungen einbezogen werden (Hofbauer 2004). Das Ziel der Überlegungen ist dabei keineswegs die exakte Vorgabe der Preise über mehrere Jahre hinweg. Dies ist aufgrund der Vielzahl an Einflussfaktoren sowie deren zahlreichen Entwicklungsmöglichkeiten auch nicht realistisch. Vielmehr soll eine strategische Richtung für die Gestaltung des Preismanagements über einen längeren Zeithorizont vorgegeben und, wenn nötig, sollen Anpassungen vorgenommen werden (vgl. Meffert 2010, S. 143f.). McLachlan/Viertler (2007, S. 182f.) haben drei Ansatzpunkte identifiziert, die für ein erfolgreiches dynamisches Preismanagement entscheidend sind (Abbildung C.5).

Grundlage für eine schnelle Reaktionsfähigkeit auf Veränderungen im Markt oder Unternehmen, also aktives Preismanagement, ist eine kontinuierliche

10 Mehrdimensionale Preisstrategien

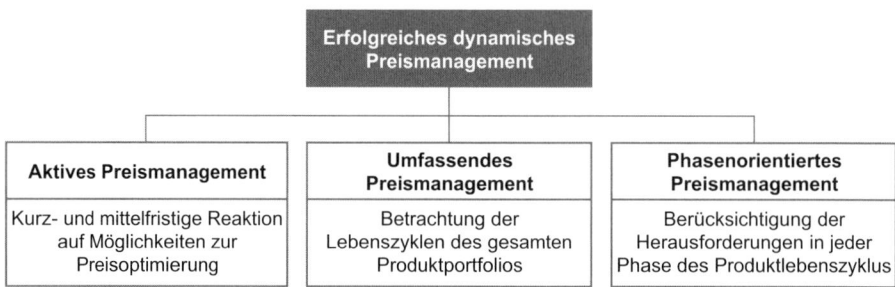

Abbildung C.5 Ansatzpunkte für erfolgreiches dynamisches Preismanagement (nach McLachlan/Viertler 2007, S. 182f.)

Analyse von Unternehmens-, Kunden- und Wettbewerbsdaten. Das umfassende Preismanagement ergänzt darauf aufbauende Entscheidungen um Einflussfaktoren, die aus den Abhängigkeiten zwischen Produkten entstehen. Das phasenorientierte Preismanagement bezieht zudem das Wissen um Besonderheiten einzelner Lebenszyklusphasen ein.

Um auf notwendige Preisänderungen vorbereitet zu sein, müssen Entscheider daher im Voraus bestimmte Fragen so gut wie möglich beantworten, um zum Zeitpunkt einer Preisänderung eine fundierte Entscheidung treffen zu können. Zu diesen Fragen zählen Simon/Fassnacht (2009, S. 314) zum einen die Auswirkungen der Preisänderungen. Diese können symmetrisch als auch asymmetrisch und proportional oder nicht proportional sein. Zum anderen ist es für ein Unternehmen interessant, abschätzen zu können, in welcher Geschwindigkeit und mit welchen Schwankungen eine Anpassung der Absatzmenge nach einer Preisänderung erfolgt (vgl. Kapitel 6.2). Die Erkenntnisse, die durch die Beantwortung dieser Fragen gewonnen werden können, müssen dann konsequent für die Festlegung einer langfristigen Strategie genutzt werden, die mögliche und notwendige Preisvariationen beinhaltet.

Eine Preisvariation ist definiert als eine bewusste Veränderung des Angebotspreises innerhalb einer Planungsperiode. Dabei kann diese Veränderung sowohl dauerhaft, als auch temporär, das heißt für einen begrenzten Zeitraum, gelten. Diller (2008, S. 357 ff.) unterscheidet außerdem das so genannte Yield Management, das eine optimale Auslastung der Kapazitäten zum Ziel hat. Im Gegensatz zu Formen der zeitlichen Preisdifferenzierung (s. Kapitel 10.2.3) sind temporäre Preisänderungen für den Kunden nicht vorhersehbar. Geplant werden können Preisänderungen sowohl kurzfristig, beispielsweise wöchentlich oder halbjährlich als auch langfristig, falls die Preisvariationen bereits zum Zeitpunkt der Produkteinführung für den gesamten Lebenszyklus feststehen. Abbildung C.6 zeigt verschiedene Erscheinungsformen der Preisvariation.

10.1 Die Dimension Zeit: Strategie der zeitlichen Preisvariation

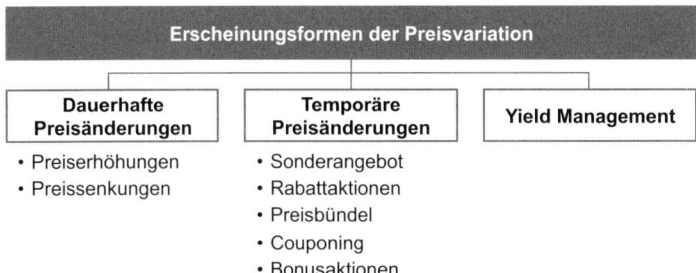

Abbildung C.6 Erscheinungsformen der Preisvariation (Diller 2008, S. 358)

Preisänderungen führen nicht ausschließlich, wie der Name vermuten lässt, zu einer Veränderung des Kaufpreises, sondern können auch durch eine Veränderung der Produktleistungen herbeigeführt werden. Abbildung C.7 zeigt verschiedene Möglichkeiten der Preisänderung.

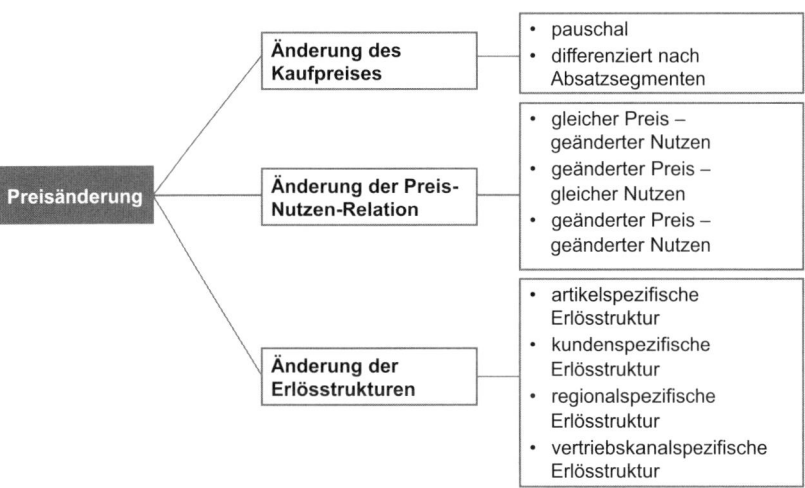

Abbildung C.7 Ansatzpunkte für Preisänderungen (nach Diller 2008, S. 366)

So kann eine Preisänderung sowohl für alle Käufer des Produktes als auch nur für bestimmte Absatzsegmente erfolgen. Des Weiteren kann die Preis-Nutzen-Relation durch zusätzliche Produkteigenschaften bei gleichem Preis, einer Preisänderung bei gleichem Nutzen oder einer Kombination dieser Möglichkeiten verändert werden. Die dritte Alternative der Preisänderung ist die Umgestaltung der Erlösstrukturen. So kann eine Verschiebung der artikelspezifischen Anteile am Ertrag eines Unternehmens durch eine Fokussierung der Kommunikationsaktivitäten auf hoch- oder niedrigpreisige Produkte eines Unternehmens realisiert werden. Des Weiteren bietet sich auch die Möglichkeit einer Priorisierung bestimmter Kundengruppen oder Absatzregionen sowie die Verstärkung von Bemühungen, Produkte mittels eines bestimmten Vertriebskanals abzusetzen. Diese Beispiele zeigen, dass sich preispolitische Ziele auch ohne eine Veränderung des Kaufpreises realisieren lassen, wenn eine entsprechende Strategie verfolgt wird, die konsequent alle Elemente des Marketing-Mix bei der Verfolgung der Ziele einbezieht.

Die Bestimmung der Kaufpreise im Rahmen von Preisänderungen ist ähnlich aufwendig wie die Bestimmung des Einführungspreises. Zwar steht zu diesem Zeitpunkt die Preislage bereits fest, die übrigen Umfeldbedingungen müssen allerdings aufs Neue analysiert und in die Entscheidung einbezogen werden. Des Weiteren müssen auch bei Preisänderungen Ziele formuliert werden, die durch die Variation erreicht werden sollen. Nur so kann der Erfolg des Vorhabens zu einem späteren Zeitpunkt gemessen und möglichen Fehlentwicklungen gegengesteuert werden. Diller (2008, S. 369) listet vier Kriterien einer erfolgreichen Preisänderung auf:

- Die Erreichung der angestrebten Ertragsziele
- Die Erreichung des angestrebten Wachstums
- Die Eingrenzung der Preisrisiken
- Die Verbesserung oder Beibehaltung des bisherigen Preisimages

In der Praxis führen Preisänderungen oftmals nicht zum gewünschten Erfolg. Ein weit verbreiteter Irrtum ist, dass Preissenkungen durch eine Absatzerhöhung zu einer Gewinnsteigerung führen. Diese Annahme trifft nur bei sehr elastischen Märkten zu, in denen eine Preissenkung auf eine verhältnismäßig hohe Absatzsteigerung trifft. Zudem muss das Unternehmen in der Lage sein, entweder Neukäufer zu akquirieren oder Bestandskunden zu Mehrkäufen zu motivieren. Ebenso verbreitet ist die Furcht, bei Preiserhöhungen Kunden zu verlieren, weswegen auf diese Preisänderung oftmals verzichtet wird. Dieser Effekt kann jedoch in den meisten Fällen durch gezielte Kommunikation derart abgeschwächt werden, dass die Preiserhöhung den Kundenrückgang wenigstens kompensiert.

Im Rahmen von Preisanpassungen müssen zahlreiche Effekte berücksichtigt werden, die sowohl Auswirkungen auf die Kundenwahrnehmung als auch als Konsequenz auf den Erfolg der Anpassung haben. Diese Effekte werden in Kapitel 10.1.1 aufgeführt, bevor die verschiedenen Formen der Preisänderung näher erläutert werden.

10.1.1 Effekte von Preisvariationen

Die Auswirkungen von Preisänderungen auf Konsumenten sind vielfältig und aufgrund der individuellen Reaktionen potenzieller Kunden nicht in ihrer

Gesamtheit zu erfassen. Dennoch hat Diller (2008, S. 359ff.) sechs Effekte identifiziert, die im Rahmen einer Preisvariation von den Entscheidern berücksichtigt werden sollten.

Preisniveaueffekt

Der Preisniveaueffekt besagt, dass Preisvariationen eine Veränderung der abgesetzten Menge zur Folge haben. So werden, entsprechend der jeweiligen Preisabsatzfunktion, in der Regel nach Preiserhöhungen weniger, nach Preissenkungen mehr Produkte verkauft. Ist die Preiselastizität $|\varepsilon| < 1$, so steigt jedoch trotz Preiserhöhung und einer Verminderung des Absatzes der Umsatz und der Gewinn. Ist der absolute Wert der Preiselastizität größer 1, so sorgen neue Kunden und Mehrkäufe unter Umständen auch bei Preissenkungen für höheren Gewinn. Dabei werden aufgrund der Preissenkung meist nicht nur mehr Produkte gekauft, sondern wird zusätzlich der Kauf weiterer Produkte zeitlich vorverlagert sowie generell mehr konsumiert (vgl. Diller 2008, S. 359f.)

Referenzpreiseffekt

Dieser Effekt wurde in Kapitel 7.2.1.2 bereits ausführlich behandelt. Im Rahmen der Preisvariation erklärt dieser Effekt extreme Absatzveränderungen, die nicht alleine mit dem Preisniveaueffekt begründet werden können. Der Effekt ist auf einen Vergleich des aktuellen Angebotspreises mit einem Referenzpreis der Kunden zurückzuführen. Im Rahmen von Preissenkungen wird folglich ein positives Gefühl ausgelöst, ein besonders günstiges Angebot zu bekommen, während bei Preiserhöhungen der Widerstand, das Produkt zu kaufen, hoch ist. Dieser Effekt wird mit der Zeit geringer, während sich der Referenzpreis an das neue Niveau anpasst. In der Praxis kann der Effekt bei Preissenkungen durch eine Gegenüberstellung des alten und neuen Preises am Point of Sale verstärkt werden. Im Rahmen von Preiserhöhungen hingegen sollten vor allem – sofern vorhanden – Vorteile wie neue Produktfunktionen, die mit der Erhöhung in Zusammenhang stehen, kommuniziert werden (vgl. Diller 2008, S. 360f.)

Kannibalisierungseffekt

Preissenkungen können zu Mehrkäufen sowie zeitlicher Vorverlagerung der Käufe führen. Die zeitliche Vorverlagerung geht jedoch zu Lasten zukünftiger Umsätze. Dieser Effekt ist vor allem im Rahmen kurzfristiger Preisaktionen zu beobachten, bei denen die Konsumenten einen erneuten Anstieg der Preise erwarten. Zudem kann ein so genannter „Spill-Over-Effekt" auftreten, sofern Kunden das zuvor teurere Produkt nun anstelle der billigeren Variante kaufen, was beispielsweise im Automobilmarkt häufig zu beobachten ist. Im Falle einer Preiserhöhung hingegen können Absatzverluste sowohl durch eine Abwanderung der Kunden zu Konkurrenten als auch ein Ausweichen auf niedrigpreisigere Produkte entstehen. Diese Effekte können nur mit einer abgestimmten Preislinienpolitik vermieden werden, im Rahmen derer alle Produkte vor einer Preisänderung in die Überlegungen einbezogen werden (vgl. Diller 2008, S. 361f.).

Preiserwartungseffekt

Erwarten Kunden in der Zukunft weitere Preissenkungen, so werden Käufe falls möglich auf einen späteren Zeitpunkt verlegt und die aktuelle Preissenkung zeigt keine Wirkung. Dies ist in der Praxis besonders häufig bei der Einführung von Innovationen in den Markt zu beobachten. Konträr dazu werden bei erwarteten Preiserhöhungen die Käufe vorgelagert, was trotz Preissteigerungen zu steigenden Absatzzahlen führt (vgl. Diller 2008, S. 362f.)

Segmentierungseffekt

Kurzfristige Preisaktionen stellen eine Form der Segmentierung dar, in Folge derer preisachtsame Kunden zu einem niedrigeren Preis einkaufen können als Konsumenten, die Preisaktionen weniger Aufmerksamkeit schenken. Dies kann unter Umständen die Loyalität der Kunden gefährden, sofern treuen Kunden die Aktion nicht entsprechend kommuniziert wird und lediglich so genannte „Schnäppchenjäger" davon profitieren (vgl. Diller 2008, S. 363f.).

Wettbewerbseffekt

Preisänderungen haben oftmals Auswirkungen auf die Positionen im Wettbewerb, welche in die Überlegungen einbezogen werden müssen. Dabei ist der Wettbewerb in ähnlichen Preislagen intensiver als beispielsweise zwischen Niedrig- und Premiumposition (vgl. Diller 2008, S. 364). Anbieter sollten erwartete Reaktionen der Konkurrenten abschätzen und Preiskriege möglichst vermeiden, da diese zumeist für alle Beteiligten in Verlusten resultieren.

10.1.2 Formen der zeitlichen Preisvariation

10.1.2.1 Dauerhafte Preisänderungen

Dauerhafte Preisänderungen besitzen im Gegensatz zu temporären Preisaktionen (s. Kapitel 10.1.2.2) längerfristige Gültigkeit. Sie sind vor allem dann nötig, wenn sich die Umfeldbedingungen, die zur Festsetzung des derzeitigen Kaufpreises verwendet wurden, verändert haben. Ein weiterer Einflussfaktor, der eine Aktualisierung der Angebotspreise erfordert, ist eine Veränderung der Kostensituation eines Unternehmens. Im Vergleich zur Berechnung des Einführungspreises muss bei der Festsetzung einer Preisveränderung gemäß der

Theorie des Referenzpreises (vgl. Kapitel 7.2.1.2) nun auch der bisherige Kaufpreis in die Überlegungen einbezogen werden. Diller (2008, S. 375) weist darüber hinaus besonders auf die Bedeutung der Auswirkungen einer Preisänderung auf Wettbewerber hin. Entscheider müssen sichergehen, die wahrscheinlichen Reaktionen auf die Preisänderung vorauszusagen und in den Entscheidungsprozess einzubeziehen. So ist mit besonders starken Reaktionen zu rechnen, wenn durch die Preisänderung eine Annäherung an die Preis-Nutzen-Relation eines Wettbewerbers erfolgt, der dann seine Position entsprechend anpassen muss.

Ein häufiger Fehler im Rahmen dauerhafter Preisänderungen ist eine mangelnde Konsequenz der Verantwortlichen. So wird im Falle einer nicht kurzfristig eintretenden positiven Reaktion des Marktes auf die Preisänderung diese oftmals zu schnell rückgängig gemacht. Dabei zeigen Ergebnisse der OC&C Preisstudie 2010/2011, dass sich die Preisänderungen teils erst nach zwei bis drei Jahren in der Konsumentenwahrnehmung niederschlagen und vor allem die Unternehmen erfolgreich sind, die ihre Strategie langfristig und konsequent verfolgen (vgl. OC&C, 2011).

10.1.2.2 Temporäre Preisänderungen

Das primäre Ziel temporärer Preisänderungen – auch Preispromotions genannt – ist oftmals die Attraktion von Kunden, die das Produkt zum regulären Preis zunächst nicht kaufen würden. Vor allem seit dem Wegfall des Rabattgesetzes und der Zugabeverordnung im Jahr 2001 haben Einsatz und Art der Instrumente von Preispromotions deutlich zugenommen (vgl. Simon/Fassnacht 2009, S 495). Preispromotions können je nach Initiator und Zielgruppe unterschieden werden, wie Abbildung C.8 zeigt.

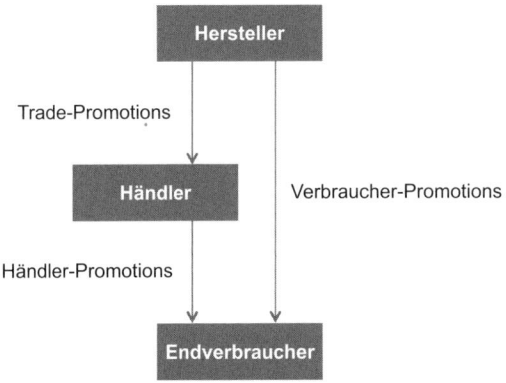

Abbildung C.8 Ebenen von Preispromotions (Pechtl 2005, S. 282)

Diller (2008, S. 386) zählt zu den Charakteristika temporärer Preisänderungen die zeitliche Befristung sowie die Unregelmäßigkeit. Die Teilentscheidungen, die im Rahmen einer temporären Preisaktion getroffen werden müssen, sind in Tabelle C.7 dargestellt und werden im Folgenden beschrieben.

Tabelle C.7 Teilentscheidungen für Preisänderungen (nach Diller 2008, S. 386f.)

1	Grundsatzentscheidung!
2	Wahl des Artikels und der Zielgruppe
3	Modalität
4	Höhe
5	Begleitende Aktivitäten
6	Timing
7	Aktionsmenge

Zunächst muss die (Grundsatz-)Entscheidung für oder gegen eine temporäre Preisänderung getroffen werden. Gründe, warum vom berechneten Angebotspreis abgewichen werden sollen, zeigt Tabelle C.8.

Tabelle C.8 Ziele temporärer Preisvariationen (nach Diller 2008, S. 387f.)

Ziele temporärer Preisvariationen		
Innengerichtet	**Handelsbezogen**	**Verbraucherbezogen**
• Liquiditätsengpässe • Abbau überhöhter Lagerbestände • Unterstützung des Außendienstes	• Anpassung der Machtverhältnisse in den Absatzkanälen • Förderung des Produktes seitens Handel (Platzierung, Bewerbung, …) • Aufbau des Lagerbestandes • Verbesserung von Markttransparenz und Marktpräsenz	• Überproportionale Absatzausweitung durch Vorratskäufe/ Markenwechsler • Erhöhte Markenbindung

Ist die Grundsatzentscheidung gefallen, muss entschieden werden, mit welchem Artikel des Sortiments die gewünschte Zielgruppe am besten erreicht werden kann. Zumeist werden so genannte Eckartikel ausgewählt, die einen hohen Einfluss auf das Preisimage des Geschäfts haben, oder solche, die besonders viele Laufkunden anziehen. Unterschiedliche Möglichkeiten der Preisänderung wurden bereits in Abbildung C.7 dargestellt. So gibt es beispielsweise die Möglichkeit einer Senkung des Preises oder auch der Erhöhung des Kundennutzens bei Beibehaltung des Preises. Die Höhe der Preisänderung sollte im nächsten Schritt durch möglichst genaue Kalkulationen festgesetzt werden, um defizitäre Entscheidungen zu vermeiden. Dabei muss unter anderem berücksichtigt werden, woher die geplante Absatzsteigerung kommen kann. Werden Käufe lediglich vorgezogen oder eine Marke nur kurzfristig gewechselt, so vermindern diese Wirkungen den Gewinneffekt der Preisänderung. Häufig treten Preisnachlässe nicht gesondert auf, sondern werden in eine Werbekampagne integriert. Ist dies der Fall, so muss die Preisänderung auf weitere Aktivitäten wie Verkaufsförderung abgestimmt werden, wodurch der Effekt der beiden Maßnahmen deutlich erhöht werden kann. Pechtl (2008, S. 289) zitiert eine Studie, die zu dem Ergebnis kam, dass eine alleinige Preisreduzierung von 15% zu einer Absatzsteigerung von 25% führte, während der Absatz bei einer Kombination mit weiteren Marketingmaßnahmen um 545% gesteigert werden konnte. Auch die Wahl des Zeitpunktes, der Zeitdauer und der Wiederholungen müssen unter Beachtung von Rahmenbedingungen exakt geplant werden. So werden zu kurze Promotionen als unfair betrachtet, während im Zuge zu langer Preispromotionen der Referenzpreis angeglichen und die Preisreduzierung nicht mehr wahrgenommen wird. Bei populären Produkten lässt sich außerdem häufig eine Begrenzung der Aktionsmenge beobachten. Diese Begrenzung kann dazu führen, dass Kunden das Produkt schneller kaufen, weil sie befürchten, sonst leer auszugehen. Des Weiteren kann eine Einschränkung des Angebotes dieses noch begehrenswerter erscheinen lassen. Es ist allerdings wichtig, die Menge nicht zu sehr einzuschränken, da dies zur Frustration bei Nachfragern, die das Angebot nicht mehr erhalten, führen kann (vgl. Diller, 2008, S. 386f.; Pechtl 2005, S. 288f.).

Kurzfristige Preisvariationen können das Käuferverhalten entscheidend verändern. Liegt der Preis eines Produktes beispielsweise bei 50 €, das Produkt wird aber im Rahmen von Sonderangeboten häufig zu einem Preis von 45 € angeboten, so wird die Preisreduktion ab einem bestimmten Zeitpunkt nicht mehr wahrgenommen. Vielmehr empfinden Nachfrager den Verkauf für 50 € als Preiserhöhung. Ab wann dieser Effekt eintritt, hängt von vielen, auch vom Unternehmen nicht beeinflussbaren Faktoren ab und kann nicht pauschal bestimmt werden. Daher sollten temporäre Preisvariationen nicht allzu häufig verwendet und die Marktauswirkungen genau beobachtet werden. Werden die Preise eines Produktes zu oft gesenkt, so kann dies zudem das Image beträchtlich beeinträchtigen. Dieser Effekt kann sowohl aufgrund einer preisorientierten Qualitätsbeurteilung des Produktes durch den Kunden eintreten, als auch bei Produkten der Fall sein, bei denen der Preis ein wesentliches Entscheidungskriterium darstellt und der Kunde sich durch den Kauf teurer Produkte abheben will (vgl. Diller 2008, S. 391).

Vertreibt ein Hersteller das Produkt nicht selbst, sondern bezieht Händler in den Verkaufsprozess mit ein, so besteht die Gefahr, dass diese die Preisvariationen nicht an den Endkunden weitergeben. Diese Gefahr kann beispielsweise durch direkte Kommunikation der Preisänderung an den Endkunden verringert werden. Des Weiteren wird ein Händler die Preisänderung umso wahrscheinlicher weitergeben, je mehr er sich dadurch vom Wettbewerb distanzieren und sein Preisimage verbessern kann (vgl. Diller 2008, S. 390).

Im Folgenden sind die häufigsten Formen temporärer Preisvariationen kurz beschrieben.

Sonderangebote

Sonderangebote können durch ihre Befristung und Unregelmäßigkeit charakterisiert werden. Dabei bleibt das Produkt gleich, lediglich der Preis wird reduziert. Besonders im Konsumgüterbereich wird diese Art der Preisvariation sehr häufig eingesetzt. Ein Vorteil dieser Form ist die hohe zeitliche, örtliche und sachliche Flexibilität sowie ein kurzfristig möglicher Einsatz dieses Instrumentes. Gerade diese Flexibilität führt jedoch häufig zu übereilten Entscheidungen. Wichtig für den gewinnbringenden Einsatz von Sonderangeboten ist daher eine langfristige strategische Planung. Ein Nachteil dieses Instrumentes ist die Abnutzung der Wirkung durch häufigen Gebrauch. Für den Anbieter ist außerdem dringend zu berücksichtigen, dass der Verkauf von Produkten unter Einstandspreis für marktbeherrschende Unternehmen untersagt ist. Das Gesetz zur Bekämpfung von Preismissbrauch hat diese Regelung im Jahr 2007 verschärft (vgl. Diller 2008, S. 393; Simon/Fassnacht 2009, S. 496).

Sonderpackungen

Bei Sonderpackungen wird im Gegensatz zu Sonderangeboten nicht der Preis, sondern die angebotene Menge zum gleichen Preis erhöht. Die in der Praxis häufigste Form ist die Zugabe einer Einheit beim Kauf eines Produktes (vgl. Simon/Fassnacht 2009, S. 496f.).

Preisbündelung

Dieses Instrument wird in Kapitel 10.3.2 näher beschrieben. Im Rahmen von Preisvariationen werden Preisbündel über einen kurzen Zeitraum besonders günstig angeboten und sollen zu Mehrkauf und Cross-Selling führen (vgl. Diller 2008, S. 393).

Coupons

Coupons sind Gutscheine für bestimmte Produkte, die innerhalb eines festgelegten Zeitraumes zu einer vergünstigten Abgabe des Produktes an den Gutscheininhaber führen. Einer der Vorteile dieser Form der temporären Preisvariation ist die Möglichkeit einer Preisdifferenzierung ersten Grades und damit beispielsweise der Belohnung besonders treuer Kunden, sofern die Coupons direkt zugestellt werden. Coupons können sowohl als Waren- als auch als Wertgutscheine ausgegeben werden. Weitere Formen, die sich bezüglich der Distribution der Gutscheine unterscheiden, sind Tabelle C.9 zu entnehmen (vgl. Diller 2008, S. 394).

Tabelle C.9 Gestaltungsformen von Coupons (nach Diller 2008, S. 394)

Gestaltungformen von Coupons	
Media-Coupons	Verteilung über Zeitschriften/Zeitungen
Leaflet-Coupons	Verteilung über Handzettel/Werbeprospekte
In-/On-Pack-Coupons	Beigabe zur Verpackung
Direct-Mail-Coupons	Versendung an den Verbraucher
Instore-Coupons	Verteilung im Geschäft

Die Vorteile, die Coupons mit sich bringen, sind zum einen die Möglichkeit der Segmentierung der Kunden. Des Weiteren wird der Produktpreis nicht verändert wahrgenommen, was den Referenzpreis der Kunden weitgehend unverändert lässt. Demgegenüber stehen allerdings die in der Regel hohen Kosten, die für diese Form der Preisvariation anfallen (vgl. Diller 2008, S. 395).

Bonusaktionen

Durch besondere Belohnung für den Einkauf bestimmter Artikel im Rahmen eines vorhandenen Bonusprogrammes, wie zum Beispiel payback, lässt sich sowohl der Umsatz dieser Artikel, als auch die Beliebtheit des Bonusprogrammes steigern (vgl. Diller 2008, S. 396).

Für die mathematische Berechnung der optimalen Höhe der Preisreduktion, der Dauer der Aktion sowie deren Häufigkeit sei an dieser Stelle auf Diller (2008, S. 396ff.) verwiesen.

Bezüglich der Wirkung von Preispromotions kann zwischen kurz- und langfristigen Effekten unterschieden werden. Kurzfristig ist in der Regel eine hohe Steigerung der Absätze zu verzeichnen. Dabei können begleitende Marketingaktivitäten wie Werbemaßnahmen diesen Effekt noch deutlich steigern. Es ist jedoch für Entscheider wichtig, sich von diesen Auswirkungen nicht blenden zu lassen und die Gewinnwirkung der Preismaßnahme zu berechnen. Oftmals reicht die Steigerung der Menge nicht aus, um die Preisreduktion zu kompensieren. Des Weiteren muss über mehrere Wochen hinaus geprüft werden, ob Einkäufe lediglich vorgezogen wurden, folglich der Absatz in den der Preisänderung folgenden Wochen entsprechend sinkt und den Effekt der vorherigen Absatzsteigerung zunichtemacht. Langfristig können Preispromotions sowohl positive als auch negative Auswirkungen mit sich bringen. So kann beispielsweise das Preisimage des Anbieters verbessert werden oder Loyalität mit dem Anbieter entstehen. Allerdings können Gewöhnungseffekte eintreten, die die Erwartungen der Kunden an zukünftige Preismaßnahmen erhöhen.

10.1.2.3 Yield Management

Pechtl (2005, S. 250) bezeichnet das Yield Management als Weiterentwicklung der zeitlichen Preisdifferenzierung sowie des so genannten „Peak Load Pricing". Das Ziel dieses Ansatzes ist, mit Hilfe dynamischer Preis- und Kapazitätssteuerung maximalen Gewinn zu realisieren. Tabelle C.10 stellt die Rahmenbedingungen des Yield Managements dar (vgl. Pechtl 2005, S. 250ff.; Simon/Fassnacht 2009, S. 432).

Tabelle C.10 Rahmenbedingungen des Yield Managements (nach Pechtl 2005, S. 251)

Rahmenbedingungen des Yield Managements	
Anbieterseitig	• Fixe Kapazitätsleistung • Kapazität verfällt, wenn sie nicht genutzt wird • Niedrige variable, hohe fixe Kosten
Nachfragerseitig	• Kauf/Buchung der Leistung im Voraus • Einteilung der Nachfrage in abgrenzbare Marktsegmente • Nachfrage ist unsicher und schwankt

Die beiden ersten Bedingungen auf Anbieterseite sind die inflexible Gesamtkapazität sowie die fehlende Möglichkeit, die Produkte zu lagern und Vorrat anzulegen. Diese Bedingung wird vor allem bei Dienstleistungen, wie zum Beispiel Flugreisen, erfüllt und hat zur Folge, dass jede ungenutzte Einheit entgangenen Gewinn für das Unternehmen darstellt. Um die Methoden des Yield Managements sinnvoll einsetzen zu können, müssen zudem die Grenzkosten unterhalb der Kapazitätsgrenze verschwindend gering sein. So ist die Beförderung eines weiteren Passagiers in einem Flugzeug mit zu vernachlässigenden Mehrkosten verbunden, solange das Flugzeug nicht voll besetzt ist. Eine Bedingung auf Seiten der Nachfrager ist der Verkauf (z.B. bei Flugtickets) oder die Buchung (z.B. Hotelzimmer) vor Produktion. Daraus resultiert die Gefahr von Stornierungen und so genannter „No Shows", unangekündigtem Fernbleiben von Nachfragern. Je nach Vereinbarung muss das Unternehmen in diesen Fällen bereits bezahlte Kaufpreise zumindest teilweise rückerstatten. Um dieses finanzielle Risiko zu minimieren, erfolgt häufig ein Verkauf größerer als der Maximalmengen, der auf Erfahrungen aus der Vergangenheit basiert und in einer möglichst optimalen Auslastung resultieren soll. Die zweite Bedingung auf Seiten der Nachfrager ist deren Segmentierung in Gruppen mit unterschiedlichen Zahlungsbereitschaften und variierendem Buchungsverhalten. Diesen Segmenten werden unterschiedliche Preiskategorien und Kapazitäten zugeteilt. Sie können daraufhin je nach Auslastung mit entsprechenden Preisen angesprochen werden, um die Kapazitäten optimal zu nutzen. Die dritte Bedingung, die unsichere und schwankende Nachfrage, macht das Yield Management erst notwendig. Durch die fehlende Planbarkeit ist eine dynamische Steuerung von Kapazitäten und Preisen unabdingbar, um Verluste zu vermeiden und maximalen Gewinn zu erzielen (Pechtl 2005, S. 250ff.; Simon/Fassnacht 2009, S. 432ff.).

Die bekanntesten Instrumente des Yield Managements sind Frühbücherrabatte oder Last-Minute-Angebote, die vor allem bei Pauschalreisen sehr beliebt sind, sowie die Überbuchung der Kapazitäten.

Abbildung C.9 stellt das typische Verhalten der Anbieter im Rahmen des Yield Managements grafisch dar.

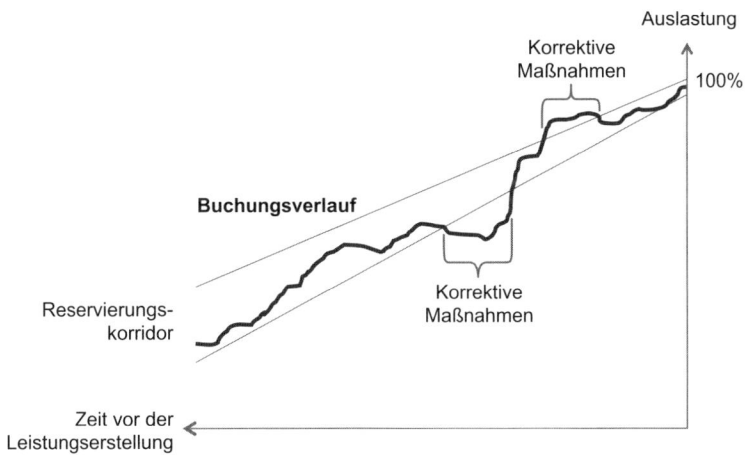

Abbildung C.9   Reservierungskorridor (nach Pechtl 2005, S. 262)

So muss zunächst ein Reservierungskorridor definiert werden, der im Zeitablauf immer enger wird. Dieser legt die Anzahl der Buchungen oder Verkäufe fest, die zu einem bestimmten Zeitpunkt weder über- noch unterschritten werden sollen. Ist dies dennoch der Fall, so müssen korrektive Maßnahmen ergriffen werden. Bei einer unter den Planungen liegenden Anzahl von Buchungen kann beispielsweise durch vermehrte Kommunikation die Nachfrage angeregt werden. Bei einer Überbuchung indes können die Preise erhöht und so Nachfrager vom Kauf abgehalten werden (vgl. Pechtl 2005, S. 262f.).

Voraussetzung für eine effiziente Anwendung des Yield Managements ist die Nutzung moderner Informationstechnologien. Nur durch eine zeitnahe Auswertung der Daten bezüglich Käuferverhalten und Kapazität sowie der Nutzung dieser Erkenntnisse kann das Ziel einer gewinnmaximalen Auslastung erreicht werden (vgl. Simon/Fassnacht 2009, S. 433).

Ein Einsatz des Yield Managements ist besonders unter dem Aspekt wahrgenommener Preisfairness zu prüfen. So können beispielsweise Last-Minute-Angebote von Nachfragern, die den Normalpreis bezahlt haben, als unfair wahrgenommen werden. Zudem dürfen die Entscheider die Komplexität des Yield Managements nicht unterschätzen. Um optimale Ergebnisse zu erzielen, müssen die Ist-Situation kontinuierlich analysiert und Preise entsprechend festgesetzt werden (vgl. Pechtl 2005, S. 263ff.).

10.1.2.4 Preisvariation und Produktlebenszyklus

Das so genannte Life-Cycle-Pricing beschäftigt sich mit der Preisvariation im Verlauf des Produktlebenszyklus. Pechtl (2005, S. 265ff.) unterscheidet im Gegensatz zu anderen Autoren lediglich drei Phasen, die ein Produkt durchläuft: die Markteinführungsphase, in der Erstkäufer überzeugt werden müssen, die Settlement-Phase, in der die Präferenzen der Käufer für das Produkt gefestigt werden müssen, und die Substitutionsphase, im Laufe derer das Produkt aufgrund von innovativeren Alternativen nicht mehr beachtet wird. Für jede dieser Phasen muss nun der optimale Preis, unter Einbeziehung weiterer Merkmale wie veränderter Kostenstrukturen, gefunden werden. Dabei ist es von großer Bedeutung, Carry-over-Effekte zuvor getroffener Entscheidungen zu berücksichtigen (vgl. Kapitel 6.2.2). Da sich die Rahmenbedingungen oftmals deutlich verändern, muss der optimale Preis späterer Phasen zu Beginn noch nicht exakt festgelegt werden. Es sollte allerdings bereits eine langfristige Strategie existieren, an der sich die Entscheider orientieren können. Abbildung C.10 zeigt Rahmenbedingungen, die bei der Festlegung dieser Strategie berücksichtigt werden sollen.

Lernprozesse in der Produktion oder auch in der Beschaffung führen zu einer Reduktion der Grenzkosten, die an die Kunden in Form von Preissenkungen weitergegeben werden kann. Die Auswirkung dieses Effektes kann durch eine Kumulation der erwarteten Absatzmenge pro Periode geschätzt werden. Neben diesem Erfahrungseffekt führen Skaleneffekte zu einer weiteren Reduktion variabler Stückkosten. Je höher das Produktionsvolumen ist, desto mehr kann

10.1 Die Dimension Zeit: Strategie der zeitlichen Preisvariation

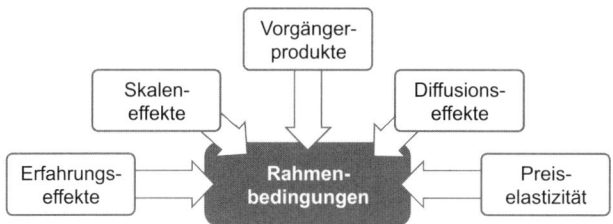

Abbildung C.10 Rahmenbedingungen für das Preismanagement im Lebenszyklus (nach Pechtl 2005, S. 267)

das Unternehmen in effiziente Maschinen oder innovative Prozesse investieren. Bezüglich der Vorgängerprodukte unterscheidet Pechtl (2005, S. 270f.) drei Gruppen potenzieller Kunden, mit jeweils unterschiedlichen Preiselastizitäten: Kunden, die bereits das Vorgängerprodukt gekauft haben, Konsumenten, die auf die nächste Generation des Produktes gewartet haben, und Konsumenten, die das Vorgängerprodukt abgelehnt haben. Diese Nachfrager sollten im Idealfall durch differenzierte Preise angesprochen und vom Kauf überzeugt werden. Die Diffusion, also Verbreitung eines Produktes, erfolgt oftmals in zwei Wellen. Zunächst wird das Produkt von so genannten Innovatoren erworben. Ist das Produkt ausreichend verbreitet und die Erfahrung damit kommuniziert, so wird es auch von den so genannten Imitatoren gekauft. Diesen Prozess kann das Unternehmen durch Kaufanreize für Innovatoren sowie Anreize für Weiterempfehlungen beschleunigen.

In Bezug auf die Preiselastizität lässt sich im Verlauf des Produktlebenszyklus keine allgemeingültige Aussage treffen (vgl. Kapitel 5.2). Wahrscheinlich ist jedoch, dass sie sich im Laufe der Zeit verändert. Dennoch sollten Unternehmen versuchen, die Preiselastizitäten abzuschätzen und durch späteren Vergleich mit Ist-Werten die Prognosegenauigkeit für zukünftige Produkte erhöhen (vgl. Pecht 2005, S. 267ff.).

Idealtypische Preisstrategien in der Markteinführungs- und Wachstumsphase

Bei Markteinführung eines Produktes werden vier Preisstrategien unterschieden: die Premiumpreis-Strategie (a), die Skimming-Strategie (b), die Penetrations-Strategie (c) und die Strategie des äußerst niedrigen Anfangspreises (d). Diese vier Strategien sind in Abbildung C.11 dargestellt. Die linke Grafik zeigt die Entwicklung des Preises im Zeitverlauf, während die rechte die jeweilige Kostenentwicklung zeigt.

Die vier Strategien unterscheiden sich durch unterschiedliche Formen der Marktdurchdringung nach einem bestimmten Zeitpunkt t (vgl. Pechtl 2005, S. 272ff.; Hofbauer/Hellwig 2012, S. 246).

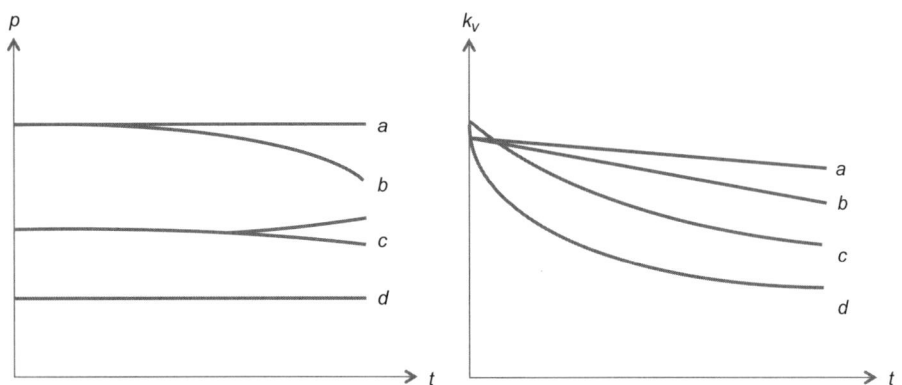

Abbildung C.11 Preis- und Kostenentwicklung bei verschiedenen Preisstrategien für die Markteinführung von Produkten (Pechtl 2005, S. 272)

- *Premiumpreis-Strategie (a)*

  Verfolgt ein Anbieter diese Strategie, so verbleibt der Preis dauerhaft auf einem sehr hohen Niveau. Zwar ist die Anzahl potenzieller Nachfrager und damit auch die Möglichkeit der Marktdurchdringung im Vergleich zu anderen Strategien relativ gering, dies wird jedoch bei erfolgreichen Unternehmen durch den hohen Stückgewinn kompensiert (vgl. Hofbauer/Hellwig 2012, S. 246).

- *Skimming-Strategie (b)*

  Diese Strategie wird in der Regel bei der Einführung echter Innovationen genutzt und soll die zumeist niedrige Preiselastizität der frühen Käufer (Innovatoren) nutzen. Auf die Einführungsphase folgt eine Preissenkung in den Folgeperioden, die auf den Erfahrungskurveneffekt zurückzuführen ist. Im Idealfall wird so die Konsumentenrente auf dem Markt optimal abgeschöpft. Die Strategie wird zudem häufig von Monopolisten genutzt, die den Preis aufgrund ihres Alleinstellungsmerkmales zunächst hoch ansetzen können und diesen später, um den Eintritt von Wettbewerbern zu verhindern, schrittweise absenken. Ein Vorteil dieser Strategie ist die Festsetzung eines hohen Referenzpreises im Gedächtnis der Kunden. Dadurch können eine hohe Qualitätsvermutung und ein exklusives Image entstehen. Ein Beispiel für die erfolgreiche Durchführung der Skimming-Strategie ist die Einführung des iPhones durch Apple im Jahr 2007 zu einem Preis von 599 USD. Dieser Preis wurde nach nur zweieinhalb Monaten um 33% reduziert (vgl. Simon/Fassnacht 2009, S. 328; Hofbauer/Hellwig 2012, S. 247).

- *Penetrations-Strategie (c)*

  Die Penetrations-Strategie ist charakterisiert durch einen relativ niedrigen Einführungspreis. Die weitere Preisentwicklung ist in der Regel offen. Dabei versteht man unter dem Begriff „relativ niedriger Einführungspreis" einen Preis, der unter dem kurzfristig gewinnmaximalen Preis liegt. Mit Hilfe dieser Strategie werden bereits in der Anfangsphase hohe Absatzmengen realisiert und wird versucht, die Loyalität der Kunden zu gewinnen, die zu einer Akzeptanz eventuell steigender Preise zu späteren Zeitpunkten führt. Die niedrige Gewinnspanne muss dabei von einer entsprechend hohen Absatzmenge kompensiert werden. Diese Strategie wird zumeist bei inkrementellen Innovationen verwendet, die aufgrund weniger Neuerungen keine im Vergleich zu vorhandenen Produkten hohen Preise rechtfertigen. Zudem kann durch den niedrigen Einführungspreis ein positives Preisimage aufgebaut werden. Ein weiterer Vorteil dieser Strategie ist das schnelle Eintreten von Erfahrungs- und Skaleneffekten, was zu einem Vorsprung gegenüber potenziellen neuen Wettbewerbern führt. Mit Hilfe des so genannten „Entry Limit Pricing" sollen Wettbewerber durch niedrige Preise vom Eintritt in den Markt abgehalten werden. Es muss jedoch stets darauf geachtet werden, dass die Kunden aufgrund des niedrigen Preises keine schlechte Qualität akzeptieren. Zudem ist eine Preiserhöhung im Verlauf des Produktlebenszyklus in der Regel ein sehr schwieriges Unterfangen (vgl. Diller 2008, S. 291; Hofbauer/Hellwig 2012, S. 246f.).

- *Strategie des äußerst niedrigen Anfangspreises (d)*
Diese Strategie kann auch als eine Extremform der Penetrations-Strategie bezeichnet werden. Durch einen im Vergleich zu anderen Produkten äußerst niedrigen Einführungspreis ist die kumulierte Absatzmenge zum Zeitpunkt *t* bei dieser Strategie am höchsten. Allerdings muss das Unternehmen den niedrigen Preis durch Absatz einer ausreichenden Menge wettmachen. Dies soll im Wesentlichen durch einen Ausschluss der Wettbewerber ermöglicht werden, die ihre Produkte nicht zu entsprechend niedrigen Preisen gewinnbringend anbieten können. Voraussetzungen für einen erfolgreichen Einsatz dieser Strategie sind entsprechend niedrige Produktionskosten im Vergleich zu den Wettbewerbern, eine hohe Lernrate im Unternehmen sowie ausreichende finanzielle Ressourcen (vgl. Simon/Fassnacht 2009, S. 331).

Welche der Strategien für ein Unternehmen optimal ist, lässt sich nicht pauschal bestimmen und ist abhängig von zahlreichen Faktoren wie dem Neuheitsgrad oder der Anzahl und dem Preis der Wettbewerbsprodukte. Zudem müssen die Entscheider zwischen relativ sicheren kurzfristigen und relativ unsicheren langfristigen Gewinnchancen abwägen. Unternehmen mit niedriger Finanzkraft und geringer Risikobereitschaft ist daher von der Penetrations-Strategie abzuraten. Oftmals lohnt es sich jedoch, in der Markteinführungs- und Wachstumsphase in hohe Marktanteile zu investieren, da diese in der Zukunft tendenziell zu besseren Absatzchancen führen (vgl. Simon/Fassnacht 2009, S. 330 ff.).

In der Praxis lässt sich häufig ein zu niedriger Einführungspreis beobachten. Dies resultiert aus der Angst der Entscheider, die geplante Marktdurchdringung nicht zu erreichen (vgl. McLachlan/Viertler 2007, S. 184). Da eine nachträgliche Erhöhung des Preises aber problematisch ist, sollte dieser Fehler möglichst vermieden werden.

Idealtypische Preisstrategien in der Reifephase

Um in der Reifephase mögliche Fehlentwicklungen gegenlenken zu können, müssen preisrelevante Faktoren kontinuierlich analysiert werden. Die daraus resultierenden Erkenntnisse bilden dann die Grundlage für potenzielle Preisanpassungen. Allgemein lassen sich in der Reifephase zwei typische Charakteristika beobachten: ein Anstieg der Anzahl an Wettbewerbern sowie eine Stagnation der abgesetzten Menge. Dies führt dazu, dass eine Absatzsteigerung des Unternehmens nur auf Kosten der Wettbewerber realisiert werden kann. Drei alternative strategische Optionen bei Konkurrenzeintritt wurden bereits in Kapitel 6.2.2 (Abbildung B.22) dargestellt. So kann der Preis proaktiv vor Eintritt der Wettbewerber in den Markt gesenkt werden, was in der Praxis jedoch relativ selten zu beobachten ist. Die zweite Option ist eine reaktive Senkung des Preises nach dem Konkurrenzeintritt, um die Marktanteile zu sichern. Die dritte Alternative ist die Preiskonstanz, die eine hohe Kundenloyalität voraussetzt. Eine weitere, vierte Alternative, ein Anheben des Preises, wird in der Praxis relativ selten genutzt. Doch auch diese Möglichkeit sollte geprüft werden, da bei überlegener Qualität eine Erhöhung des Preises von Kunden durchaus akzeptiert werden kann. Diese Chance zur Gewinnsteigerung wird von vielen Unternehmen vernachlässigt.

Das Marktwachstum ist in der Reifephase in der Regel bestenfalls gering oder auch konstant. In dieser Phase ist folglich die Gefahr von Preiskriegen besonders hoch, wenn Unternehmen sich auf die Steigerung von Marktanteilen fokussieren. Daher ist es ratsam, die Zielvorgaben der Mitarbeiter mehr an Gewinn als an Marktanteilen zu orientieren sowie anstatt von Preissenkungen Produkt- und Marktdifferenzierungen anzuwenden (vgl. Simon/Fassnacht 2009, S. 333ff.).

Idealtypische Preisstrategien in der Rückgangsphase

Ist ein Produkt am Ende seines Lebenszyklus angelangt, so ist eine Möglichkeit, den Preis des Produktes entsprechend der steigenden Preiselastizität zu reduzieren, um verbleibende Gewinne vor dem Marktaustritt abzuschöpfen. Der sinkende Absatz kann jedoch mit reinen Preisinstrumenten lediglich verlangsamt und in der Regel nicht aufgehalten werden. Soll das Produkt nicht vom Markt genommen werden, so ist eine Investition in innovative Produkterweiterungen unbedingt nötig. Die alternative Strategie zu Preissenkungen wird „Harvesting-Strategie" genannt. Im Rahmen dieser Strategie werden die Preise konstant gehalten. Dies führt zwar zu einem relativ schnellen Rückgang der Absatzmenge, die Margen bleiben jedoch unverändert hoch. Diese Strategie ist vor allem bei der geplanten Einführung von Folgeprodukten zu empfehlen, um die Referenzpreise der Kunden nicht zu senken (vgl. Simon/Fassnacht 2009, S. 335f.).

10.2 Die Dimension Nachfrager: Preisdifferenzierung

Wendet ein Unternehmen Preisdifferenzierung an, so existieren mehrere Preise für ein Produkt. Güter gleicher oder zumindest sehr ähnlicher Art werden folglich zu unterschiedlichen Preisen angeboten. Wie bereits in Kapitel 6.4.1 beschrieben, ist das übergeordnete Ziel der Preisdifferenzierung in der Regel, heterogene subjektive Kundennutzen und damit Zahlungsbereitschaften der Konsumenten für das Unternehmen optimal zu nutzen. Weitere Ziele der Preisdifferenzierung können Tabelle C.11 entnommen werden.

Tabelle C.11 Ziele der Preisdifferenzierung (nach Simon/Fassnacht 2009, S. 258)

Preisdifferenzierung	
Unternehmensziele	Gewinnsteigerung durch Abschöpfung der Konsumentenrente
	Umsatzsteigerung durch Mehrabsatz und Neukundenakquisition
	Realisierung von Skaleneffekten
Kundenziele	Mehr Wahlmöglichkeiten
	Kosten- und Zeitersparnis für den Kunden
	Kundenbindung
Wettbewerbsziele	Anpassung der Preisstruktur an den Wettbewerb
	Besetzung von Nischen
	Reduktion von Preistransparenz

Die Kundenziele sollen vor allem in einer erhöhten Kundenzufriedenheit und Kundenbindung resultieren, während die Wettbewerbsziele den Wechsel von Kunden zur Konkurrenz, beispielsweise durch Bonusprogramme, verhindern sollen.

Voraussetzung für eine erfolgreiche Preisdifferenzierung ist in jedem Fall deren Harmonisierung mit der Kundensegmentierung. Um den optimalen Preis für die zuvor definierten Marktsegmente (vgl. Kapitel 6.4.2) bestimmen zu können, muss bekannt sein, welcher der nachfolgenden Fälle für das Unternehmen zutrifft (vgl. Simon/Fassnacht 2009, S. 259ff.):

1. Vollständig getrennte Marktsegmente

In diesem Fall hängt der Absatz des Produktes im jeweiligen Segment nur von dem dort geltenden Preis ab. Die Optimierung des jeweiligen Preises geschieht daher analog zur Optimierung eindimensionaler Preise.

2. Unvollständig getrennte Marktsegmente

Sind die Marktsegmente nur unvollständig getrennt, so ist die Kreuzpreiselastizität zwischen ihnen positiv, das heißt eine Preiserhöhung in Segment A führt zu einer Absatzsteigerung in Segment B. Bei der Berechnung des optimalen Preises in Segment A muss daher die Wirkung dieses Preises in den anderen Segmenten einbezogen werden.

Wie Preisänderungen kann auch eine Preisdifferenzierung sowohl durch eine Variation des Preises als auch durch eine Variation der Leistung erfolgen. Des Weiteren können vertikale und horizontale Preisdifferenzierung unterschieden werden. Werden Güter auf bereits isolierten Märkten zu unterschiedlichen Preisen angeboten, so spricht man von vertikaler Preisdifferenzierung. Wird jedoch ein Gesamtmarkt vom Unternehmen erst in verschiedene Teilmärkte aufgeteilt, so spricht man von horizontaler Preisdifferenzierung. Dabei ist das Ergebnis umso besser, je besser die Teilmärkte voneinander abgegrenzt werden können und damit die so genannte „Arbitrage", das Ausnutzen von Preisunterschieden durch die Nachfrager, verhindert wird (vgl. Diller 2008, S. 229ff.).

Je nach Ausprägung wird die Preisdifferenzierung ersten, zweiten oder dritten Grades unterschieden (vgl. Kapitel 6.4.1). Simon/Fassnacht (2009, S. 263ff.) haben diesen unterschiedlichen Ausprägungsformen unterschiedliche typische Implementationsformen zugeordnet, die in Abbildung C.12 aufgeführt sind.

10.2.1 Preisdifferenzierung 1. Grades

Die Preisdifferenzierung ersten Grades, auch perfekte Preisdifferenzierung genannt, ist in der Praxis relativ selten anzutreffen. Da der Preis für jeden Nachfrager individuell in Höhe der maximalen Zahlungsbereitschaft festgesetzt wird, sind die Kosten für die Beschaffung der dafür nötigen Informationen in der Regel höher als der damit verbundene Nutzen. Ein Ansatz zur Verwirklichung dieser Form der Preisdifferenzierung lässt sich jedoch vor allem im B2B-Bereich, beispielsweise im System- und Anlagengeschäft, finden. Dort wird bei Individualtransaktionen der Preis im Rahmen von Preisverhandlun-

10.2 Die Dimension Nachfrager: Preisdifferenzierung

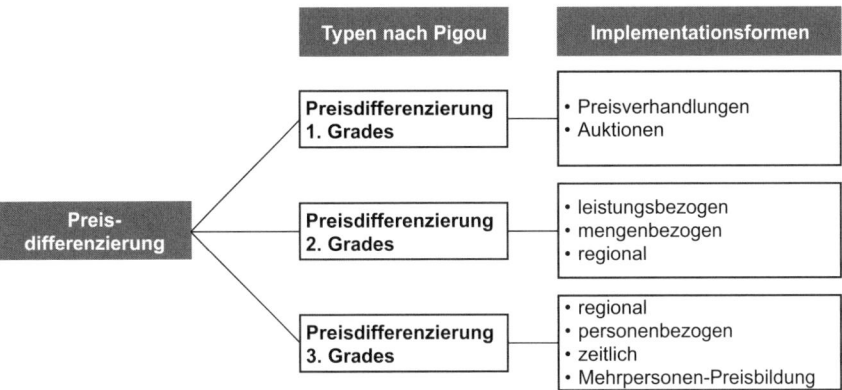

Abbildung C.12 Typen und Implementationsformen der Preisdifferenzierung (nach Simon/Fassnacht 2009, S. 264)

gen kundenindividuell verhandelt und versucht, eine Win-Win-Situation zu erreichen. Da Preisänderungen in der Regel nur in Form von Reduktionen gegenüber dem Listenpreis akzeptiert werden, müsste dieser jedoch zunächst der höchsten maximalen Zahlungsbereitschaft entsprechen. Dies kann jedoch sowohl das Preisimage schädigen, als auch rechtlich zu Problemen führen, da so genannte Mondpreise nicht erlaubt sind. Auch im B2C-Bereich finden sich Versuche, die Preise kundenindividuell festzulegen. Dazu gehören sowohl Auktionen, als auch eine Kombination mit der Form der quantitativen Preisdifferenzierung, mit deren Hilfe treue Kunden belohnt werden sollen. Die Nutzung des Internets sowie der Fortschritt der Informationstechnologie im Allgemeinen bringen zudem beständig neue Möglichkeiten, Daten von Kunden sowohl zu erheben, als auch effizient auszuwerten. Dies ermöglicht ein zunehmend individuelles Angebot für die einzelnen Kunden, was als Folge individuelle Preise, so genanntes Customized Pricing, zulässt. Dabei müssen Unternehmen im Rahmen der Datenerhebung allerdings sowohl auf legale Einschränkungen achten, als auch auf die subjektive Einstellung der Kunden diesen Maßnahmen gegenüber. Zudem sollten entweder die Produkte nicht vergleichbar oder die Markttransparenz niedrig sein, da ansonsten die von den Kunden wahrgenommene Preisfairness des Unternehmens sinkt (vgl. Pechtl 2005, S. 228ff.; Diller 2008, S. 236f.). Diese Erfahrung musste der US-amerikanische Online-Händler Amazon im Jahr 2000 machen, als eine Studie die unterschiedliche preisliche Behandlung von Kunden auf Basis ihrer bisherigen Kaufgewohnheiten veröffentlichte. Obwohl sich das Unternehmen öffentlich entschuldigte und Kunden, die Produkte zu höheren Preisen erworben hatten, monetär entschädigte, hat das Image des Unternehmens einen enormen Schaden davongetragen.

10.2.2 Preisdifferenzierung 2. Grades

Im Rahmen der Preisdifferenzierung zweiten Grades ordnen sich die Nachfrager selbstständig verschiedenen Gruppen zu. Dabei können mehrere Fälle unterschieden werden: die leistungsbezogene, die mengenbezogene sowie die regionale Preisdifferenzierung.

Leistungsbezogene Preisdifferenzierung

Wird die leistungsbezogene Preisdifferenzierung angewandt, so wird das Produkt an sich verändert, das heißt es werden verschiedene Produktvarianten angeboten. Dabei darf die Veränderung nicht so groß sein, dass die Varianten als eigenständige Produkte angesehen werden. Zudem müssen die bei der Veränderung anfallenden Kosten unter dem damit einhergehenden Mehrwert liegen. Die Variation des Produktes kann dabei in zwei Richtungen vorgenommen werden: der Verbesserung oder der Verminderung der Produktleistung. Die Verbesserung wird in der Praxis oftmals durch das Angebot von Zusatzleistungen zu den Hauptleistungen realisiert. Ein Beispiel hierfür sind Bahntickets, bei denen je nach Auswahl von erster oder zweiter Klasse ein differenzierter Preis für unterschiedlichen Komfort bezahlt werden muss. Diese Zusatzleistungen sprechen oftmals soziale Bedürfnisse an, sich von der Mehrheit der anderen Kunden zu differenzieren. Ein Beispiel für eine Verminderung der Produktleistung in Verbindung mit einem Preisnachlass ist die Strategie des Möbelhauses IKEA. Die Kunden erhalten dort relativ billige Möbel, müssen aber dafür die Produktionsschritte Transport und Aufbau selbst übernehmen (vgl. Simon/

Tabelle C.12 Ausprägungen leistungsbezogener Preisdifferenzierung (nach Diller 2008, S. 238ff.)

Leistungsbezogene Preisdifferenzierung		
Ausprägung	**Beschreibung**	**Beispiel**
Produkt	Differenzierung der Qualität	Taschenbuch vs. Hardcover
Verpackung	Differenzierung der Verpackung z.B. bzgl. Umweltfreundlichkeit, Zielgruppe, Zusatznutzen	Recycelbare Verpackung
Information	Zusätzliche Hotlines, Bestellmöglichkeiten	24-h-Hotline
Service	Modifikation der Dienstleistungen	Zus. techn. Kundendienst
Lieferung	Differenzierte Transportgeschwindigkeit, -entfernung, -qualität	Expresslieferung
Bezahlung/ Finanzierung	Ausweitung/Einschränkung der Finanzierungsleistungen, d.h. der Liquiditätsbelastungen	Leasingangebot
Flexibilität	Regelungen bzgl. Umtauschbarkeit, Umbuchung, Spätbuchungsrabatte/-zuschläge	Last-Minute-Angebot
Sicherheit	Leistungs- und Preisgarantien, die das Kaufrisiko senken	Geld-zurück-Garantie

Fassnacht 2009, S. 265ff.; Pechtl 2005, S. 190ff.; Diller 2008, S. 237ff.). Damit die leistungsbezogene Preisdifferenzierung erfolgreich ist, müssen die verschiedenen Produktvarianten unterschiedliche Kundenwünsche ansprechen. Möglichkeiten, das Produkt oder damit verbundene Leistungskomponenten entsprechend zu verändern, können Tabelle C.12 entnommen werden.

Mengenbezogene Preisdifferenzierung

Die mengenbezogene Preisdifferenzierung baut auf dem Prinzip des ersten Gossenschen Gesetzes auf, das besagt, dass der Grenznutzen eines Produktes mit zunehmender Menge sinkt. Bei mengenbezogener Preisdifferenzierung sinkt daher der Durchschnittspreis bei steigender Menge, weswegen diese Preisbildung auch als nichtlinear bezeichnet wird. Es existieren verschiedene Formen mengenbezogener Preisdifferenzierung, die in Tabelle C.13 beschrieben werden.

Tabelle C.13 Typen und Implementationsformen der Preisdifferenzierung (nach Simon/Fassnacht 2009, S. 269ff.; Pechtl 2005, S. 208ff.)

Mengenbezogene Preisdifferenzierung		
Form	Beschreibung	Beispiel
Zweiteiliger Tarif	Einmalige Gebühr pro Periode + nutzungsbezogener Preis	BahnCard
Mengenrabatt	Definierte Preisnachlässe beim Kauf bestimmter Mengen • durchgerechnet: Rabattsatz wird auf die gesamte Menge angewendet	Getränke
	• angestoßen: Rabattsatz gilt nur für jeweiliges Mengenintervall (entspricht dem Blocktarif)	Bekleidung
Blocktarif	Definierte Mengenintervalle mit dazugehörigen Preisen pro Einheit • Preispunkte: definierte Preise pro Abnahmemenge • Kontinuierliche Preisstruktur: unendlich viele Preispunkte	Bewerbungsfotos
Pauschalpreis	Einheitspreis für beliebig viele Einheiten	Tagesticket im Nahverkehr
Boni	Nachträglich (meist am Jahresende) gewährte monetäre Leistungen	Payback

Ein Vorteil der mengenbezogenen Preisdifferenzierung ist die so genannte Sogwirkung. Da größere Abnahmemengen höhere Rabatte versprechen, konzentrieren Kunden ihre Nachfrage tendenziell eher auf einen Anbieter, als bei verschiedenen Anbietern zu kaufen. Des Weiteren entsteht so der Anreiz, Einkäufe zu bündeln, wodurch der Anbieter Transaktionskosten sparen kann. Bonussysteme können zudem, wie in der Praxis häufig zu beobachten, zur Kundenbindung genutzt werden.

Die Untergrenze des Preises stellen im Falle der mengenbezogenen Preisdifferenzierung die Grenzkosten dar. Die Gefahr, dass Kunden diese Form der Differenzierung umgehen, ist – im Gegensatz zu Formen der personellen Preisdifferenzierung – relativ gering (vgl. Simon/Fassnacht 2009, S. 267ff.; Pechtl 2005, S. 208ff.).

Regionale Preisdifferenzierung

Variiert der Preis eines Produktes in Abhängigkeit von der Region, in der das Produkt angeboten wird, so wird die Form der regionalen Preisdifferenzierung angewandt. Ob diese Differenzierungsform zur Preisdifferenzierung zweiten oder dritten Grades gehört, ist umstritten. Können die Nachfrager die Distanzen zwischen Regionen mit unterschiedlichen Preisen noch gewinnbringend überwinden, so kann die regionale Preisdifferenzierung als Form zweiten Grades definiert werden. Oftmals ist dies allerdings nicht möglich, weswegen die regionale Preisdifferenzierung im nächsten Kapitel als Differenzierung dritten Grades näher erläutert wird.

10.2.3 Preisdifferenzierung 3. Grades

Bei der Preisdifferenzierung dritten Grades werden die Nachfrager vom Anbieter selektiert. Mögliche Formen sind die regionale, die personenbezogene, die zeitliche und die Mehrpersonen-Preisbildung. Die Eigenschaften, aufgrund derer die Nachfrager vom Anbieter selektiert werden, sollen dabei in Verbindung mit den unterschiedlichen Kundennutzen stehen.

Regionale Preisdifferenzierung

Im Rahmen der regionalen Preisdifferenzierung wird der Preis in Abhängigkeit von der Verkaufsregion differenziert. In Zeiten der Globalisierung ist diese Form eng mit internationalem Preismanagement verknüpft. Gründe, die für die Anwendung der regionalen Preisdifferenzierung sprechen, können in Unterschieden in Käuferverhalten, Kosten, Wettbewerbsstruktur oder Handelsstruktur liegen. Abhängig von der in der jeweiligen Region geltenden Preiselastizität müssen daher die entsprechenden optimalen Preise berechnet werden. Häufig angewandt wird die regionale Preisdifferenzierung im Exportgeschäft, sie ist jedoch auch im Inland, beispielsweise im Lebensmittelbereich, verbreitet (vgl. Simon/Fassnacht 2009, S. 280f.).

Personenbezogene Preisdifferenzierung

In diesem Fall werden die Nachfrager aufgrund bestimmter Käufermerkmale in Marktsegmente aufgeteilt, für die spezifische Preise festgelegt werden. Dabei werden oftmals einfach zu erhebende soziodemografische Eigenschaften wie Alter oder Ausbildungssituation verwendet. So bezahlen beispielsweise Studenten und Rentner häufig weniger Eintritt in Museen. Eine weitere Möglichkeit ist die Segmentierung nach Kaufverhaltensmerkmalen. Loyale Kunden können mit Coupons belohnt, Neukunden damit angeworben werden. Da Produkte einfach an nichtvorgesehene Adressaten weitergegeben werden können, ist diese Form der Preisdifferenzierung vor allem bei Dienstleistungen zu empfehlen. Des Weiteren ist zu beachten, dass die Segmentierungskriterien einfach zu kontrollieren sind, um den Administrationsaufwand gering zu halten. Wichtig ist ebenso, dass die personelle Differenzierung nicht als unfair wahrgenommen wird. Akzeptiert werden dabei vor allem die Formen der Differenzierung, die auf Einkommensunterschieden basieren oder soziale Motive verfolgen (vgl. Simon/Fassnacht 2009, S. 274f.; Pechtl 2005, S.198ff.).

Zeitliche Preisdifferenzierung

Unter zeitlicher Preisdifferenzierung werden Preisänderungen zu bestimmten Bestellzeitpunkten oder -perioden verstanden. Diese Form wird zumeist dann angewandt, wenn die Leistung zu verschiedenen Zeiten unterschiedlichen Nutzen bringt und sich somit die Zahlungsbereitschaften der Nachfrager unterscheiden. Dies ist vor allem in Märkten mit saisonalen oder kurzfristigen Schwankungen zu beobachten. Beispiele hierfür sind unterschiedliche Preise zu verschiedenen Tageszeiten (z.B. Telefongebühren), an Wochentagen (z.B. Erlebnisbäder) oder nach Saison (z.B. Tourismus). Ein Ziel der zeitlichen Preisdifferenzierung ist es – neben der optimalen Abschöpfung der Konsumentenrente – die Kapazitätsauslastung zu steuern. Daher ist der Preis zu gefragten Zeitpunkten in der Regel teurer als in Zeiträumen, in denen das Produkt nur von wenigen Kunden nachgefragt wird. Das so genannte Yield Management (s. Kapitel 10.1.2.3) versucht, diese Steuerung zu optimieren. Da die Zeiträume zweifelsfrei abgegrenzt werden können, ist eine Umgehung dieser Form der Differenzierung in der Regel nicht möglich, was zu besonders niedrigen Kontrollkosten und einer hohen Wirksamkeit führt. Der Unterschied zu der in Kapitel 10.1.2.2) behandelten Preisvariation besteht darin, dass die Zeitfenster den Kunden im Rahmen der zeitlichen Preisdifferenzierung bekannt sind (vgl. Simon/Fassnacht 2009, S. 276f.; Pechtl 2005, S. 244ff.; Diller 2008, S. 251f.).

Bei der zeitlichen Preisdifferenzierung gibt es, wie bei der regionalen Form, keine eindeutige Zuordnung zu zweitem oder drittem Grad der Preisdifferenzierung. Können die Nachfrager das Zeitfenster des Kaufs selbstständig wählen, wie zum Beispiel den Zeitpunkt eines Telefonats, so handelt es sich um eine Preisdifferenzierung zweiten Grades. Handelt es sich jedoch zum Beispiel um eine Urlaubsreise einer Familie mit Kindern, die lediglich in den Ferien verreisen kann, so spricht man von einer Preisdifferenzierung dritten Grades.

Mehrpersonen-Preisbildung

Wie der Name bereits aussagt, beschäftigt sich die Mehrpersonen-Preisbildung mit dem Verkauf von Produkten an Personengruppen zu einem aggregierten

Preis. Dieser Preis variiert dabei zumeist in Relation zu der Größe der Gruppe und ist niedriger als die kumulierten Preise, die die einzelnen Gruppenmitglieder für sich alleine zahlen würden. Dabei lassen sich drei Formen unterscheiden, die in Abbildung C.13 dargestellt sind.

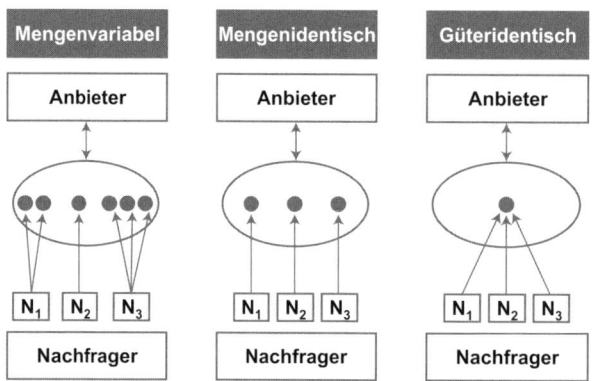

Abbildung C.13 Formen der Mehrpersonen-Preisbildung (nach Simon/Fassnacht 2009, S. 278)

Die mengenvariable Mehrpersonen-Preisbildung erlaubt den Nachfragern einer Gruppe, unterschiedlich viele Einheiten des Produktes zu erwerben. Ein prominentes Beispiel hierfür ist die Sammelbestellung bei Versandhäusern. Wird die mengenidentische Form dieser Preisbildung angewandt, so kann jeder Kunde nur eine Einheit erwerben. Ein Beispiel dafür ist ein Gruppenticket für Freizeitparks. Schließen sich mehrere Nachfrager zusammen, um ein Produkt zu erwerben, so wird dies güteridentische Mehrpersonen-Preisbildung genannt. Ein aktuelles Beispiel hierfür ist das Carsharing, das in Städten immer mehr an Bedeutung gewinnt. Die Mehrpersonen-Preisbildung kann in reiner und gemischter Form auftreten. Existiert kein Preis für Einzelpersonen, so spricht man von der reinen Form, existieren sowohl Gruppen- als auch Einzelpreise, so wird diese Form gemischt genannt. Schließen sich Nachfrager, deren Zahlungsbereitschaft über dem Einzelpreis liegt, zusammen, um dennoch die Preisvorteile einer Gruppe zu genießen, so mindert dies das Gewinnpotenzial des Unternehmens. Dies zu verhindern ist jedoch oftmals schwierig. Daher sollten an die Gruppenbildung spezifische Anforderungen gestellt werden, die die Bildung opportuner Gruppen erschweren. Eine derartige Anforderung ist beispielsweise die Gewährung der Gruppentarife ausschließlich für Familien. Des Weiteren sollte diese Form der Preisdifferenzierung nur dann angeboten werden, wenn zusätzliche Kunden gewonnen werden sollen. Sind die Kapazitäten bereits ausgelastet, so lohnt sich die Mehrpersonen-Preisbildung in der Regel nicht (vgl. Simon/Fassnacht 2009, S. 278ff.; Pechtl 2005, S. 222ff.).

10.2.4 Fazit zur Preisdifferenzierung

Sollen Kundensegmente noch differenzierter, das heißt in der Regel noch exakter, angesprochen werden, so können die unterschiedlichen Formen der Preisdifferenzierung kombiniert werden. Dies führt zu einer weiteren Verbesserung der Abschöpfung der Konsumentenrente. Zudem sind die Kunden in der Regel zufriedener, da sie zwischen verschiedenen Angeboten das auswählen können, was am besten zu ihnen passt. Dabei muss allerdings darauf geachtet werden, dass die Übersichtlichkeit – sowohl für das Unternehmen, als auch für die Kunden – nicht verloren geht. Für das Unternehmen bedeutet ein Mehr an Differenzierungsformen meist auch einen höheren Verwaltungsaufwand. Der Kunde kann durch ein Überangebot überfordert werden und den Eindruck einer intransparenten Preisbildung gewinnen, was zu einer sinkenden Kundenzufriedenheit und einem negativen Preisimage führt. Das Angebot an Formen der Preisdifferenzierung muss daher gut durchdacht und an die Kundenwünsche angepasst sein.

Die derzeitige Entwicklung zeigt einen Trend zu einfacheren Preisstrukturen. Dies kann an der gestiegenen Beliebtheit von Flatrates in allen Bereichen des Alltags beobachtet werden. Wurde diese zunächst überwiegend von Telekommunikationsanbieten offeriert, lassen sich nun Flatrates auch für den Verleih von Hörbüchern und Musik und sogar in Restaurants finden (vgl. Simon/Fassnacht 2009, S. 281ff.).

Aus rechtlicher Sicht existieren nach dem Wegfall von Rabattgesetz und Zugabeverordnung wenige Einschränkungen bezogen auf die Preisdifferenzierung. Plant ein Unternehmen jedoch den Einsatz nachfragerbezogener heterogener Preisdifferenzierung, so muss das Preissystem transparent sein und darf keine Nachfragergruppe diskriminieren. Dies ist besonders dann relevant, wenn das Unternehmen eine marktbeherrschende Stellung innehat. Des Weiteren dürfen die Verbraucher nicht in die Irre geführt werden.

10.3 Die Dimension Sortiment

10.3.1 Preislinienpolitik

Nur wenige Unternehmen bieten ausschließlich nur ein Produkt auf dem Markt an. Oftmals werden mehrere Produktvariationen oder sogar Produkte verschiedener Kategorien angeboten. Um die Gewinne des gesamten Unternehmens zu optimieren, müssen die jeweiligen Produktstrategien, und damit auch die Preise, aufeinander abgestimmt werden. Diese Abstimmung ist Inhalt der Preislinienpolitik, deren Ziel die produktübergreifende Preisoptimierung ist. Ein erster Schritt hierfür ist die Analyse der Beziehungen zwischen den Produkten. So können sich diese sowohl in den Kosten, als auch in der Nachfrage gegenseitig beeinflussen. Die Kostenverbünde nehmen beispielsweise in der Autoindustrie seit der zunehmenden Nutzung von Produktplattformen zu (vgl. Diller 2008, S. 275ff.). Die verschiedenen Arten der Nachfrageverbünde wurden bereits in Kapitel 6.3.1 beschrieben und sind Tabelle C.14 übersichtlich dargestellt.

Tabelle C.14 Formen von Nachfrageverbünden
(nach Simon/Fassnacht 2009, S. 286ff.)

Nachfrageverbünde		
Form	**Beschreibung**	**Beispiel**
Substitutiv	Beliebig austauschbar; positive Kreuzpreiselastizität	Zigarettenmarken
Komplementär	Produkte stiften Nutzen im Verbund; negative Kreuzpreiselastizität	Auto-Klimaanlage
Dynamisch	Kauf des Hauptproduktes zieht den Kauf von Folgeprodukten nach sich	Druckerpapier
Informationstransfer	Transfer bisheriger Erfahrungen auf weitere Produkte	Verbrauchsgüter

Um die Absatzreaktion eines Produktes unter Berücksichtigung des weiteren Sortimentes abbilden zu können, bedient man sich erneut der Preiselastizität. In diesem Rahmen werden zwei verschiedene Formen unterschieden: die Eigenpreiselastizität des Produktes i und die Kreuzpreiselastizität, die die Abhängigkeit von den anderen Produkten j ausdrückt. Diese beiden Varianten lassen sich wie folgt beschreiben:

$$\text{Eigenpreiselastizität:} \quad \varepsilon = \frac{dx_i}{dp_i} \times \frac{p_i}{x_i} < 0 \qquad \text{Formel 25}$$

$$\text{Kreuzpreiselastizität:} \quad \varepsilon_{ji} = \frac{dx_i}{dp_i} \times \frac{p_j}{x_j} < 0 \qquad \text{Formel 26}$$

Die Wirkung einer Preisänderung auf den Absatz des entsprechenden Produktes wird als Primäreffekt bezeichnet. Verändert sich der Absatz anderer Produkte bei einer Preisänderung, so wird dieser Effekt Sekundäreffekt genannt. Ist die Kreuzpreiselastizität größer als null, so liegt ein so genannter preissubstitutiver Sortimentsverbund vor. Folgt auf eine Preissenkung des Produktes *i* eine Erhöhung des Absatzes der anderen Produkte, so ist die Kreuzpreiselastizität negativ und der Sortimentsverbund komplementär. Wichtig ist zu beachten, dass sich die Kreuzpreiselastizitäten ε_{ji} und ε_{ij} nicht entsprechen müssen. Sind sie unterschiedlich, so wird von einem asymmetrischen Sortimentsverbund gesprochen (vgl. Pechtl 2005, S. 106ff.).

Die Entscheidungsfelder der Preislinienpolitik lassen sich Tabelle C.15 entnehmen. Die Preisstrukturpolitik beschäftigt sich mit den grundsätzlichen Preisrelationen zwischen den verschiedenen Produkten des Unternehmens, während sich die anderen beiden Entscheidungsfelder mit den verschiedenen Möglichkeiten der Kalkulation auseinandersetzen (vgl. Diller 2008, S. 277).

Tabelle C.15 Entscheidungsfelder der Preislinienpolitik (Diller 2008, S. 277)

Preisstrukturpolitik	Mischkalkulation	
	Programmausgleich	Sukzessivausgleich
• Preislagenbesetzung • Preisabstände zwischen Preislagen • Preisabstände Modelle • Preisabstände Packungsgrößen	• Bestimmung der Ausgleichsgeber und Ausgleichsnehmer • Ausmaß der Mischkalkulation • Preisbündelung	• Folgegeschäfte • Upselling • Versioning

Preisstrukturpolitik

Die Preisstruktur eines Unternehmens ist charakterisiert durch die absoluten Ober- und Untergrenzen der Preise sowie die besetzten Preislagen. Diese müssen sich strikt an der (preislichen) Positionierung des Unternehmens sowie dessen Produkten orientieren, um ein einheitliches Gesamtbild darzustellen. Zusätzlich zu der aus Marketingsicht optimalen Positionierung der Produkte in Bezug auf die Zielgruppe muss im Rahmen der Preisstrukturpolitik zudem die Wirkung aller Produktpreise als Gesamtheit aufeinander abgestimmt werden. Die Beantwortung der folgenden Fragen kann dabei helfen, die Ober- und Untergrenzen der Produktpreise festzulegen (vgl. Diller 2008, S. 277f.). Preislagen sind dabei definiert als bestimmte Bereiche im Preisspektrum eines Marktes, die durch Preisschwellen voneinander abgegrenzt werden.

- Ist das Unternehmen als Spezialist positioniert oder als Anbieter eines breiten Spektrums an Produkten?
- Welche Kunden können durch das Angebot zusätzlicher Preislagen hinzugewonnen werden?

- Welche Schwächen und Stärken haben Wettbewerber in bestimmten Preislagen? Welche Schwächen und Stärken hat das Unternehmen in diesen Preislagen?
- Ist das Angebot von Produkten aus weiteren Preislagen vereinbar mit dem Markenimage?

Besonders häufig tritt die Aufteilung des Marktes in die drei Preislagen billig, mittel und teuer auf. Dabei ist es wichtig, dass die Qualität der Produkte der preislichen Kategorisierung der Nachfrager entspricht (vgl. Diller 2008, S. 277ff.).

Mischkalkulation

Ziel der Mischkalkulation ist es, die verschiedenen Produktpreise so aufeinander abzustimmen, dass das Unternehmensergebnis optimiert wird und nicht die einzelnen Produktergebnisse. Produkte, auf die zugunsten anderer Produkte vergleichsweise hohe Preisaufschläge addiert werden, werden Ausgleichgeber, Produkte mit niedrigem Aufschlag Ausgleichsnehmer genannt. Dabei werden die Aufschläge je nach Nachfrage- und Wettbewerbssituation berechnet. Beim so genannten Programmausgleich werden dabei Auf- und Abschläge bei Produkten einer Produktlinie innerhalb einer Periode ausgeglichen. Ein Beispiel hierfür ist der bereits beschriebene Eckartikeleffekt. So werden im Groß- und Einzelhandel Produkte mit hohem Preisinteresse relativ preiswert angeboten, um Nachfrager anzuziehen. Die dadurch entgangenen Gewinne werden mit Aufschlägen auf oft im Verbund gekaufte Artikel mit niedrigerem Preisinteresse ausgeglichen. Um sicherzugehen, dass nicht ausschließlich die Produkte nachgefragt werden, die günstiger angeboten werden, können Produktbündel eingesetzt werden. Diese werden in Kapitel 10.3.2 näher behandelt. Im Rahmen des Sukzessivausgleichs werden die Auf- und Abschläge über mehrere Perioden hinweg ausgeglichen. Diese Vorgehensweise ist besonders typisch bei Eröffnungsangeboten, die die Kunden zum Kennenlernen des Produktes und dem Aufbau von Markentreue animieren sollen. Dabei ist es besonders wichtig, die Kundenbindung aufrecht zu erhalten, da ansonsten Verluste drohen. Ist der Kunde an das Unternehmen gebunden, kann versucht werden, ihm im Laufe der Zeit die Vorteile teurer Produkte vorzustellen und so Upselling zu betreiben. Eine weitere Form des Sukzessivausgleichs besteht in der Mischkalkulation zwischen Hauptprodukt und Folgeprodukten beziehungsweise Service- oder Ersatzteilen. So kann beispielsweise eine Software relativ günstig, können deren Updates aber mit Aufschlägen angeboten werden (vgl. Diller 2008, S. 279ff.).

Die zunehmende Individualisierung der Angebote bietet immer mehr Möglichkeiten der Mischkalkulation. Allerdings wirft die produktübergreifende Preisoptimierung auch einige Probleme auf. So können die unterschiedlichen

Preise nur dann optimal berechnet werden, wenn Produktbeziehungen und damit die entsprechenden Kreuzpreiselastizitäten bekannt sind. Durch die weit verbreitete Nutzung von Scannern im Einzel- und Großhandel können diese Werte im Handel relativ gut bestimmt werden. Schwieriger ist die Erhebung dagegen in der Industrie oder im Dienstleistungssektor. Empfohlene Erhebungsformen sind hier Expertenschätzungen und das Conjoint Measurement (vgl. Kapitel 3.2.2.1). Die Komplexität der Berechnungen steigt zudem mit der Anzahl zu berücksichtigender Produkte. Daher wird empfohlen, nur diejenigen mit der stärksten Beziehung einzubeziehen und die anderen Preise isoliert zu berechnen. Ein weiteres Hindernis kann die Zuständigkeit in Unternehmen sein. Existieren Verantwortlichkeiten für jeweilige Produktgruppen, also eine dezentrale Organisation, so versucht jeder Mitarbeiter, das eigene Ergebnis zu optimieren. Abstriche zugunsten des Unternehmensergebnisses zu akzeptieren erfordert eine entsprechende Incentivierung der Mitarbeiter und Durchsetzungskraft des Gesamtverantwortlichen (vgl. Simon/Fassnacht 2009, S. 285ff.).

10.3.2 Preisbündelung

Das gemeinsame Angebot verschiedener Leistungen zu einem gemeinsamen Preis wird als Preisbündelung bezeichnet (Kapitel 6.3.2). Manche Autoren sehen darin eine besondere Ausprägung der leistungsbezogenen Preisdifferenzierung, womit sie der Preisdifferenzierung zweiten Grades zugeordnet werden kann.

In der Praxis wird die Preisbündelung oft lediglich als Zusammenfassung mehrerer Produkte zu einem niedrigeren Gesamtpreis verstanden. Erfolgreiche strategische Preisbündelung geht darüber hinaus und schafft Bündel, die als eigenständiges Gut spezielle Bedürfnisse befriedigen und so zusätzlichen Kundennutzen bringen. Damit geht die Definition einer entsprechenden Zielgruppe sowie eigener Ziele einher (Wübker 1998, S. 33ff.).

Strategische Potenziale der Preisbündelung

Strategische Potenziale, die durch den Einsatz von Preisbündelung ausgeschöpft werden können, sind in Abbildung C.14 dargestellt.

Abbildung C.14 Strategische Potenziale der Preisbündelung (nach Pechtl 2005, S. 171ff.)

Eine stärkere Abschöpfung der Konsumentenrente wird vor allem bei den Produkten realisiert, die im Bündel mitverkauft werden, deren Einzelpreis die Zahlungsbereitschaft des Käufers aber überschreiten würde. Damit der Gewinn im Vergleich zu einem getrennten Verkauf der Leistungskomponenten gesteigert wird, muss der Umsatz der Bündelprodukte jedoch die Summe überschreiten, die der Konsument für die einzelnen Produkte insgesamt ausgeben würde.

Marketingstrategische Vorteile lassen sich vor allem durch eine von Wettbewerbern differenzierte Zusammenstellung relativ homogener Leistungskomponenten erreichen. Diese Zusammenstellung erschwert den Nachfragern zudem den Preisvergleich. Ein weiterer marketingstrategischer Vorteil ist die durch Preisbündelung mögliche Übertragung hoher Marktanteile eines Produktes an Bündelkomponenten. Deren Absatz wird durch den gemeinsamen Verkauf gesteigert, wodurch auch bei diesen Produkten Skaleneffekte genutzt werden können.

Reduziert ein Verkauf der Produkte in einer begrenzten Anzahl von Produktbündeln die Vielfalt an Variationen im Unternehmen, so können zudem Kostenvorteile durch eine Reduktion der Komplexität realisiert werden. Des Weiteren führen steigende Absatz- und Produktionsmengen, vor allem bei weniger beliebten Bündelkomponenten, zu Kostendegression.

Bei vielen Kunden erweckt die Menge an Bestandteilen des Preisbündels zudem den Eindruck der Preisgünstigkeit. Ein weiterer preispolitischer Effekt kann als Mittelung der Elastizitäten bezeichnet werden: Ist die Preiselastizität für eine Bündelkomponente besonders niedrig, so kann dieser Wert dazu führen, dass eine andere Komponente mit vergleichsweise hoher Preiselastizität trotzdem akzeptiert wird. Ein Beispiel hierfür ist die Bündelung von Eintrittskarten bei Fußballspielen, die außerdem die Kapazitätsauslastung optimiert. So sind Fans bereit, für Spiele der Champions League viel Geld zu bezahlen, während Bundesligapartien gegen Mannschaften am Ende der Tabelle im Vergleich weniger nachgefragt werden.

Gemäß der Prospect-Theorie empfinden die Kunden beim Kauf eines Produktbündels einen einmaligen monetären Verlust, während ein Kauf mehrerer Bündelkomponenten zu mehrmaligen Auszahlungen führt. Auch dieser psychologische Vorteil kann vom Unternehmen zu seinen Gunsten genutzt werden (vgl. Pechtl 2005, S. 171ff.; Diller 2008, S. 240ff.).

Formen der Preisbündelung

Die Grundformen der Preisbündelung, die reine und die gemischte Form, wurden bereits in Kapitel 6.3.2 vorgestellt. In welchen Fällen die Einzelpreisstellung gegenüber reiner oder gemischter Preisbündelung bevorzugt werden soll, kann nicht generell gesagt werden. Es empfiehlt sich allerdings, die Einzelpreisstellung zu verwenden, wenn die Maximalpreise der Produkte stark voneinander abweichen. Ist die Präferenz für beide Produkte ungefähr gleich groß, so ist die reine Preisbündelung von Vorteil, während die gemischte Preisbündelung bei teils extremen und teils ausgewogenen Präferenzen zum maximalen Gewinn führt (vgl. Simon/Fassnacht, S. 302 f.).

Eine weitere Form der Preisbündelung sind Kopplungsverkäufe, bei denen der Anbieter eines Hauptproduktes verlangt, dass auch Nebenprodukte ausschließlich von ihm bezogen werden. Dies ist oft der Fall im Anlagengeschäft, bei dem Serviceleistungen mit einer Anlage zusammen verkauft werden. Die Add-on-Preisbündelung ist dem Kopplungsverkauf sehr ähnlich und unterscheidet sich dadurch, dass in diesem Fall das Nebenprodukt lediglich dann erworben werden kann, wenn auch das Hauptprodukt gekauft wurde. So ist der Kauf eines Autos auch ohne Klimaanlage möglich, während die Klimaanlage ohne Autokauf vom Hersteller in der Regel nicht zu beziehen ist (Priemer 2000, S. 30f.).

In Folge zunehmender Individualisierung der Kundenangebote ist auch das so genannte Unbundling zu beobachten. Dabei werden Produkte, die zunächst zusammen angeboten wurden, wieder einzeln verkauft. So lassen sich unter Umständen neue Märkte erschließen oder auch neue Kunden gewinnen, die die Zusammensetzung der Produkte selbst bestimmen wollen (Simon/Fassnacht 2009, S. 305f.).

Tabelle C.16 zeigt eine Zusammenfassung bisher erläuterter sowie weiterer Bündelungsformen.

Tabelle C.16 Erscheinungsformen von Bundling (nach Wübker 1998, S. 48ff.)

Erscheinungsformen von Bundling		
Systematisierungskriterium	Formen	Beispiele
Basisstrategie	• Pure Bundling • Mixed Bundling • Mixed Components	• Lesezirkel • Theatereinzelkarten und Abonnements • PKW mit oder ohne Klimaanlage
Grad der Verschiedenheit der gebündelten Produkte	• Multiple Bundles • Multi-Product Bundles • Variety Bundles	• Apfelkiste • Pauschalreise • Fruchtzwerge
Verwendungszusammenhang	• Complementary Bundling • Substitutional Bundling • Independent Bundling	• Software & Schulung • Kochtopfset • Versicherungen
Anzahl der beteiligten Anbieter	• Intra-Firm Bundling • Inter-Firm Bundling	• Versicherungen • Investmentfonds
Dauer der geplanten Marktpräsenz	• Long-Term Bundles • Short-Term Bundles	• Versicherungen • Kelloggs und Spielzeug

Der Bündelpreis

Die Festsetzung des Bündelpreises kann auf drei verschiedene Arten geschehen, die in Abbildung C.15 dargestellt sind.

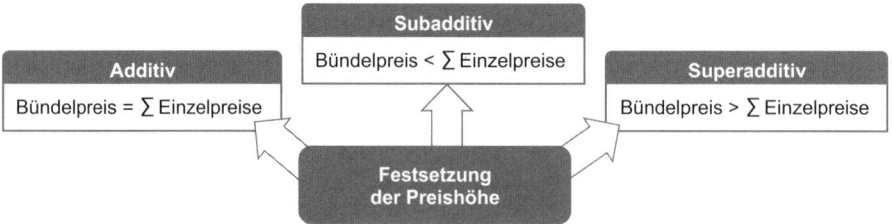

Abbildung C.15 Festsetzung der Preishöhe bei Preisbündelung
(nach Simon/Fassnacht 2009, S. 306)

Die additive Preisbündelung kommt, vor allem explizit als solche gekennzeichnet, selten vor. Als Beispiel kann jedoch der Online-Versandhändler Amazon genannt werden, der passende Produkte vorschlägt und einen Gesamtpreis berechnet. Die superadditive Form, auch Premium Bundling genannt, ist ebenfalls sehr selten in der Praxis zu beobachten. Sind die einzelnen Komponenten zusammen allerdings nur schwer zu bekommen, wie beispielsweise Sammlungen von Münzen oder Briefmarken, so kann der Wert des Bündels über dem der Bestandteile liegen. Die häufigste Form der Preisfestsetzung bei Preisbündelungen ist jedoch die subadditive. In diesem Fall enthält der Bündelpreis einen Abschlag gegenüber den Einzelpreisen. Daher ist diese Form der Preisbündelung vergleichbar mit einem Umsatzrabatt (vgl. Simon/Fassnacht 2009, S. 306f.; Pechtl 2005, S. 167ff.). Hier gilt es wiederum, drei verschiedene Arten der Darstellung zu unterscheiden (vgl. Simon/Fassnacht 2009, S. 306f.):

- *Joint Bundle Pricing*
  Angabe von Einzelpreisen und Bündelpreis, der einen Rabatt beinhaltet
- *Leader Bundle Pricing*
  Angebot des Hauptproduktes zum regulären Preis, Rabatt für Bündelprodukte
- *Composite Bundle Pricing*
  Ein Rabatt für das gesamte Produktbündel

Bei der Preisbündelung ist jedoch zu beachten, dass der Referenzpreis für das Bündel oftmals drastisch unter der Summe der Einzelpreise liegt. Ein Grund hierfür kann sein, dass der Nachfrager bestimmte Produkte eigentlich nicht erwerben möchte und somit nicht bereit ist, dafür zu bezahlen (vgl. Pechtl 2005, S. 176).

Fazit: Grundsätzliche Aspekte der Preisbündelung

Mit Hilfe der Preisbündelung kann eine Vielzahl von Vorteilen realisiert werden. Vor der Nutzung dieses Instrumentes sollten sich die Entscheider allerdings mit den drei folgenden Punkten auseinandersetzen (vgl. Pechtl 2005, S. 187ff.):

- *Gefahr wahrgenommener Preisunfairness*

  Der Nachfrager ist gezwungen, bei Preisbündeln auch Komponenten zu erwerben, die er ansonsten nicht kaufen würde. Selbst wenn der Bündelpreis unter seiner Zahlungsbereitschaft liegt, kann er dies als unfair und als Einengung seiner Entscheidungsfreiheit wahrnehmen. Ein weiterer Nachteil der Preisbündelung ist die niedrigere Preistransparenz, die ebenfalls zu Misstrauen seitens der Nachfrager führen kann.

- *Zusammenstellung der Leistungskomponenten*

  Die Zusammenstellung der Bündelkomponenten ist eine schwierige Aufgabe, mit der der Erfolg dieses Instrumentes wesentlich zusammenhängt. Das Ziel der Absatzsteigerung nutzen- und imageschwacher Produkte steht oftmals der Kundenzufriedenheit entgegen, da diese Produkte das Bündel weniger attraktiv für die Nachfrager erscheinen lassen. In der Praxis hat sich in diesem Zusammenhang vor allem die Bündelung einer überschaubaren Anzahl verwendungskomplementärer Produkte bewährt.

- *Bestimmung optimaler Bündelpreise*

  Die Komplexität der Bestimmung optimaler Bündelpreise steigt mit der Anzahl der Bündelkomponenten sowie mit einer möglichen variablen Zusammenstellung der Leistungsbündel. Eine vollständige Bewertung aller möglichen Preiskombinationen ist in der Regel nicht möglich. Die Reservationspreise einzelner Produktbündel sollten allerdings, beispielsweise mit Hilfe der Conjoint-Analyse, untersucht werden. Ergebnisse dieser Untersuchungen in Verbindung mit einer Analyse der optimalen Einzelpreise der Bündelkomponenten können so zu annähernd optimalen Bündelpreisen führen, die mit zunehmenden Erfahrungswerten noch verbessert werden können.

D Die Preisfestsetzung

Wurden preisrelevante Informationen erfasst und analysiert (vgl. Kapitel 2) und darauf aufbauend eine Preisstrategie vorgegeben (vgl. Kapitel 3), so kann nun die Preisfestsetzung erfolgen. Dieser Schritt erfordert die Kenntnis und Verarbeitung aller bisher vorgestellten Informationen.

Bei der Preisfestsetzung handelt es sich um die Bestimmung des Angebotspreises. In der Regel existiert jedoch nicht nur ein Preis je Produkt, sondern es gibt verschiedene Preise in Abhängigkeit von den Dimensionen des Preissystems (vgl. Kapitel 10). Der Preis muss folglich sowohl für neue Produkte berechnet als auch für bestehende Produkte an veränderte Umfeldbedingungen angepasst werden. Dabei existiert oftmals nicht nur ein Preis je Produkt, sondern es gibt mehrere Preise für unterschiedliche Marktsegmente oder verschiedene Produktvarianten. Des Weiteren müssen die Preise weiterer Produkte des Unternehmens bei der Entscheidung berücksichtigt werden, was zu einer weiteren Herausforderung im Rahmen der Preisfestsetzung führt.

Für die Kalkulation des Angebotspreises gibt es verschiedene Herangehensweisen: Eine Betrachtung der Kosten des Unternehmens, eine Orientierung an Wettbewerbspreisen oder an Kundenwünschen (magisches Dreieck der Preispolitik, Abbildung D.1) sowie marginalanalytische Optimierungsmodelle.

Die verschiedenen Möglichkeiten der Preiskalkulation werden in den folgenden Kapiteln vorgestellt. Man kann bereits vorwegnehmen, dass jede Herangehensweise Vor- und Nachteile in sich vereint und keine generell empfohlen oder abgelehnt werden kann. So genannte einseitig-starre Preisbildungsverfahren, die ausschließlich eine Informationsquelle zur Preisbildung heranziehen, sind zwar einfacher in der Handhabung, führen jedoch in der Regel nicht zum optimalen Preis. In der Praxis deutlich weiter verbreitet sind die flexibel-intui-

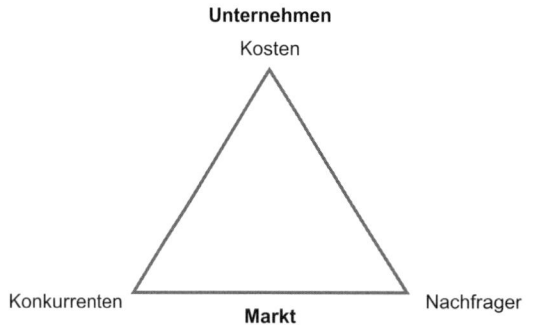

Abbildung D.1
Magisches Dreieck der Preispolitik (Pechtl 2005, S. 75)

tiven und simultanen Verfahren, die mehrere Quellen bei der Entscheidungsfindung berücksichtigen. Im Rahmen der flexibel-intuitiven Entscheidungsfindung wird eine Informationsart zur Bildung des vorläufigen Angebotspreises herangezogen und dieser in einem zweiten Schritt mit Hilfe von Sekundärinformationen optimiert. Bei Anwendung des simultanen Preisbildungsverfahrens hingegen werden mehrere Quellen zeitgleich evaluiert, was zu mehreren Preisalternativen führt, die sodann einander gegenübergestellt werden können (vgl. Simon/Fassnacht 2009, S. 188f.). Zumeist empfiehlt sich eine branchen- und situationsabhängige Kombination der Modelle.

Die Berechnung des Angebotspreises erfolgt folglich in der Regel nicht in einem einzigen Schritt, sondern ist ein mehrstufiger Prozess. Zunächst werden eine Preisober- und eine Preisuntergrenze für jedes Marktsegment definiert. Die Preisobergrenze stellt dabei, wie Abbildung D.2 zu entnehmen ist, den Nutzwert des Produktes für den Kunden dar. Die Preisuntergrenze wiederum entspricht den direkt zurechenbaren Kosten der Leistung. Der dadurch entstehende Preiskorridor wird unter Einbeziehung weiterer interner und externen Informationen mehr und mehr eingegrenzt. So ist das Ergebnis oftmals nicht eine einzige Zahl, sondern vielmehr ein Angebotspreis sowie bestimmte Preisuntergrenzen, die bei Verhandlungen oder Preisaktionen nicht unterschritten werden dürfen (vgl. Diller 2008, S. 309f.).

Die Festlegung eines Preiskorridors anstelle absolut fixer Preise bringt einen wichtigen Vorteil mit sich. Die damit einhergehende Flexibilität im Rahmen definierter Preissysteme erlaubt es den Mitarbeitern, im Gespräch mit den Kunden auf diese individuell eingehen und Zugeständnisse in einem definierten Rahmen machen zu können. So können verschiedene Konditionen wie Rabatte, Boni oder Zahlungsbedingungen flexibel und möglichst effizient angewendet werden, was zu mehr Kundenzufriedenheit sowie zu höheren Gewinnen führt.

Abbildung D.2 Ermittlung von Preiskorridor und Zielpreisbereich (nach Diller 2008, S. 310)

11 Kostenorientierte Preiskalkulation

Die kostenorientierte Preiskalkulation orientiert sich, wie sich Abbildung D.1 entnehmen lässt, an Unternehmensdaten. Die Analyse und monetäre Bewertung der Kosten der Leistungserstellung bilden die Basis dieser Art der Kalkulation (vgl. Pechtl 2005, S. 75).

11.1 Progressive Kalkulationsverfahren

Im Rahmen des progressiven Kalkulationsverfahrens, auch Cost-Plus-Pricing genannt, basiert der Angebotspreis p_i auf den Kosten der Leistungserstellung. Auf diese Selbstkosten des Produktes wird im Rahmen der Vollkostenrechnung ein prozentualer Gewinnzuschlag g hinzugerechnet (Formel 27):

$$p_i = k_i \times \left(1 + \frac{g}{100}\right) \quad \text{Formel 27}$$

Die Selbstkosten enthalten neben den Produktionskosten auch anteilig weitere im Unternehmen anfallende Kosten, zum Beispiel für die Verwaltung. Im Handel wird anstelle der Selbstkosten der Einstandspreis als Basis für den Gewinnaufschlag verwendet (vgl. Pechtl 2005, S. 75ff.). Auf die Ermittlung der Stück- oder Selbstkosten soll an dieser Stelle nicht näher eingegangen werden.

Da die Vollkostenrechnung bei Mehrproduktunternehmen zu einer in der Regel nicht verursachungsgerechten Verteilung der Gemeinkosten führt, wird in manchen Unternehmen die Teilkostenrechnung bevorzugt. Diese unterscheidet zwischen fixen und variablen Kosten. Die Formel zur progressiven Kalkulation lautet bei Anwendung der Teilkostenrechnung wie folgt:

$$p_i = k_{vi} \times \left(1 + \frac{g'}{100}\right) \quad \text{Formel 28}$$

Der Gewinnaufschlag g' muss in diesem Fall höher sein als bei Vollkostenrechnung, da die fixen Kosten in dieser Formel nicht einbezogen werden.

Der Gewinnaufschlag kann sich sowohl an internen Erfahrungswerten als auch am Branchendurchschnitt oder an am Markt durchsetzbaren Werten orientieren. Die kostenorientierte Preiskalkulation basiert folglich nicht ausschließlich auf Unternehmensdaten, sondern bezieht zudem Marktdaten ein, um beispielsweise den Gewinnaufschlag zu optimieren. Dennoch spielen Marktanalysen eine vergleichsweise geringe Rolle bei dieser Art der Preisfestsetzung. Demnach führt eine Veränderung der Kosten zu einer proportionalen Veränderung des Angebotspreises (vgl. Pechtl 2005, S. 75ff.; Simon/Fassnacht 2009, S. 190f.).

Eine ähnliche Herangehensweise wie das Cost-Plus-Pricing bietet auch das so genannte Target-Return-Pricing. In diesem Fall gibt der Unternehmer eine absolute Gewinngröße G vor und leitet daraus (unter Annahme der geplanten Absatzmenge x) den festzusetzenden Preis ab (vgl. Pechtl 2005, S. 75ff.):

$$p_i = k_i + \frac{G_i}{x_i} \qquad \text{Formel 29}$$

Das Target-Return-Pricing könnte ebenso den marktorientierten Formen der Preisfestsetzung zugeordnet werden, da der Ausgangspunkt dieser Berechnungen der Marktpreis ist. Dieser wird bei marktorientierten Unternehmen nicht durch Unternehmensdaten bestimmt, sondern stellt oftmals die Zahlungsbereitschaft der Kunden dar.

Tabelle D.1 stellt Vor- und Nachteile der kostenorientierten Preiskalkulation gegenüber.

Den Vorteilen der kostenorientierten Preiskalkulation stehen teils erhebliche Nachteile gegenüber. Da Marktinformationen nur sehr begrenzt einbezogen werden, ist eine exakte Prognose der absetzbaren Menge eher unwahrscheinlich. So kann es sein, dass das Unternehmen entweder zu viel oder zu wenig produziert, was in beiden Fällen zu Gewinneinbußen führt.

Allgemein ist von dieser Form der Preiskalkulation vor allem in rezessiven Perioden sowie in stagnierenden Märkten mit hohem Wettbewerb abzuraten. Bei sinkenden Absatz- und letztlich Produktionsmengen müssen die Fixkosten auf weniger Produkte verteilt werden, was zu steigenden Preisen führt. Diese Reaktion kann jedoch zu weiteren Absatzrückgängen führen, was in einer Abwärtsspirale für das Unternehmen resultiert. Zudem empfiehlt sich stets eine zusätzliche Berücksichtigung der Marktbedingungen. So beziehen viele Unterneh-

Tabelle D.1 Vor- und Nachteile kostenorientierter Kalkulation (nach Diller 2008, S. 314ff., Pechtl 2005, S. 79ff.)

Vor- und Nachteile kostenorientierter Preiskalkulation	
Vorteile	Relativ einfache Handhabung
	Günstiges Verfahren durch geringen Bedarf externer Informationen
	Breite Anwendung in der Wirtschaft führt zu homogenen Preisstrukturen
	Hohe wahrgenommene Preisfairness
Nachteile	Preisfehler durch nicht verursachungsgerechte Zuteilung der Gemeinkosten
	Preisfehler durch Fixkostenproportionalisierung bei Vollkostenrechnung
	Keine Möglichkeit zur aktiven Preispolitik durch Bindung an jeweilige Kostenlage
	Vernachlässigung der Absatzabhängigkeit der Kosten

men die Absatzsituation durch eine entsprechende Korrektur des Gewinnaufschlags ein (vgl. Diller 2008, S. 315ff.; Pechtl 2005, S. 75ff.).

Eine überaus wichtige Information, die im Rahmen der kostenorientierten Kalkulationsverfahren erhoben wird, sollte auch bei Nutzung anderer Verfahren berücksichtigt werden: die lang- und kurzfristige Preisuntergrenze. Die Kenntnis dieser Grenzen ist für Unternehmen essenziell, da eine längere Unterschreitung schnell zu schwerwiegenden Liquiditätsproblemen führen kann.

Liegt zwischen Vertragsabschluss und Leistungserbringung eine längere Zeitspanne, während derer sich die Kostenpositionen des Anbieters verändern können, so empfiehlt es sich, so genannte Preisänderungsklauseln (vgl. Kapitel 17.2.2) in den Vertrag zu integrieren. Diese können das Risiko eines Verlustes durch Veränderung der Kostenstruktur minimieren (vgl. Pechtl 2005, S. 86ff.).

11.2 Weitere Verfahren kostenorientierter Preiskalkulation

Neben der in Kapitel 11.1 beschriebenen progressiven Kostenkalkulation existieren weitere kostenorientierte Preisfestsetzungsverfahren. Diese werden in den folgenden Kapiteln näher beschrieben.

11.2.1 Preiskalkulation bei a priori unbestimmten Leistungen

Können Umfang und Kosten der Leistung bei Vertragsabschluss noch nicht bestimmt werden, so ist die Preiskalkulation für den Unternehmer mit einem hohen Risiko verbunden. Unterschätzt er die Kosten, ist die Leistungserbringung für ihn nicht mehr rentabel, überschätzt er sie, entscheidet sich der Auftraggeber vermutlich für einen Wettbewerber. Beispiele für derartige Probleme finden sich beispielsweise im Handwerk bei kundenspezifischen Aufträgen. Eine Möglichkeit, dieses Risiko zu reduzieren, ist die Vereinbarung eines Risikoausgleichs bei unerwarteten Abweichungen der erwarteten Kosten. Eine weitere Option ist die Vereinbarung einer Stundensatz-Kalkulation. Bei dieser ergibt sich der Preis aus der geleisteten Arbeitszeit multipliziert mit den vereinbarten Stunden- oder Tagessätzen. Verbrauchtes Material wird bei dieser Art der Kalkulation in der Regel gesondert in Rechnung gestellt. Diese Art der Kalkulation ist jedoch für den Nachfrager mit einem höheren Risiko behaftet. Dieser muss darauf vertrauen, dass der Anbieter die vereinbarte Leistung so schnell wie möglich erbringt und den Preis nicht unnötig in die Höhe treibt. Um dem Kunden mehr Planungssicherheit zu vermitteln, kann der Anbieter eine Zeitgarantie angeben, die den Höchstpreis darstellt (vgl. Pechtl 2005, S. 81ff.).

11.2.2 Preiskalkulation bei hoher Fixkostenintensität

Ist der Anteil der Fixkosten an den Gesamtkosten besonders hoch, so empfiehlt es sich, die Preiskalkulation an diese Gegebenheit anzupassen. Ein Beispiel hierfür sind die so genannten „Take or pay"-Verträge, die im internationalen Handel von Erdöl eingesetzt werden. Da die Erschließung der Erdölfelder einen Großteil der Kosten ausmacht, verpflichtet sich der Abnehmer, über einen längeren Zeitraum bestimmte Abnahmemengen einzuhalten. Werden diese unterschritten, so muss er dennoch die vereinbarten Zahlungen leisten. Ein weiteres Beispiel für hohe Fixkosten findet sich in der Softwareentwicklung. Dieser Markt bedient sich zur Risikoreduzierung so genannter Optionsverkäufe. Den Nachfragern wird hierbei vor Verkaufsstart das Recht eingeräumt, die Innovation zu niedrigeren Preisen zu erwerben. So können bereits im Voraus die hohen Entwicklungskosten kompensiert und das Risiko eines Scheiterns am Markt begrenzt werden (vgl. Pechtl 2005, S. 84ff.).

12 Marktorientierte Preiskalkulation

12.1 Grundprinzipien

Die marktorientierte Preiskalkulation wird dem Grundgedanken des Marketings weit mehr gerecht als die kostenorientierte Kalkulation. Im Rahmen einer marktorientierten Preiskalkulation wird ein möglicher Angebotspreis zunächst aus Beobachtungen im Markt sowie den Unternehmenszielen abgeleitet. Dieser Preis wird dann auf Absatz- und Umsatzwirkungen untersucht. Kombiniert man diese Ergebnisse wiederum mit den damit zu erwartenden Kosten und Gewinnen, so kann abschließend eine Entscheidung bezüglich der Vertretbarkeit des Preises getroffen werden.

Diese Art der Kalkulation wird auch retrograd genannt, da, wie eben beschrieben, ein möglicher Angebotspreis durch Rückrechnung festgesetzt oder optimiert wird. Wie aus der Beschreibung bereits hervorgegangen ist, handelt es sich in diesem Fall nicht um eine einseitig-starre Form der Preiskalkulation. Vielmehr müssen die Marktdaten um Kosteninformationen ergänzt werden, um vertretbare Preise festlegen zu können. Um Preisfehler durch Fixkostenproportionalisierung und eine nicht verursachungsgerechte Verteilung der Gemeinkosten zu vermeiden, sollte bei Überprüfung des vom Markt abgeleiteten Preises auf die Teilkostenrechnung zurückgegriffen werden (vgl. Diller 2008, S. 319f.).

Abbildung D.3 zeigt Anhaltspunkte für die Preisbildung, die durch eine Analyse des Marktes abgeleitet werden können.

Einer der wichtigsten Anhaltspunkte für die marktorientierte Preiskalkulation ist die Kenntnis der Preis- und Kreuzpreiselastizitäten am Markt sowie ein Verständnis derer Einflussfaktoren. Das Wissen um die wahrscheinliche Reaktion der Kunden und Wettbewerber bei Preisänderungen ist ein Hauptbestandteil der marktorientierten Preiskalkulation. In Kapitel 5.2 wurden Formen der Preiselastizität definiert und beschrieben. Abbildung D.4 stellt einige Einflussfaktoren auf Preis- und Kreuzpreiselastizitäten dar.

Bevor in den Kapiteln 12.3 und 12.4 die Besonderheiten konkurrenz- und nachfragerorientierter Preiskalkulation dargestellt werden, werden Methoden vorgestellt, die bei beiden Arten marktorientierter Preiskalkulation genutzt werden können.

12.2 Unterstützende Verfahren marktorientierter Preiskalkulation

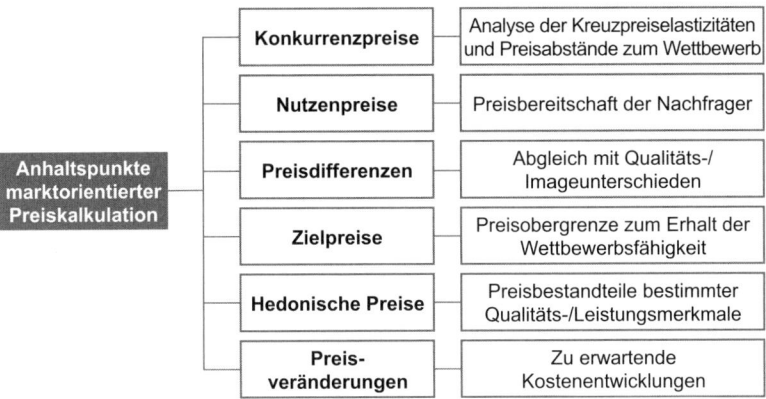

Abbildung D.3 Anhaltspunkte marktorientierter Preiskalkulation (nach Diller 2008, S. 319 f.)

Abbildung D.4 Treiber von Preis- und Kreuzpreiselastizität (nach Diller 2008, S. 321)

12.2 Unterstützende Verfahren marktorientierter Preiskalkulation

Entscheidungsbaum

Reaktionen der Kunden, der Wettbewerber und weiterer Marktteilnehmer können nicht mit Sicherheit vorhergesagt werden. Um verschiedene Möglichkeiten trotzdem bewerten zu können, kann die Methodik des Entscheidungsbaumes angewandt werden. Abbildung D.5 zeigt ein Beispiel für eine Entscheidung zwischen den Preisen 15 und 10 Euro. „p_j" stellt den Preis dar, den der Wettbewerb vermutlich bei den jeweiligen Preisalternativen festsetzt. „w" ist die jeweilige Wahrscheinlichkeit, mit der das bezeichnete Ereignis eintrifft. „x" stellt die voraussichtliche Abnahmemenge dar, deren Maximierung das Ziel der Unternehmung in diesem Beispiel ist.

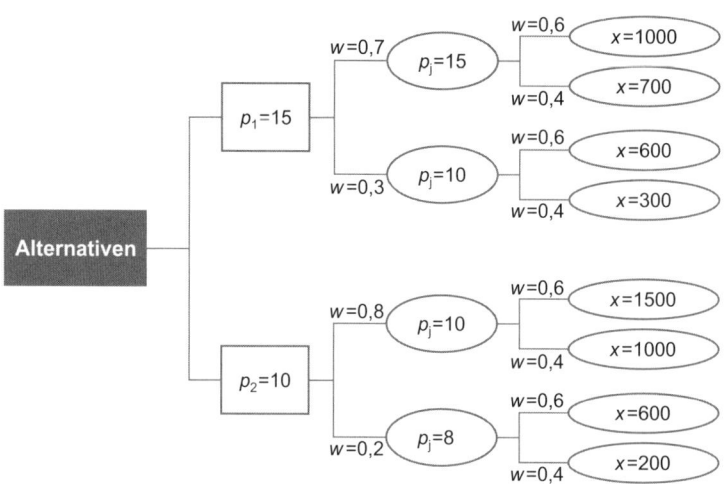

Abbildung D.5 Entscheidungsbaum (Diller 2008, S. 334)

Für den Fall, dass sich der Unternehmer für p_1 entscheidet, kann er bestenfalls 1000, im ungünstigsten Fall 300 Einheiten absetzen. Bei p_2 dagegen werden voraussichtlich maximal 1500 Einheiten abgesetzt, während das Minimum bei 200 Einheiten liegt. Berechnet man über die Multiplikation der Wahrscheinlichkeiten die Erwartungswerte der beiden Alternativen (ohne zusätzliche Gewichtungen), so erhält man für p_1 760 Einheiten, für p_2 1128 Einheiten. Somit ist p_2 nach dieser Methode zu empfehlen (vgl. Diller 2008, S. 333ff.).

Preisuntergrenzen und Deckungsbudgets

Diller (2008, S. 328ff.) weist darauf hin, dass viele Rechenverfahren retrograder Preiskalkulation auf einer Unterscheidung von fixen und variablen Kosten aufbauen. Um der Problematik der Gemeinkostenverrechnung zu begegnen, verzichtet er auf formelhafte Preiskalkulation und schlägt vor, statt fixer Preise Preisspielräume zu definieren. Innerhalb dieser Spielräume steht es den Unternehmern frei, welchen Preis sie situationsabhängig wählen. Der Preisspielraum wird in Abbildung D.6 durch die Pfeile 1 und 2 dargestellt. Die Preisuntergrenze wird festgelegt durch die Einzelkosten des Produktes (Pfeil 3) sowie die Ergebnisansprüche des Unternehmens (Pfeil 4). Sie stellt sicher, dass die für die Erreichung definierter Ziele des Unternehmens notwendigen Erträge erreicht werden. Können Gemeinkosten auf das Produkt geschlüsselt werden, so kann der Unternehmer auch diese in die Berechnung der Preisuntergrenze einbeziehen. Die Deckungsbudgets müssen so festgelegt werden, dass sie bisher nicht abgedeckte Gemeinkosten berücksichtigen (Pfeil 5), den Ergebnisanspruch der Unternehmung realisieren (Pfeil 6) und Marktgegebenheiten (Pfeil 7) einbeziehen. Sind sowohl Preisuntergrenzen als auch Deckungsbudgets festgelegt, so können Richtlinien festgelegt werden, mit welchen Produkten oder auch in welchen Zeitfenstern die Untergrenzen angewandt werden können und unter welchen Bedingungen ein höherer Preis vom Kunden gefordert werden soll. Durch diese Flexibilität können demnach sowohl Preisstrategie (Pfeil 8) als auch Preistaktik (Pfeil 9) angewandt werden und fallen nicht reiner kostenorientierter Preiskalkulation zum Opfer (vgl. Diller 2008, S. 328ff.).

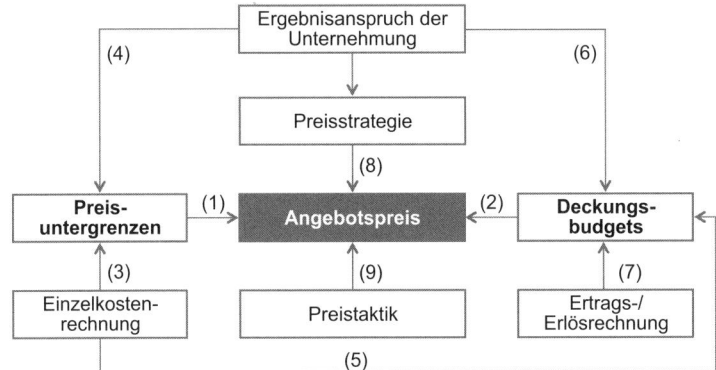

Abbildung D.6 Preisbestimmung durch Preisuntergrenzen und Deckungsbudgets (Diller 2008, S. 329)

12.3 Konkurrenzorientierte Preiskalkulation

Die konkurrenzorientierte Preiskalkulation fokussiert Preise und Leistungen der Wettbewerber und versucht, daraus den optimalen Preis für das eigene Unternehmen abzuleiten. In Kapitel 9.3 wurden die verschiedenen Formen wettbewerbsorientierter Positionierung beschrieben. Im Rahmen der Preisfestsetzung ist es nun essenziell, sich an der zuvor definierten Positionierung zu orientieren (vgl. Pechtl 2005, S. 75).

Während bei Anwendung der Preisfolgerschaft eine Kalkulation nahezu nicht benötigt wird, müssen dominante Preisführer den Angebotspreis sehr gut durchdenken. Da die anderen Marktteilnehmer ihrem Verhalten im Normalfall folgen, haben sie erheblichen Einfluss auf die Preise im gesamten Markt.

Wettbewerbs-Index

Eine interessante Kennzahl im Rahmen der wettbewerbsorientierten Preiskalkulation ist der so genannte Wettbewerbs-Index (vgl. Müller, 1987):

Wettbewerbs-Index =

$$= \frac{Anbieterpreis}{Durchschnittspreis\ aller\ relevanten\ Wettbewerbsprodukte} \qquad \text{Formel 30}$$

Dieser Index gibt an, in welchem Verhältnis der Preis des eigenen Produktes zu den Preisen der Wettbewerbsprodukte steht. Um das Ergebnis nicht zu verfälschen, ist es bei dieser Berechnung wichtig, Produkte mit gleichen oder zumindest sehr ähnlichen Leistungsmerkmalen auszuwählen. Im Idealfall sollte der Wettbewerbs-Index mit der Bewertung der Kunden bezüglich des Produktnutzens übereinstimmen. Bietet das Produkt beispielsweise eine höhere Qualität als Wettbewerbsprodukte, so kann auch der Preis entsprechend höher, der Index also größer 1 sein. Bewerten die Kunden Wettbewerbsprodukte jedoch besser, so wird ein Index größer 1 zu Absatzeinbußen führen.

Preisabsatzfunktion mit Konkurrenzpreisen

Um eine Preisabsatzfunktion mit Konkurrenzpreisen empirisch zu quantifizieren, kommt sowohl eine Marktbeobachtung als auch das Conjoint Measurement infrage. So lässt sich ermitteln, welche Preise das Unternehmen bei bestimmten Wettbewerbspreisen festsetzen sollte. Die zu realisierende Absatzmenge x_i für Anbieter i bei einem Konkurrenzpreis p_j lautet wie in Formel 31. Dabei stellt m_i die maximal mögliche Sättigungsmenge des Unternehmens i dar, die dann eintritt, wenn Anbieter j den Prohibitivpreis festsetzt und folglich kein Nachfrager dessen Produkt erwirbt. Senkt Anbieter j den Preis, so reduziert sich m_i um b_{ij} Mengeneinheiten pro Preiseinheit.

$$x_i = m_i - b_{ij} \times (p_{j[Prohib]} - p_j) - b_i \times p_i \qquad \text{Formel 31}$$

Ersetzt man p_j durch den Durchschnittspreis der Wettbewerber, so lässt sich diese Formel auch bei mehreren Konkurrenten anwenden.

12.4 Nachfragerorientierte Preiskalkulation

Wie bereits der Name verrät, leitet sich der Preis bei Anwendung der nachfragerorientierten Preiskalkulation von den Reaktionen potenzieller Kunden ab. Diese können mit Hilfe der Preisabsatzfunktion – zumindest annähernd – dargestellt werden. Dabei sollten jedoch auch die Kosten des Unternehmens nicht außer Acht gelassen werden. In den letzten Jahren hat sich der Begriff etwas gewandelt. So ist nun die Rede von Value Pricing, das sich am Wert der Leistung für den Kunden orientiert (vgl. Pechtl 2005, S. 75). Die Konkurrenten werden bei dieser Art der Preiskalkulation nicht explizit berücksichtigt.

Kundennutzenrechnung

Mit Hilfe der Kundennutzenrechnung soll der wirtschaftliche Wert einer Leistung für den Kunden quantifiziert werden. Darauf aufbauend kann das Unternehmen den so genannten Nutzenpreis festsetzen. Der Fokus dieser Berechnung liegt auf den ökonomischen Vorteilen, die der Kunde beim Kauf realisieren kann. Sofern möglich, sollten jedoch auch qualitative Aspekte wie psychische und soziale Vorteile berücksichtigt werden. Am weitesten verbreitet ist diese Methode im Investitionsgüterbereich. Ein prominentes Beispiel hierfür ist die Kostenvergleichsrechnung, die die Kosten vor und nach Einsatz einer neuen Maschine vergleicht. Da für einen Einsatz der Kundennutzenrechnung viele Kundendaten benötigt werden, ist diese Methode relativ aufwendig und nur bei guten Kundenbeziehungen realisierbar. Zudem sind vor allem die qualitativen Aspekte nur schwer zu quantifizieren. Die Ergebnisse der Kundennutzenrechnung können jedoch nicht nur für die Erstellung des Angebotspreises, sondern darüber hinaus auch für die Festlegung der Preisdifferenzierung sowie weiterer Marketingmaßnahmen herangezogen werden. Voraussetzung dafür ist die Erhebung von Informationen über mehrere Kundengruppen hinweg (vgl. Diller 2008, S. 323f.; Nagle/Hogan 2007, S. 72ff.).

Break-Even-Analyse

Im Rahmen der Break-Even-Analyse wird bestimmt, welche Menge bei einem zu prüfenden Preis p_r abgesetzt werden muss, um die Kosten vollständig zu decken. Der Break-Even-Point ist dann erreicht, wenn die Kosten exakt den Erlösen entsprechen:

$$K_f + k_v \times x_r = p_r \times x_r \qquad \text{Formel 32}$$

$$x_r = \frac{K_f}{p_r - k_v} \qquad \text{Formel 33}$$

Ist die Menge x_r bestimmt, so kann im nächsten Schritt überprüft werden, ob diese Absatzmenge realistisch ist. Sobald die tatsächliche Absatzmenge x_r übersteigt, wird ein Gewinn erwirtschaftet.

Die Break-Even-Analyse sollte für mehrere alternative Preise durchgeführt werden. Der Preis, bei dem die Kombination aus Preis und Break-Even-Menge am realistischsten erscheint, kann dann ausgewählt und möglichst noch durch andere Methoden überprüft werden.

Marginalanalytische Optimierungsmodelle

Diese Art der Preiskalkulation kombiniert Markt- und Kosteninformationen, wodurch der Informationsbedarf der Entscheider steigt. Im Rahmen marginalanalytischer Optimierungsmodelle erfolgt eine Festsetzung der Optimalpreise unter Zuhilfenahme der Differentialrechnung auf der Grundlage der im Folgenden beschriebenen Formeln. Der optimale Preis ist dann erreicht, wenn die erste Ableitung der Zielfunktion dem Wert null entspricht und das Ergebnis der zweiten Ableitung negativ ist.

Umsatzmaximierung im statischen Ein-Produkt-Fall

Um den Preis zu bestimmen, der den Umsatz optimiert, bedient man sich der Preisabsatzfunktion (vgl. Kapitel 5). In Abbildung D.7 sind ein exemplarisches Beispiel sowie die dazugehörige Umsatzfunktion und deren Ableitung dargestellt.

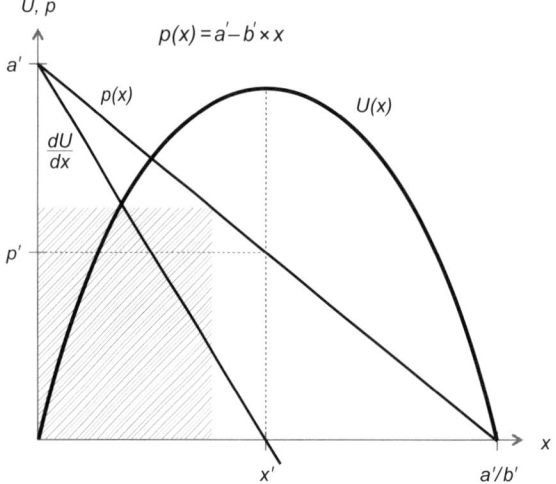

Abbildung D.7 Umsatz- und Grenzumsatzfunktion für eine lineare Preisabsatzfunktion (Pechtl 2005, S. 89)

Die Preisabsatzfunktion drückt aus, welcher Preis p bei einer geplanten Absatzmenge x erzielt werden kann oder umgekehrt. Multipliziert man diese beiden Größen, so erhält man den Umsatz U.

$$U = U(x) = p(x) \times x \quad \text{oder} \quad U = U(p) = x(p) \times p \qquad \text{Formel 34}$$

Bei einem Preis von null sowie dem Prohibitivpreis entspricht der Umsatz null. Grafisch lässt sich der Umsatz auf zwei Arten abbilden: Eine Möglichkeit ist die Darstellung als Fläche unter der Preisabsatzfunktion, die in Abbildung D.7 schraffiert eingezeichnet ist. Die zweite Möglichkeit ist die Gerade, die einen bestimmten Preis auf der Abszisse mit dem zugehörigen Punkt auf der Umsatzfunktion verbindet.

Bei x' befindet sich das Maximum der Umsatzfunktion. Bei Mengen kleiner oder größer x' führt die Multiplikation von Preis und Menge zu einem niedrigeren Gesamtwert. Die Grenzumsatzfunktion dU/dx bildet diese Aussage ebenfalls ab. Sie schneidet die Abszisse bei x', was bedeutet, dass der Grenzumsatz bis dahin steigt, bei $x > x'$ jedoch negativ ist.

Die Preiselastizität der Nachfrage im Umsatzmaximum beträgt für jede lineare Preisabsatzfunktion -1 (vgl. Pechtl 2005, S. 89ff.).

Gewinnmaximierung im statischen Ein-Produkt-Fall

Der Gewinn eines Unternehmens ergibt sich durch die Subtraktion der Kosten vom Umsatz des Unternehmens.

$$G(x) = x \times p(x) - K(x) \qquad \text{Formel 35}$$

Der Grenzgewinn, die Ableitung der Grenzfunktion, ist in folgender Formel dargestellt:

$$\frac{dG}{dx} = \frac{dp}{dx} \times x + p(x) - \frac{dK(x)}{dx} \qquad \text{Formel 36}$$

Übersteigt der Umsatzzuwachs bei steigender Absatzmenge den Anstieg der Produktionskosten, so ist der Grenzgewinn positiv. Ist der Grenzgewinn gleich null, so ist der Gewinn maximiert.

Grafisch lassen sich gewinnmaximale Menge und Preis wie in Abbildung D.8 dargestellt ermitteln. Da der Gewinn dann maximal ist, wenn die Differenz zwischen Umsatz und Kosten am größten ist, ist der Punkt auf der Umsatzfunktion gesucht, der die gleiche Steigung wie die Kostenfunktion aufweist. Verbindet man diesen Tangentenpunkt mit der Preisabsatzfunktion, so erhält man die gewinnmaximale Menge x^* sowie den gewinnmaximalen Preis p^*. Der Schnittpunkt mit der Preisabsatzfunktion wird auch „Cournot-Punkt" genannt.

12 Marktorientierte Preiskalkulation

Zwei weitere wichtige Punkte, die in Abbildung D.8 dargestellt sind, sind die Break-Even-Punkte B_1 und B_2. Bei diesen Schnittpunkten von Kosten- und Umsatzfunktion beträgt der Gewinn jeweils null (vgl. Pechtl 2005, S. 93ff.).

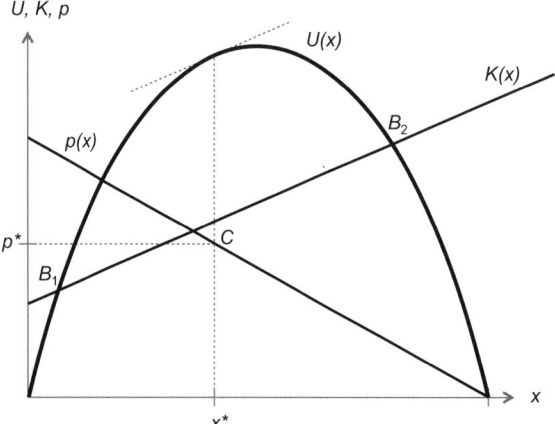

Abbildung D.8 Gewinnmaximale Preis-/Mengenkombination für $p = p(x)$ (Pechtl 2005, S. 95)

Die Preiselastizität der Nachfrage beim Gewinnoptimum ist kleiner -1, wie sich der folgenden Formel entnehmen lässt (vgl. Pechtl 2005, S. 98):

$$\frac{dp}{dx} \times x + p^* = \frac{dK}{dx} \Leftrightarrow \frac{dp}{dx} \times \frac{x}{p^*} = \frac{dK}{dx} \times \frac{1}{p^*} - \frac{p^*}{p^*} \Leftrightarrow$$

$$\frac{1}{\varepsilon} = \frac{1}{p^*} \times \left(\frac{dK}{dx} - p^*\right) \Leftrightarrow \varepsilon = \frac{-p^*}{p^* - \frac{dK}{dx}} < -1 \quad \text{für } p^* > \frac{dK}{dx}$$

Formel 37

Durch eine Umformulierung des Gewinnmaximierungskalküls ergibt sich die so genannte Amoroso-Robinson-Relation, die die Gleichgewichtsbeziehung zwischen optimalem Preis, Preiselastizität und Grenzkosten beschreibt:

$$p^* = \frac{\varepsilon}{1+\varepsilon} \times \frac{dK}{dx}$$

Formel 38

Da für das Gewinnmaximum $\varepsilon < 1$ gilt, folgt $\varepsilon/(1 + \varepsilon) > 0$. Daher kann dieser Faktor als Gewinnaufschlag auf die Grenzkosten bezeichnet werden. Je preissensibler die Nachfrager reagieren, desto mehr nähert sich der gewinnmaximale Preis den Grenzkosten an (vgl. Pechtl 2005, S. 99 f.).

Ändern sich nachfragerbezogene Faktoren wie beispielsweise die Preiselastizität, so müssen entsprechende Anpassungen am Preis vorgenommen werden. Bei einer multiplikativen Preisabsatzfunktion verändert sich der gewinnmaximale Preis nicht, wenn sich lediglich die Niveaukonstante verändert. In diesem Fall unterscheidet sich nur der zugehörige Absatz. Ändert sich jedoch die Preiselastizität, so muss der Preis angepasst werden. Im Falle einer linearen Preisabsatzfunktion sind die beiden Faktoren Sättigungsmenge und Prohibitivpreis zu betrachten. Ändert sich ausschließlich erstere, so bleibt der gewinnmaximale Preis gleich und der Absatz verändert sich. Treten Veränderungen am Prohibitivpreis auf, so ist der gewinnmaximale Preis in jedem Fall anzupassen (vgl. Pechtl 2005, S. 103f.).

Vergleich von Gewinn- und Umsatzmaximierung im statischen Ein-Produkt-Fall

Im Vergleich zeigt sich, dass der gewinnmaximale Preis höher und die entsprechende Menge niedriger ist als im Falle der Umsatzmaximierung. Dies lässt sich auch anhand der Preiselastizitäten in den beiden Fällen zeigen. So ist die Preiselastizität beim Umsatzmaximum gleich, beim Gewinnmaximum kleiner -1. Da die Preiselastizität vom Umsatzmaximum ausgehend im Betrag steigt, muss sich die Menge reduzieren und der Preis erhöhen (vgl. Pechtl 2005, S. 98f.). Auch grafisch leuchtet diese Annahme ein (Abbildung D.9).

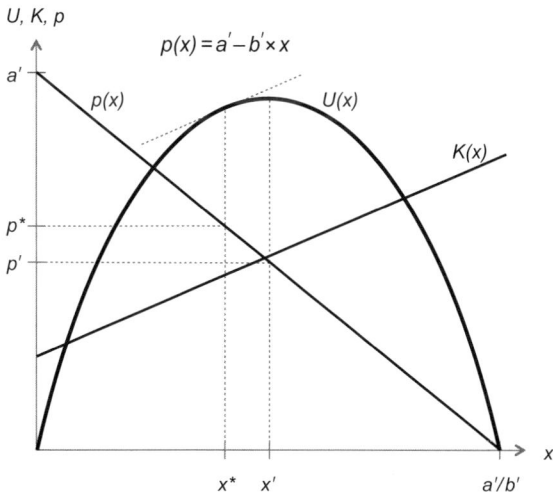

Abbildung D.9 Vergleich von Gewinn- und Umsatzmaximierung (nach Pechtl 2005, S. 89ff.)

12 Marktorientierte Preiskalkulation

Optimalpreise im heterogenen Polypol

In der Realität sind die Märkte in der Regel unvollkommen. In Kapitel 5.3.2 wurde für den Fall eines Polypols im unvollkommenen Markt die Form der doppelt-geknickten Preisabsatzfunktion vorgestellt. Da sich in diesem Fall weder Grenzerlöse noch -kosten linear entwickeln, können die in den vorhergehenden Kapiteln vorgestellten Formeln der Gewinn- und Umsatzmaximierung in diesem Fall nicht angewandt werden. Vielmehr muss die Preisabsatzfunktion in drei lineare Abschnitte geteilt und die jeweiligen Maxima müssen entsprechend den für Monopolisten geltenden Regelungen berechnet werden. Diese können dann verglichen werden (vgl. Diller 2008, S. 341f.).

Optimalpreise im Oligopol

Zusätzlich zu der in Kapitel 5.3.2 beschriebenen Besonderheit der doppelt geknickten Preisabsatzfunktion müssen im Falle eines Oligopols zudem die Reaktionen der Wettbewerber in die Berechnung einbezogen werden. Dies geschieht durch die Berücksichtigung der Konkurrenzpreise oder eines Durchschnittspreises in der Amoroso-Robinson-Relation.

$$p^* = \frac{\varepsilon + \rho \times \varepsilon_{ij}}{1 + \varepsilon + \rho \times \varepsilon_{ij}} \times \frac{dK}{dx} \qquad \text{Formel 39}$$

ε beschreibt dabei die Preiselastizität des Absatzes vom eigenen Preis. ε_{ij} beschreibt die Kreuzpreiselastizität der Marke *i* bezüglich des Konkurrenzpreises p_j. ρ wiederum beschreibt die so genannte Reaktionselastizität des Konkurrenzpreises bezüglich des eigenen Preises und wird folgendermaßen berechnet:

$$\rho = \frac{\partial p_j \times p_i}{\partial p_i \times p_j} \qquad \text{Formel 40}$$

Da Unternehmen nicht nur mit Preisreaktionen auf Preisänderungen der Konkurrenz reagieren, ist ρ in der Regel keine Konstante, sondern von Situation zu Situation unterschiedlich.

Die Schwierigkeit, die doppelt geknickte Preisabsatzfunktion exakt zu beschreiben sowie die weiteren Variablen genau zu schätzen, führt dazu, dass dieses Modell in der Realität nur sehr schwer anzuwenden ist und in der Praxis daher kaum genutzt wird (vgl. Diller 2008, S. 342ff.).

Kalkulation im Mehr-Produkt-Fall

Ein Unternehmen bietet in der Regel mehr als ein Produkt an. Die Preise der verschiedenen angebotenen Produkte *i* und *j* beeinflussen den entsprechenden Absatz zumeist gegenseitig und müssen daher bei der Kalkulation berücksichtigt werden. Die Preisabsatzfunktion muss dementsprechend erweitert werden. Die Gewinnfunktion lautet bei unverbundener Kostenfunktion wie folgt:

$$G = \sum_{i=1}^{N} x_i(p_1; \ldots; p_N) \times p_i - K(x_i[p_1; \ldots; p_N]) \to max. \qquad \text{Formel 41}$$

Nach Ableitung und Umformung ergibt sich für den gewinnoptimalen Preis im Mehr-Produkt-Fall (vgl. Pechtl 2005, S. 109):

$$p_i^* = \frac{\varepsilon}{1+\varepsilon} \times \frac{dK}{dx_i} - \frac{1}{1+\varepsilon} \times \sum_{j=1}^{N-1} \left(p_j - \frac{dK}{dx_j}\right) \times \varepsilon_{ij} \times \frac{x_j}{x_i} \quad (\text{mit } (j \neq i)) \qquad \text{Formel 42}$$

Diese Formel wird auch als Niehans-Bedingung bezeichnet. Entsprechend der Amoroso-Robinson-Relation verändert sich der Preis immer dann, wenn sich die Elastizität ändert. Ist diese bei allen Preisen konstant, so bleibt der gewinnmaximale Preis gleich. Eine weitere Einschränkung dieser Bedingung ist die Verfügbarkeit der gewinnmaximalen Preise der anderen Produkte bei der Berechnung. Der erste Teil der Formel entspricht der Amoroso-Robinson-Relation und beschreibt den Primäreffekt, also die Auswirkungen einer Preisänderung des Produktes auf den eigenen Absatz. Der zweite Teil entspricht den Auswirkungen der anderen Sortimentsprodukte. Je höher deren Deckungsbeitrag, der Sortimentsverbund oder deren Absatz, desto mehr wirkt sich der zweite Teil der Formel auf den gewinnoptimalen Preis p_i^* aus. Sind der Deckungsbeitrag der anderen Produkte positiv, die Eigenelastizität kleiner minus eins, die Kreuzpreiselastizität negativ und die Beziehung komplementär, so ist der gewinnoptimale Preis unter Berücksichtigung des Sortimentes geringer als der isoliert berechnete gewinnoptimale Preis. Zwar verzichtet man in diesem Fall auf Gewinn bei Produkt *i*, dies ist jedoch als Investition in den Absatz der anderen Produkte zu sehen. Die Preisuntergrenze des Produktes *i* kann daher um den Deckungsbeitrag der durch *i* verkauften weiteren Produkte des Unternehmens gesenkt werden (vgl. Pechtl 2005, S. 111):

$$p_i = \frac{K_{vi}[x_i]}{x_i} - \sum_{i=1}^{N'} \frac{\left(p_j - \left(\frac{dK}{dx_j}\right)\right) \times \Delta x_j}{x_i} \, \forall j \in N' \quad \text{mit: } \varepsilon_{ji} < 0 \qquad \text{Formel 43}$$

Dabei ist Δx_j die Absatzmenge, die auf Produkt *i* zurückzuführen ist.

Ist die Produktbeziehung substitutiv, so ist der gewinnoptimale Preis unter Berücksichtigung der anderen Produkte höher als der isoliert betrachtete Preis.

Der erste Teil von Formel 43 beinhaltet jedoch die preisbedingte Absatzsteigerung aufgrund von Wechseln der Käufer von Produkt *j* zu Produkt *i*. Um also den Unterschied zwischen dem gewinnoptimalen Preis im Sortimentsverbund und dem Preis eines unabhängigen Produktes *i* zu berechnen, muss dessen Eigenpreiselastizität aufgeteilt werden. Diese Aufteilung erfolgt in drei Komponenten: Die Elastizität der Kunden, die den Konsum erhöhen, die Elastizität der Laufkunden und die Elastizität der Kunden, die von *j* zu *i* wechseln. Ob nun bei substitutiver Produktbeziehung folglich der gewinnmaximale Preis für Produkt *i* höher als im Falle von Unverbundenheit ist, liegt daran, ob die preiserhöhenden Sekundär- oder die preissenkenden Primäreffekte höher sind.

Wie schon bei der konkurrenzorientierten Kalkulation, so lassen sich auch hier die Auswirkungen von Preisänderungen im Sortimentsverbund am besten durch die Methode des Conjoint Measurement abbilden. Dabei muss jedoch die zunehmende Komplexität bei steigender Produktzahl berücksichtigt werden. Dies verlangt eine Beschränkung der Betrachtung auf diejenigen Produkte mit der höchsten Abhängigkeit. Ein Hilfsmittel, diese zu identifizieren, sind so genannte Warenkorbanalysen, die die Einkäufe der Kunden auf Produktabhängigkeiten hin untersuchen (vgl. Pechtl 2005, S. 106ff.).

12.5 Vor- und Nachteile des marktorientierten Kalkulationsverfahrens

Die Vor- und Nachteile des marktorientierten Kalkulationsverfahrens sind in Tabelle D.2 dargestellt.

Tabelle D.2 Vor- und Nachteile der marktorientierten Kalkulation (nach Diller 2008, S. 336 f.)

Vor- und Nachteile marktorientierter Kalkulation	
Vorteile	Berücksichtigung der Preisabhängigkeit des Absatzes
	Mögliche Anwendung verschiedener Zielvariablen (z.B. Gewinn, Absatz)
	Teilweise nur geringer Informationsaufwand
Nachteile	Keine rechnerisch exakte Berechnung des Optimalpreises möglich
	U.U. hoher Informationsaufwand, z.B. wenn keine Kenntnisse über die Preisabsatzfunktion vorhanden sind

13 Preisänderungen

Wird nicht der Markteinführungspreis, sondern ein Folgepreis kalkuliert, so müssen die in Kapitel 6.2.2 aufgeführten Preisänderungseffekte berücksichtigt werden. Demnach passen sich die Absatzmengen oftmals verzögert an neue Preise an. Um Gewinnverluste zu vermeiden, muss versucht werden, diese Reaktion möglichst genau vorauszusagen und in die Kalkulation einzubeziehen. Diese Vorhersage ist allerdings schwierig zu treffen und kann nur ansatzweise mithilfe von Erfahrungswerten geschätzt werden.

Um die Reaktionen einschätzen zu können, ist es wichtig zu wissen, von welcher Dauer die Preisänderung ist. Bei kurzfristigen Preisaktionen passt sich die Absatzmenge langfristig in der Regel wieder an das Niveau vor der Aktion an. Mögliche Anpassungsformen nach langfristigen Preisänderungen zeigt Abbildung D.10.

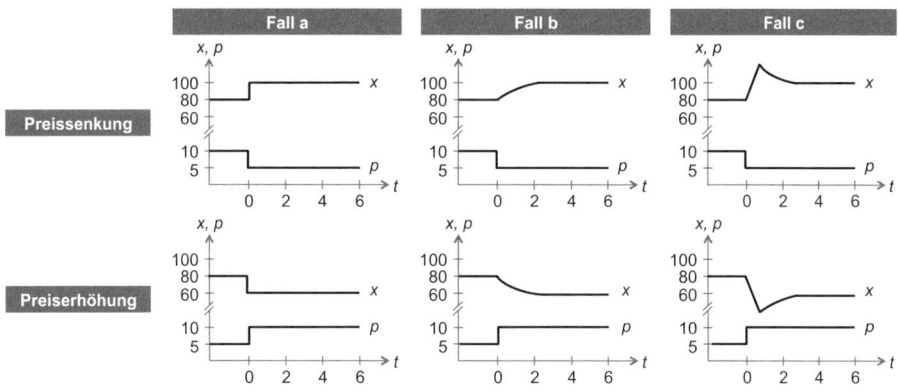

Abbildung D.10 Mögliche Anpassungsformen nach Preisänderungen
(Simon/Fassnacht 2009, S. 317)

Um die Auswirkung der Vorperioden in die Kalkulation einbeziehen zu können, bedient man sich einer dynamischen Preisabsatzfunktion mit folgenden Bedingungen (vgl. Pechtl 2005, S. 119):

$$x_t = x_t(p_t, p_{t-1}, p_{t-2}, \dots, p_{t-T}) \quad \text{bzw.}$$
$$x_{t+1} = x_{t+1}(p_{t+1}, p_t, p_{t-1}, p_{t-2}, \dots, p_{t-T})$$

Formel 44

13 Preisänderungen

Der zum Zeitpunkt t erzielte Absatz x wird demnach von den Preisen in Periode t und den Vorperioden beeinflusst.

Die dynamische Preiselastizität berechnet sich nach:

$$\varepsilon_{t+\tau} = \frac{dx_{t+\tau}}{dp_t} \times \frac{p_t}{x_{t+\tau}} \qquad \text{Formel 45}$$

Ist diese Elastizität größer null, so folgt auf eine Preissenkung in Periode t ein Absatzrückgang in der Periode $t+\tau$. Bei einer negativen Elastizität ist die Wirkung entgegengesetzt: Eine Preissenkung in Periode t bewirkt dann einen Anstieg des Absatzes in Periode $t+\tau$. Die Elastizität ist über den Zeitverlauf zu beobachten, da sie sich üblicherweise mit der Zeit verändert (vgl. Pechtl 2005, S. 119).

Die Zielfunktion bei einer Berechnung des Preises in Periode $\tau = 0$ für insgesamt T Perioden entspricht bei einem Kalkulationszinssatz von r folgender Formel (vgl. Pechtl 2005, S. 119).

$$G = \sum_{\tau=0}^{T} x_{t+\tau}(p_{t+\tau}; p_{t+\tau-1}; \ldots) \times p_{t+\tau} - K(x_{t+\tau}[p_{t+\tau}; p_{t+\tau-1}; \ldots]) \times$$
$$\times (1+r)^{-\tau} \to max. \qquad \text{Formel 46}$$

Durch die Ableitung der Gewinnfunktion und Umformungen ergibt sich zur Berechnung des gewinnmaximalen Preises (vgl. Pechtl 2005, S. 120):

$$p_t^* = \frac{\varepsilon_t}{1+\varepsilon_t} \times \frac{dK}{dx_t} - \frac{1}{1+\varepsilon_t} \times \sum_{\tau=1}^{T}\left(p_{t+\tau} - \frac{dK}{dx_{t+\tau}}\right) \times$$
$$\times \varepsilon_{t+\tau} \times \frac{x_{t+\tau}}{x_t} \times (1+r)^{-\tau} \qquad \text{Formel 47}$$

Der erste Term dieser Formel entspricht der Amoroso-Robinson-Relation, also dem gewinnoptimalen Preis ohne Berücksichtigung weiterer Perioden. Der zweite Teil nimmt diese Relation auf und setzt voraus, dass die gewinnoptimalen Preise der Zukunft bekannt sind. Er nimmt umso größeren Einfluss, je höher die Deckungsbeiträge und/oder Absatzzahlen des Produktes in der Zukunft sind. Dabei bewirkt jedoch die Diskontierung, dass weiter in der

Zukunft liegende Absätze weniger stark gewichtet werden als die unmittelbaren Folgeperioden von t. Ist die dynamische Preiselastizität positiv, so liegt der gewinnmaximale Preis über dem statisch maximalen Preis. Ist sie negativ, so verhält es sich umgekehrt und der vergleichsweise niedrigere Preis ist als eine Investition in die Zukunft zu verstehen (vgl. Pechtl 2005, S. 120f.).

Ein Verzicht auf kurzfristige Gewinne zugunsten langfristiger ist ökonomisch in vielen Fällen sinnvoll, in der Praxis jedoch oftmals unpopulär. Sind Vergütungssysteme nicht langfristig ausgelegt, so tendieren Entscheider zu einer Maximierung des derzeitigen Gewinns, ohne auf die langfristige Wirkung zu achten.

14 Rechtliche Rahmenbedingungen der Preisfestsetzung

Im Grunde sind Unternehmen bei der Preisfestsetzung frei. Zum Schutze schwächerer Marktteilnehmer nimmt der Gesetzgeber jedoch bei bestimmten Fällen Einfluss. Diese sollen in den folgenden Kapiteln beschrieben werden.

14.1 Überhöhte Preise

Überhöhte Preise kann ein Anbieter vor allem dann durchsetzen, wenn er keinem oder kaum Wettbewerb ausgesetzt ist. Vom Wucher spricht der Gesetzgeber dann, wenn Preis und Leistung unverhältnismäßig sind und der Anbieter eine besondere psychische Situation des Kunden, wie eine Zwangslage, sittenwidrig ausnutzt (§138 AbS. 2 BGB). Bewertet ein Richter das Verhalten eines Leistungserbringers entsprechend, so ist das zugrunde liegende Rechtsgeschäft nichtig. §19 Absatz 4 Nummer 2 des Gesetzes gegen Wettbewerbsbeschränkungen (GWB) regelt zudem die Preisfestsetzung marktbeherrschender Unternehmen. Deren Preise dürfen nicht von denen abweichen, die bei normaler Wettbewerbslage mit hoher Wahrscheinlichkeit eintreten würden. Zudem dürfen die Preise des Unternehmens nicht von denen auf vergleichbaren Märkten abweichen. Wird ein mutmaßlicher Verstoß gegen diese Beschränkungen aufgedeckt, schreitet die Kartellbehörde ein und kann empfindliche Strafen gegen die Unternehmen verhängen.

Entspricht die Qualität der Leistung nach Meinung des Kunden nicht der Vereinbarung, so kann der Kaufvertrag angefochten, rückgängig gemacht, der Kaufpreis gemindert oder Schadensersatz geltend gemacht werden (vgl. Pechtl 2005, S. 148ff.).

14.2 Angebote unter Einstandspreis

Gemäß § 20 Absatz 4 Satz 2 des GWB ist für Unternehmen mit überlegener Marktmacht ein Verkauf der Leistungen unter Einstandspreis verboten, sofern dieser nicht nur gelegentlich erfolgt und keine sachliche Rechtfertigung besitzt. Diese Bestimmung soll vor allem kleine und mittlere Wettbewerber vor der Verdrängung schützen. Besonders für den Handel und seine Rabattaktionen ist dabei das Wort gelegentlich von Bedeutung. Der Bundesgerichtshof hat definiert, dass ein Verkauf von Waren unter Einstandspreis nicht mehr als gelegentlich bezeichnet werden kann, wenn diese drei oder mehr Wochen zu diesem Preis angeboten werden. Des Weiteren darf das Angebot nicht regelmäßig wiederholt werden. Als sachliche Rechtfertigung gelten der Verderb von Waren, Produktwechsel oder betriebswirtschaftliche Notlagen. Da zur Berechnung des Einstandspreises der Zeitpunkt des Angebots der Waren gilt, muss von Unternehmen die Entwicklung der Einkaufspreise bei der Preisfestsetzung berücksichtigt werden. Unterschreitet der Angebotspreis den aktuellen Einstandspreis, so müssen der Angebotspreis erhöht oder günstigere Bezugsquellen identifiziert werden (vgl. Pechtl 2005, S. 152ff.).

Eine Sonderform des Angebots unter Einstandspreis ist das so genannte „Predatory Pricing". Durch einen Verkauf der Leistungen weit unter dem Wettbewerbspreis soll eine Verdrängung des Konkurrenten auf dem Markt erfolgen. In diesen Rahmen fällt auch „Price Squeezing". In diesem Fall ist ein Unternehmen sowohl Hersteller von Zwischenprodukten als auch das Endproduktes und verkauft die Zwischenprodukte sehr teuer an Konkurrenten des Endproduktes. In beiden Fällen ist diese Handlung strafbar, wenn das betreffende Unternehmen eine marktbeherrschende Stellung innehat.

14.3 Preisabsprachen

Preisabsprachen werden durch das deutsche und europäische Kartellrecht reglementiert. Dabei kann es sich um Höchst-, Mindest- und feste Preise, aber auch um Preisrelationen, Gewährung von Konditionen oder Preisschutzklauseln handeln. Kartelle sind jedoch nur dann verboten, wenn sie den Wettbewerb verhindern, einschränken oder verfälschen. Ist dies der Fall, so werden neben Bußgeldern Strafen verhängt, die den wirtschaftlichen Vorteil der Preisabsprachen abschöpfen sollen. Eine Ausnahme vom Kartellverbot bilden so genannte Mittelstandskartelle kleiner oder mittlerer Unternehmen. Wirtschafts- oder Berufsverbände dürfen ihren Mitgliedern Kalkulationsempfehlungen oder weitere preisrelevante Informationen zukommen lassen. So soll die Wettbewerbsfähigkeit gegenüber großen Unternehmen gesteigert und damit ein breites Leistungsangebot gesichert werden. Bedingung für die Zulässigkeit eines Mittelstandskartells ist die Unterschreitung eines gemeinsamen Marktanteils von 10 bis 15% im relevanten Markt. Des Weiteren müssen die Mitglieder frei bei ihrer Preisfestsetzung bleiben (vgl. Pechtl 2005, S. 154ff.).

14.4 Vertikale Preisbindungen

§ 4 GWB verbietet Vereinbarungen zwischen Unternehmen verschiedener Wertschöpfungsstufen, sofern diese ein Unternehmen in der Preisfestsetzung einschränken. § 2 GWB zählt zwar so genannte „Freigestellte Vereinbarungen" auf, die jedoch durch Artikel 101 des Vertrags über die Arbeitsweise der Europäischen Union außer Kraft gesetzt werden.

Dennoch existiert mit der Preisbindung von Büchern und Verlagserzeugnissen eine Ausnahme dieses Verbots. Des Weiteren darf aufgrund der Tabaksteuer nicht von den auf den Packungen deklarierten Preisen von Tabakwaren abgewichen werden. Sind gesetzliche Regelungen bei der Preisfestsetzung zu beachten, so kann dies einer faktischen Preisbindung gleichgesetzt werden (vgl. Pechtl 2005, S. 157f.).

14.5 Staatliche Vorgaben

Um die Bürger – vor allem bei dringend benötigten Leistungen – vor zu hohen Preisen zu schützen, greift der Staat in manchen Branchen stark in die Preisfestsetzung ein. Dazu gehört vor allem das Gesundheitssystem, aber auch die Energiebranche oder die Landwirtschaft. Auch ehemalige Monopolisten wie die Deutsche Post werden, bis zur vollständigen Liberalisierung des Marktes, stark reglementiert und müssen sich Preiserhöhungen genehmigen lassen (vgl. Pechtl 2005, S. 159ff.).

E Die Preisdurchsetzung

Ein nicht unbedeutender Anteil der Probleme, denen Unternehmen im Rahmen des Preismanagementprozesses begegnen, resultiert nicht aus der Festsetzung eines optimalen Preises. Oftmals ist es ebenso schwierig, diesen festgesetzten Preis auch am Markt durchzusetzen. Sei es eine falsche Anreizpolitik des Vertriebs, die auf Umsatz und nicht auf Gewinn ausgerichtet ist, oder ein durch Preisaktionen verminderter Referenzpreis der Kunden: Die Gründe für eine mangelnde Durchsetzung des zuvor definierten Preises sind zahlreich. Dabei macht die in Kapitel 4 abgebildete Preistreppe deutlich, dass bei einer übermäßigen, und vor allem nicht eingeplanten, Nutzung von Konditionen der tatsächliche Verkaufspreis weit jenseits des Originalpreises liegen kann. Um diese Probleme zu vermeiden, muss ein Unternehmen nach innen gerichtete Aktivitäten verfolgen, den Markt überzeugen, die Preise zu akzeptieren, und die Risiken kennen, die es zu vermeiden oder minimieren gilt. Neben der Preisanalyse, der Preisstrategie und der Preisfestsetzung ist die Preisdurchsetzung folglich ein weiteres wichtiges Element eines erfolgreichen Preismanagementprozesses.

Abbildung E.1 stellt dar, wieviel Prozent der Befragten welchen Grad der Durchsetzung von Preiszielen in ihrem Unternehmen angeben. Diese Grafik zeigt, dass in diesem Bereich des Preismanagements in der Praxis noch einiger Nachholbedarf herrscht.

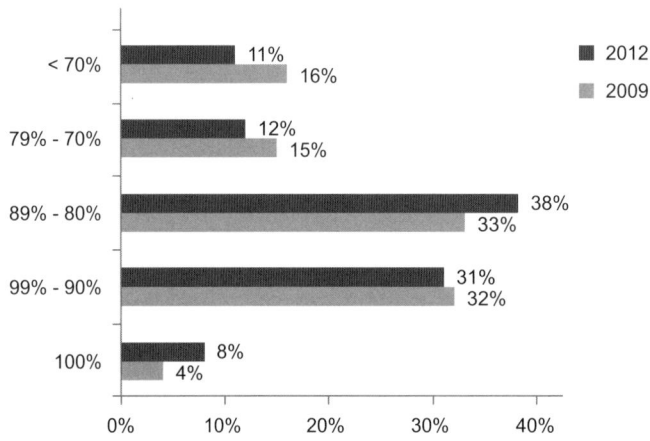

Abbildung E.1 Durchsetzung von Preiszielen (Riekhof/Wurr 2013, S. 23)

15 Unternehmensinterne Aktivitäten

In vielen Fällen scheitert die Preisdurchsetzung nicht erst im Kontakt mit den Marktteilnehmern, sondern bereits davor. Unternehmen müssen sicherstellen, dass intern alle Weichen so gestellt sind, dass einer Durchsetzung des zuvor festgelegten optimalen Preises nichts im Weg steht. Dazu gehören eine effiziente Preisorganisation und -administration, eine gut durchdachte Preiskommunikation und eine den Zielen des Unternehmens entsprechende preisbezogene Mitarbeiterführung. Weitere Verbesserungsmöglichkeiten müssen im Rahmen des Preiscontrollings aufgedeckt und genutzt werden.

15.1 Preisorganisation

Aufgaben in Bezug auf die Definition der Preisorganisation umfassen sowohl aufbau- als auch ablauforganisatorische Aktivitäten. Die Aufbauorganisation teilt den am Pricing-Prozess beteiligten Akteuren bestimmte Verantwortlichkeiten und Ressourcen zu. Zudem werden die dadurch entstehenden Organisationseinheiten Hierarchiestufen zugeordnet. Die Ablauforganisation wiederum legt die Abfolge der Tätigkeiten durch die verschiedenen Organisationseinheiten fest. Da sowohl Aufbau- als auch Ablauforganisation in die übergeordnete Unternehmensstruktur eingebettet sind, müssen die Entscheider dadurch existierende Grenzen der Gestaltungsfreiheit kennen. Um die Aufbau- und Ablauforganisation zu definieren, werden insgesamt sechs Schritte durchlaufen, die in Tabelle E.1 aufgeführt sind. Dabei kann der sechste Schritt, die hierarchische Gliederung, auch nach Schritt zwei oder drei erfolgen.

Tabelle E.1 Sechs Schritte zur Definition der Preisorganisation (nach Diller 2008, S. 428ff.)

1	Definition relevanter Aktivitäten!
2	Aufgabensynthese und Stellenbildung
3	Schnittstellenmanagement
4	Definition von Zielen, Regeln und Qualitätskriterien im Organisationshandbuch
5	Verbindliche Vorgabe der Regelungen für alle Unternehmenseinheiten
6	Hierarchische Gliederung (inkl. Definition der Entscheidungsbefugnisse)

In vielen Unternehmen wird bei Nachfrage klar, dass die Verantwortlichkeiten für Preisentscheidungen nicht vollständig geklärt sind. Dadurch wird viel Potenzial vergeudet, weil aus fehlenden Zuständigkeiten zumeist zwangsläufig ineffiziente Prozesse entstehen. Daher sollte in einem Unternehmen die Preisorganisation klar definiert sein. Wie sich Abbildung E.2 entnehmen lässt, kann in der Regel nicht ein Unternehmensbereich isoliert den optimalen Preis bestimmen. Vielmehr wird die Qualität des Preismanagementprozesses bestimmt durch die Intensität der Zusammenarbeit vieler Abteilungen. Wie Abbildung E.2 zeigt, werden bei einer Preisentscheidung sowohl Wissen um das Marktgeschehen benötigt, das von Marketing und Vertrieb beigesteuert wird, als auch interne Kosteninformationen, die von Produktion und Finanz-/Rechnungswesen gesammelt werden. Die oftmalig gegensätzlichen Sichtweisen von Marketing/Vertrieb, die dem Kunden das beste Produkt anbieten wollen, und dem Finanzwesen, das die Kosten der Herstellung überwacht, können den Preismanagementprozess und auch das Produkt an sich kontinuierlich verbessern (vgl. Simon/ Fassnacht 2009, S. 356ff.).

Abbildung E.2 Entscheidungskompetenz und Beteiligung an der Preisfindung (Simon/Fassnacht 2009, S. 360)

Trotz intensiver Zusammenarbeit muss klar definiert sein, wer welche Aufgaben übernimmt und wer letztendlich die Entscheidung fällt und die Verantwortung dafür trägt. Dabei entsteht oftmals die Diskussion, wo die Entscheidungskompetenz am besten angesiedelt werden sollte: bei der Unternehmensleitung oder in fachlich spezialisierten Unternehmensbereichen. Tabelle E.2 zeigt Kriterien, die Hilfestellung bei dieser Entscheidung geben.

Tabelle E.2 Kriterien zur hierarchischen Ansiedlung der Preisentscheidung (nach Simon/Fassnacht 2009, S. 360 f.)

Preisentscheidung	
Unternehmensleitung	**Unternehmensbereiche**
Produkt hat großen Einfluss auf den Unternehmenserfolg	Produkt hat weniger Einfluss auf den Unternehmenserfolg
Sehr gute Information der Manager über Produkt und Märkte	Information über Produkt und Märkte ausschließlich im Unternehmensbereich
Märkte homogen und wenig dynamisch	Märkte heterogen und sehr dynamisch
Koordination der Preise zwischen verschiedenen Segmenten kritisch	Koordination der Preise zwischen den verschiedenen Segmenten unkritisch
Unternehmensbereiche fokussieren lediglich Bereichsziele	Verhalten der Unternehmensbereiche abgestimmt auf das Gesamtziel
Hohe Bedeutung konsistenter Signale an Wettbewerb und Kunden	Niedrige Bedeutung konsistenter Signale an Wettbewerb und Kunden

Da sich die Einkaufsabteilungen in mehr und mehr Unternehmen zunehmend spezialisieren, wird dieser Trend in naher Zukunft wohl auch die Lieferantenseite erreichen. Dies sollte zu einer höheren Aufmerksamkeit gegenüber der Preisorganisation führen. In manchem Unternehmen ist dies bereits geschehen und so genannte Preismanager oder ganze Preisabteilungen wurden eingeführt. Dies gilt vor allem für Unternehmen mit großem Sortiment und häufigem Entscheidungsbedarf, bei welchen die Preisentscheidungen die Unternehmensleitung zu sehr beanspruchen würden (vgl. Simon/ Fassnacht 2009, S. 358ff.).

15.2 Preisadministration

Ein weiterer Baustein der erfolgreichen Preisdurchsetzung ist die Preisadministration. Diese umfasst die Ausgestaltung der internen Pricingprozesse mit dem Ziel, die Effizienz des Preismanagements zu maximieren. Ineffiziente Prozesse können unter anderem zu Zeitverzögerungen oder falschen Entscheidungen führen, die einem Unternehmen merklich schaden können. Einige Beispiele für die zahlreichen Pricingprozesse eines Unternehmens zeigt Tabelle E.3.

Tabelle E.3 Pricingprozesse im Unternehmen (nach Diller 2008, S. 425f.)

Pricingprozesse	
Strategisch	Ausarbeitung eines Preissystems
	Preispositionierung und -segmentierung
	Life-Cycle-Pricing
Operativ	Berechnung von Preisuntergrenzen
	Anhebung der Listenpreise
	Vorbereitung einer Sonderpreisaktion

Im Allgemeinen laufen Pricingprozesse nach einem bestimmten Muster ab. Sobald ein Anstoß für die Notwendigkeit eines Prozessdurchlaufes gegeben ist, werden Informationen gesammelt, um die Entscheidungen vorzubereiten. Sind diese getroffen, so werden sie durchgesetzt und im Nachgang kontrolliert. Je nach Komplexität müssen diese Teilprozesse weiter detailliert werden. Besonders wichtig ist es, die Prozesse zu dokumentieren, für die Mitarbeiter zugänglich zu machen und diese im Ablauf auch zu schulen. Auch eine Überprüfung der Praxistauglichkeit und möglicher Optimierungspotenziale muss zyklisch vorgenommen werden. Nur so wird verhindert, dass ineffiziente Prozesse nicht erkannt werden und so den Ablauf des Preismanagementprozesses stören (vgl. Diller 2008, S. 425ff.).

15.3 Interne Preiskommunikation

Das Wissen um die aktuellen Preise sowie deren Zusammensetzung muss aktuell an die Mitarbeiter, vor allem die Mitarbeiter im Vertrieb, kommuniziert werden. Dies ist vor allem bei Produkten mit häufigen Preisänderungen ein schwieriges Unterfangen und kann am besten durch Einsatz von entsprechenden Computeranwendungen oder mobilen Applikationen bewältigt werden. Auch die Information über Höhe und Gründe von Preisänderungen muss Bestandteil der internen Preiskommunikation sein. Nur wenn die Mitarbeiter entsprechend informiert sind, können sie Änderungen dem Kunden gegenüber plausibel erklären. So genannte Argumentationsleitfäden, die das Unternehmen den Mitarbeitern zur Verfügung stellt, können eine konsistente Kommunikation dem Kunden gegenüber sichern. Vor allem bei komplexen Preissystemen sind sowohl solche Leitfäden als auch entsprechende Schulungen der Mitarbeiter unverzichtbar (vgl. Simon/Fassnacht 2009, S. 397f.).

15.4 Preisbezogene Mitarbeiterführung

Die preisbezogene Mitarbeiterführung hat im Wesentlichen drei Ziele, die in den folgenden Kapiteln behandelt werden: die Ausrichtung der Mitarbeiter zu effizientem Vorgehen in der Preispolitik (Preiskultur), die Befähigung zur Erfüllung ihrer Aufgaben (Preiskompetenz) sowie die dazu nötige (Preis-)Motivation.

15.4.1 Preiskultur

Wie auch in anderen Unternehmensbereichen ist das Bekenntnis aller am Preismanagementprozess beteiligten Personen zu der Festlegung und Durchsetzung eines optimalen Preises essenziell für den Unternehmenserfolg. Grundlegend für dieses Bekenntnis sind die Kommunikation aller wichtigen Preisinformationen innerhalb des Unternehmens sowie die ausdauernde Durchsetzung der Preisstrategie. Dabei müssen Führungskräfte den Mitarbeitern als Vorbilder dienen und dürfen sich nicht durch kurzfristige Erfolge oder Misserfolge in die Irre führen lassen. Auch eine inkonsistente Formulierung der Ziele kann der Preiskultur erheblich schaden. Wird zwar eine Senkung der Rabatte und damit die Durchsetzung höherer Preise verlangt, gleichzeitig aber ein Verlust von Marktanteilen nicht akzeptiert, so führt dies zu widersprüchlichen Signalen und somit zu einer Demotivation der Mitarbeiter. Werte, Ziele und Prioritäten müssen konsistent, klar kommuniziert, und zumindest mittelfristig gültig sein, um von den Mitarbeitern angenommen und umgesetzt zu werden. Ein darauf aufbauender kontinuierlicher Lern- und Verbesserungsprozess legt den Grundstein für erfolgreiches Preismanagement (vgl. Diller 2008, S. 455ff.; Simon/ Fassnacht 2009, S. 368ff.).

15.4.2 Preiskompetenzen

In den meisten Unternehmen liegen die Kompetenzen bezüglich Preisentscheidungen bei der Geschäftsleitung oder bei den Leitern von Marketing und Vertrieb, also weit oben in der Hierarchie.

Treten die Mitarbeiter in Verhandlungen mit einem potenziellen Käufer, so sind mangelnde Kompetenzen ein wesentlicher Störfaktor, der zu einem Misserfolg führen kann. Darf der Mitarbeiter selbst keine Entscheidungen über den Abschluss treffen, so führt dies in der Regel nicht nur zu Frustration auf dessen Seite, sondern außerdem zu zeitlichen Verzögerungen, Unzufriedenheit des Kunden und in manchen Fällen sogar zu einem Abbruch der Gespräche. Nichtsdestotrotz müssen die Verteilung der Entscheidungskompetenzen mit äußerster Vorsicht getroffen und Mitarbeiter vor einem Zugeständnis sorgfältig geschult werden. Die Vor- und Nachteile hoher Preiskompetenzen für Mitarbeiter können Tabelle E.4 entnommen werden.

Tabelle E.4 Vor- und Nachteile hoher Preiskompetenzen (nach Diller 2008, S. 458)

Vor- und Nachteile hoher Preiskompetenzen	
Vorteile	Hohe Motivation des Mitarbeiters
	Flexible und schnelle Verhandlungen
	Abstellung von Mitarbeitern mit Verhandlungskompetenzen als Zeichen der Wertschätzung → höhere Kundenzufriedenheit
Nachteile	Vernachlässigung langfristiger Effekte momentaner Preissenkungen
	Hohe Preisunterschiede am Markt (Preisdiskriminierung)
	Aggressivere Verhandlung durch den Kunden bei Kenntnis der Kompetenzen bezüglich Preissenkungen

Schon allein aus dem Grund, dass die Unternehmens- oder Vertriebsleitung nicht alle Details aus Kundengesprächen kennen kann, spricht vieles dafür, dem Mitarbeiter die Entscheidungsbefugnis für Vertragsabschlüsse zu erteilen. Um zu hohe Abweichungen vom Optimalpreis zu vermeiden, kann zu mehreren Maßnahmen gegriffen werden. Zum einen können Preisspannen definiert werden, die ohne außerordentliche Genehmigung weder über- noch unterschritten werden dürfen. Zudem können die Mitarbeiter durch ein Provisionssystem, das sich nach den Deckungsbeiträgen der Abschlüsse richtet, incentiviert werden.

Eine weitere Voraussetzung für die Erteilung von Preiskompetenzen ist zudem eine Schulung der Mitarbeiter im Rahmen der Personalentwicklung. Diese teilt sich in der Regel in praktische Maßnahmen (Training on the Job) und theoretische Weiterbildungen in Richtung betriebswirtschaftlicher Grundlagen des Preismanagements auf. Zudem ist eine spezielle Schulung für Mitarbeiter, die Verhandlungen durchführen, notwendig. Dabei kann der Fokus auch auf psychologische Aspekte der Verhandlungsführung gerichtet werden. Das Ergebnis solcher Schulungen und Trainings wird oft als Preisintelligenz bezeichnet und drückt das Wissen der am Preismanagementprozess beteiligten Mitarbeitern um relevante Informationen und Zusammenhänge aus (vgl. Diller 2008, S. 457ff.; Simon/Fassnacht 2009, S. 358ff.).

15.4.3 Preismotivation

Zwei wichtige Instrumente der Mitarbeitermotivation in Bezug auf die Preisdurchsetzung sind Zielvereinbarungen und Incentivesysteme. Diese sollen sowohl zu einer Identifizierung mit den Preiszielen als auch zu einer Leistungssteigerung führen.

Zielvereinbarungen

Zielvereinbarungen sind von Führungskraft und Mitarbeiter unterzeichnete Dokumente, die, wie der Name sagt, die Ziele einer bestimmten Planperiode festhalten. Dabei können diese Ziele alle quantitativ messbaren Größen enthalten, auf die sich die beiden Parteien einigen. Es muss jedoch berücksichtigt werden, ob diese Ziele im Rahmen des Controllings auch gemessen werden (können), damit der Zielerreichungsgrad später bestimmt werden kann. Im Preismanagement gehören zu den Zielen vor allem die Durchsetzung bestimmter Preise oder auch die Reduktion von Preisnachlässen. Eine Voraussetzung für den erfolgreichen Einsatz von Zielvereinbarungen sind transparente und nachvollziehbare Ziele. Zudem muss die Führungskraft zwar auf ehrgeizigen Zielen bestehen, jedoch gleichzeitig sicherstellen, dass diese auch realistisch zu erreichen sind, da sonst der gegenteilige Motivationseffekt eintritt. Zielvereinbarungen können, müssen aber nicht mit den Gehältern der Mitarbeiter verknüpft werden (vgl. Diller 2008, S. 460ff.; Martus/Selzer 1995, S. 109).

Incentivesysteme

Incentivesysteme knüpfen die Erreichung bestimmter Ziele an Gegenleistungen. Diese sind in den häufigsten Fällen monetärer Art. Es können allerdings auch immaterielle Belohnungen festgesetzt werden, wie beispielsweise die Verteilung von Pricing Awards. Im Rahmen der Definition der Incentivesysteme ist es sehr wichtig, eine zielkonforme Incentivierung entsprechend der Strategie des Unternehmens zu formulieren. In der Praxis ist sehr häufig eine umsatzorientierte Vergütung des Vertriebs zu beobachten, vermutlich aufgrund der einfachen Berechnung. Je höher die Preiskompetenzen der Mitarbeiter allerdings sind, desto eher sollte sich das Unternehmen an deckungsbeitragsorientierter Incentivierung orientieren. Diese motiviert die Vertriebsmitarbeiter zu gewinnorientiertem Handeln und unterstützt so nicht lediglich eine Umsatz-, sondern vielmehr eine Gewinnsteigerung. Eine Vereinigung der jeweiligen Vorteile umsatz- und deckungsbeitragsorientierter Incentivesysteme kombiniert verschiedene Einflussfaktoren, die schließlich die Höhe der Incentives bestimmen. So kann die Basis der Umsatz des Mitarbeiters sein, die endgültige Höhe allerdings vom Quotienten aus erreichtem Angebotspreis und Zielpreis abhängen. Auch eine negative Korrelation zwischen Rabatthöhe und Provisionen kann zum gewünschten Ergebnis führen. Dabei muss jedoch stets darauf geachtet werden, dass die Incentivesysteme nicht zu kompliziert werden. Simon/ Fassnacht nennen drei Kriterien, die diese Systeme einhalten müssen: Einfachheit, Gerechtigkeit und Gleichheit (vgl. Diller 2008, S. 460ff.; Simon/ Fassnacht 2009, S. 377ff.; Martus/Selzer 1995, S. 109).

15.4.4 Die Rolle des Vertriebs

Eine besondere Rolle im Rahmen der Preisdurchsetzung kommt dem Vertrieb als Schnittstelle zum Nachfrager zu (Hofbauer/Hellwig 2012). Diese wird in der Fachliteratur oftmals als Außendienst bezeichnet, um den Begriff auf die Personen einzugrenzen, die mit dem Nachfrager auch tatsächlich in Interaktion treten. Vor allem im Business-to-Business-Bereich, in dem die Preise oftmals nicht von vorneherein feststehen, sondern verhandelt werden, ist dieser Bereich entscheidend für den Erfolg des gesamten Preismanagementprozesses. Nachdem der optimale Preis festgesetzt wurde, müssen diese Mitarbeiter professionell geschult werden, um ihn auch durchsetzen zu können. Dazu gehört nicht nur ein Basiswissen darüber, wie der Preis zustande kam und aus welchen Komponenten er besteht. Zusätzlich müssen klare Regeln bezüglich der Durchsetzung, den Verantwortlichkeiten sowie dem Preiscontrolling kommuniziert werden. Ein Scheitern des Vertriebs bezüglich der Durchsetzung intern festgesetzter Preise kann an zwei Gründen liegen. Zum einen ist es möglich, dass Mitarbeiter andere Ziele als die Durchsetzung der Preise verfolgen, wie zum Beispiel eine Steigerung der Kundenzufriedenheit durch Gewährung zusätzlicher Rabatte. In diesem Fall muss das Unternehmen mit entsprechenden Zielvereinbarungen und Incentivesystemen gegensteuern (vgl. Kapitel 15.4.3). Zum anderen fehlen womöglich Informationen oder Wissen über den Produktwert, den Kundennutzen oder erfolgreiche Verhandlungstechniken. In diesen Fällen muss das Unternehmen diese Lücken durch entsprechende Schulungen und Weiterbildungen schließen. Pro- und Kontra-Argumente in Bezug auf die Übertragung von Preiskompetenzen an den Vertrieb lassen sich Tabelle E.5 entnehmen (vgl. Simon/ Fassnacht 2009, S. 370ff.; Hofbauer/Hellwig 2012, S. 244).

Tabelle E.5 Übertragung von Preiskompetenzen an den Vertrieb (nach Simon/Fassnacht 2009, S. 371f.)

Übertragung von Preiskompetenzen an den Vertrieb	
Pro	**Kontra**
Die Position des Verkäufers wird aufgewertet → Motivationssteigerung	Der Verkäufer neigt zu Nachlässen, um den Vertrag abschließen zu können → Verluste durch zu hohe Nachlässe
Der Verkäufer verfügt über hohes Wissen bzgl. individueller Preisbereitschaften → Optimale Preisdifferenzierung	Zentralisation der Preiskompetenz entlastet den Verkäufer → Druck bzgl. erfolgreicher Preisverhandlungen entfällt
Rückfragen entfallen, die Verkäufer gehen flexibel auf veränderte Marktbedingungen ein → Hohe Flexibilität	Vermeidung preislicher Inkonsistenzen zwischen Kunden → Einheitliches Preissystem, höhere Kundenzufriedenheit
Der Verkäufer kann die Verhandlungen eigenständig führen → Schneller Vertragsabschluss	Preisentscheidung erfordert komplexe Kosten-, Kapazitäts-, Konkurrenzanalysen → Optimaler Preis durch Berücksichtigung aller relevanten Inputfaktoren

Die Übertragung von Kompetenzen an den Vertrieb kann nicht generell empfohlen oder abgelehnt werden, sondern muss Fall für Fall entschieden werden. Grundsätzlich spricht jedoch eine deckungsbeitragsorientierte Vergütung für, eine umsatzorientierte Vergütung gegen die Gewährung von Preiskompetenzen (vgl. Simon/ Fassnacht 2009, S. 372ff.).

Ein besonderes Augenmerk sollte auf die Entlohnung der Vertriebsmitarbeiter gelegt werden. Während Mitarbeiter des Innendienstes oftmals ein Fixgehalt beziehen, ist es vor allem bei Außendienstmitarbeitern üblich, einen Teil des

Tabelle E.6 Bestandteile der Entlohnung (nach Martus/Selzer 1995, S. 139ff.)

Entlohnung		
Bestandteil	**Vorteile**	**Nachteile**
Festgehalt	• Gehalt als Sicherheitsfaktor • kein Erfolgsdruck • geringer Verwaltungsaufwand	• geringer Leistungsanreiz • führt möglicherweise zu Spannungen zwischen „guten" und „schlechten" Mitarbeitern und Demotivation
Erfolgsorientierte Provison (ohne Festgehalt)	• hoher Leistungsanreiz • nach oben offene Einkommensskala	• hoher Leistungsdruck • Gefahr des nicht bedarfsgerechten Verkaufens
Prämien	• kurzfristig realisierbare Leistungsanreize • vielfältige Gestaltungsmöglichkeiten	• erhöhte Komplexität des Belohnungssystems • Vernachlässigung primärer Ziele

Gehalts variabel auszuzahlen. Verschiedene Möglichkeiten der Entlohnung können Tabelle E.6 entnommen werden.

Weder die ausschließliche Bezahlung eines Festgehalts noch die vollständige Vergütung per Provision kann generell empfohlen werden. In den meisten Fällen ist eine Kombination von Festgehalt und erfolgsorientierter Provision die Variante mit den meisten Vorteilen für Unternehmen und Mitarbeiter. Diese gibt dem Mitarbeiter eine gewisse Sicherheit und schafft dennoch Anreize, durch hohen Einsatz ein höheres Einkommen zu erreichen. Prämien können kurzfristige Anreize zu bestimmten Verhaltensweisen bieten. Dabei muss jedoch darauf geachtet werden, Prämien nicht allzu häufig zu verwenden, da ansonsten der Gewohnheitseffekt eintritt und eine Streichung der Prämien zu Unzufriedenheit führt (vgl. Martus/Selzer 1995, S. 139ff.).

15.5 Preiscontrolling

Das Preiscontrolling oder Preismonitoring eines Unternehmens ist zuständig für die Informationsversorgung der Entscheider und erstreckt sich über alle Phasen des Preismanagementprozesses. Zu den Aufgaben gehören nicht nur die Beschaffung der Informationen, sondern ebenso die Aufbereitung und Erläuterung der Inhalte. Zudem müssen einmal getroffene Entscheidungen auf ihre Richtigkeit überprüft und bei Bedarf angepasst werden. Zu den Voraussetzungen gehört die Definition von quantitativ messbaren Zielen, deren Einhaltung mit Hilfe des Controllings überwacht werden kann (vgl. Simon/Fassnacht 2009, S. 398ff.).

15.5.1 Aufgaben des Preiscontrollings

Die verschiedenen Aufgabenfelder des Preiscontrollings lassen sich Abbildung E.3 entnehmen.

Besonderes Augenmerk sollte auf die kontinuierliche Optimierung der Preise gelegt werden. Trotz ausführlicher Analysen und Berechnungen ist es überaus schwierig, von Beginn an den optimalen Preis festzusetzen. Kontinuierliches Controlling kann jedoch dazu beitragen, sich diesem Preis Schritt für Schritt zu nähern. Durch ausführliche Analysen der Umsätze, Kundenstrukturen und weiterer Informationen können die Reaktionen von Nachfragern und Wettbewerbern immer besser vorhergesagt und die Preise entsprechend angepasst werden. Zudem wird die Durchsetzung der Preise durch kontinuierliches Preiscontrolling überwacht und bei Nichteinhaltung können Gegenmaßnahmen angestoßen werden. Auch eine Analyse der Preistreppe des Unternehmens (vgl. Abbildung A.2) kann zu aufschlussreichen Erkenntnissen führen, durch

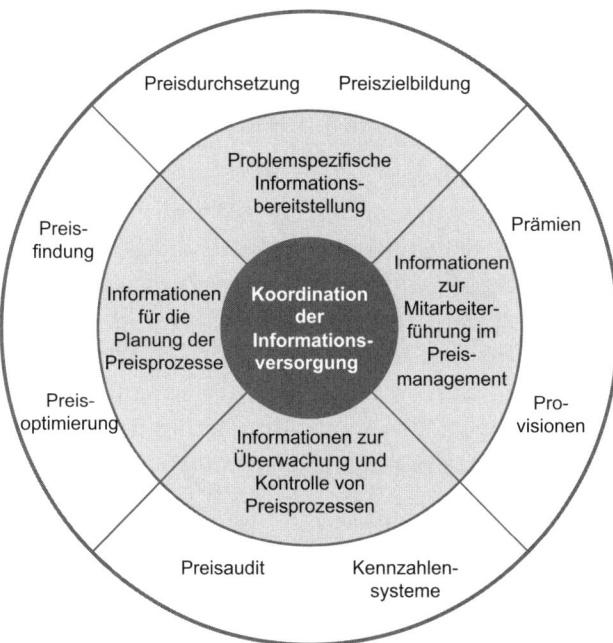

Abbildung E.3 Aufgabenfelder des Preiscontrollings (Diller 2008, S. 435)

die eine Optimierung der Rabatte und Konditionen und damit ein Anstieg des Unternehmensgewinnes erfolgt. Was bei Kundengesprächen von Vorteil sein kann, ist eine Betrachtung der Umsätze, aber auch der Gewinne, die der Kunde dem Unternehmen beschert. Kunden, die hohe Deckungsbeiträge beitragen, sollten von Zeit zu Zeit mit entsprechend guten Konditionen belohnt werden. Für Kunden, die zwar für hohe Umsätze, aber niedrige Deckungsbeiträge sorgen, ist hingegen kein weiteres Entgegenkommen möglich, was durch die Informationen aus dem Preiscontrolling auch begründet werden kann (vgl. Diller 2008, S. 435ff.).

15.5.2 Informationstechnologische Voraussetzungen

Ohne den Einsatz von Informationstechnologie kann man sich die Führung eines Unternehmens nicht mehr vorstellen. Auch im Rahmen des Preiscontrollings ist eine Unterstützung durch IT unabdingbar. Neben einer umfassenden Erhebung von Informationen, die ansonsten nicht in diesem Umfang möglich wäre, kann auch die Analyse und Aufbereitung der Daten durch entsprechende Systeme wesentlich effizienter gestaltet werden.

Diese Daten müssen im ersten Schritt in einem so genannten Preis-Informationssystem zusammengetragen werden. Das ermöglicht eine Abbildung der preislich relevanten Informationen im Unternehmen und aus dem Markt. Bei den Daten kann es sich dabei um verschiedene Arten handeln, wie beispielsweise Grunddaten (z.B. Kunden- und Kostendaten) oder Reaktionsdaten (z.B. Anfragen, Beschwerden). Sie können sowohl speziell für das Preismanagement erhoben werden als auch aus bestehenden Quellen innerhalb des Unternehmens, wie der Betriebssoftware, übernommen werden.

Im zweiten Schritt erfolgt dann eine Analyse der Daten. Während die Rohdaten an sich oft wenig Aufschluss geben, helfen bestimmte Anwendungen, Strukturen und Zusammenhänge zu erkennen. Dies kann unter anderem dabei helfen, Cross-Selling-Potenziale zu identifizieren oder auch Wettbewerbsreaktionen besser vorhersagen zu können. Die Systeme, die diese Aufgabe übernehmen, werden von Diller (2008, S. 443) interaktive Preis-Informations- und Kommunikationssysteme genannt. Abbildung E.4 zeigt drei Anwendungen, aus denen sich ein solches System zusammensetzen kann (vgl. Diller 2008, S. 443ff.).

Abbildung E.4   IT-Anwendungen im Preiscontrolling (nach Diller 2008, S. 444)

Preisanalyse-Tools

Diese Art der Anwendung bereitet Informationen auf, die die aktuelle Preissituation darstellen, und hilft so dabei, Preisstrategien zu definieren. Besonders wichtig ist es, die Informationen zeitnah zu erhalten, um bei Problemen möglichst schnell reagieren zu können. Dies betrifft vor allem Informationen zu Kennzahlen wie der Profitabilität, der Einhaltung von Preiszielen oder auch Störfaktoren in bestimmten Märkten (vgl. Diller 2008, S. 447f.).

Preismanagement-Tools

Preismanagement-Tools unterstützen Entscheider dabei, das Preismanagement zu steuern und Preisregeln zu implementieren, also vor allem bei operativen Aufgaben. Schnelle Reaktionen auf Veränderungen im Markt können dem Unternehmen sowohl Kosten sparen als auch die Umsätze erhöhen. Abbildung E.5 zeigt einige Einsatzmöglichkeiten dieser Tools.

Eine wichtige Einsatzmöglichkeit ist die Kommunikation veränderter Preise an den Außendienst. Diese unterstützt die Preisdurchsetzung enorm und ermög-

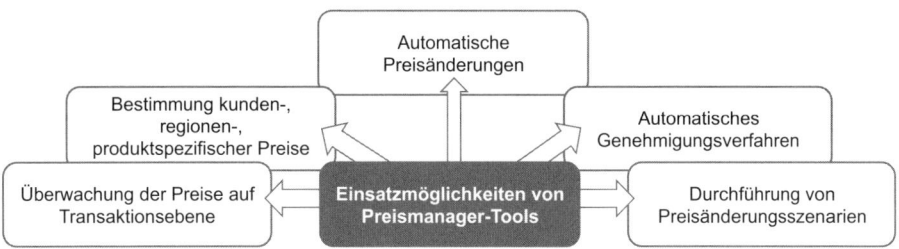

Abbildung E.5 Einsatzmöglichkeiten von Preismanager-Tools
(nach Diller 2008, S. 448)

licht eine simultane Information aller am Preismanagementprozess beteiligten Personen (vgl. Diller 2008, S. 448f.).

Preisdurchsetzungs-Tools

Vor allem auf Märkten, auf denen Preise durch Verhandlungen zustande kommen, kann der Einsatz von Preisdurchsetzungs-Tools die eigene Position ungemein stärken. Durch die automatische Berechnung der Auswirkungen verschiedener Zugeständnisse auf Deckungsbeiträge und Rentabilität kann der Außendienst schneller und sicherer entscheiden, welche Konditionen und Rabatte er dem Kunden gewähren kann und welche für das Unternehmen zu einem unrentablen Abschluss führen würden. Über die Berechnung finanzieller Kennzahlen hinaus kann ein derartiges Tool zudem qualitative Aspekte, wie etwa die Kundenzufriedenheit, verbessern. Dies geschieht durch ein Management der Kundenkontakte und genauen Informationen zu den Kunden und deren Historie vor Treffen oder Verhandlungen. Darüber hinaus kann auch eine Übersicht der Mitarbeiterziele in Bezug auf Abschlüsse und Renditekennzahlen angezeigt werden, was bei korrektem Einsatz die Mitarbeitermotivation zusätzlich steigert. Unterschreitet ein Mitarbeiter im Laufe der Verhandlungen den Mindestpreis, so kann ein automatischer Genehmigungsprozess eingesetzt werden, der in Echtzeit notwendige Entscheider involviert und so zu weniger Verzögerungen führt (vgl. Diller 2008, S. 450ff.).

15.5.3 Kennzahlen im Preiscontrolling

Um die Vielzahl an Informationen, die im Rahmen des Preiscontrollings generiert werden können, zu strukturieren, kann man sie in Kennzahlensysteme einordnen. Diese Kennzahlen können unter anderem auch in Incentivesysteme der Mitarbeiter im Preismanagement einfließen. Abbildung E.7 zeigt, welche Kennzahlen im Preiscontrolling zum Einsatz kommen können.

Tabelle E.7 Kennzahlen im Preiscontrolling (nach Diller 2008, S. 440)

Kennzahlen im Preiscontrolling		
Fokus auf	**quantifizierbare Erfolgskennzahlen**	**qualitative Erfolgskennzahlen**
Verbraucher	• Endverbraucherpreisänderung • Absatzentwicklung • Umsatzentwicklung • Änderung Käuferreichweite	• Glaubwürdigkeit der Preiserhöhung für den Verbraucher • Dauerhaftigkeit der Preiserhöhung • Image bzgl. Preisfairness
Wettbewerb	• Preisabstand zur Konkurrenz • Marktanteilsveränderung	• Wettbewerberreaktionen
Handel	• Listenpreis-/Endverbraucherpreisänderung • Entwicklung der händlerspezifischen Abverkaufszahlen • Entwicklung Handelsmarge	• Glaubwürdigkeit der Preiserhöhung für die Handelskunden • Weitergabe der Preiserhöhung an die Verbraucher

16 Rabatt- und Konditionensysteme

Hoher Wettbewerbsdruck führt in manchen Branchen, wie beispielsweise Baumärkten in der jüngeren Vergangenheit, zu ruinösen Preiskriegen. Unter dem Zwang, Verträge abzuschließen, werden unüberlegt Rabatte gewährt und in kurzen Abständen Preisaktionen durchgeführt. Dieses Verhalten senkt den Referenzpreis der Nachfrager und erhöht den Druck auf die Anbieter weiter – der Teufelskreis beginnt. Aus diesem Grund ist eine genaue Festlegung von Rabatt- und Konditionensystemen ein wesentlicher Faktor für die erfolgreiche Preisdurchsetzung und erfolgreiches Preismanagement. Daher wird dem Thema an dieser Stelle ein eigenes Kapitel gewidmet.

Eine unterschiedliche Behandlung der Nachfrager ohne nachvollziehbare Gründe kann für das Unternehmen zu einem beträchtlichen Imageschaden führen. Definierte Rabatt- und Konditionensysteme geben daher Regeln zur Gewährung von Nachlässen oder weiteren Gegenleistungen vor und stellen so sicher, dass Kunden einheitlich behandelt und Nachlässe nur unter bestimmten Voraussetzungen angeboten werden. Unter Konditionen versteht man dabei kundenspezifische Modifikationen der eigentlichen Leistung, sei es auf Anbieter- oder Käuferseite. Rabatte sind definiert als Preisabschläge. Abbildung E.6 gibt eine Übersicht über die Klassifikation verschiedener Konditions- und Rabattarten.

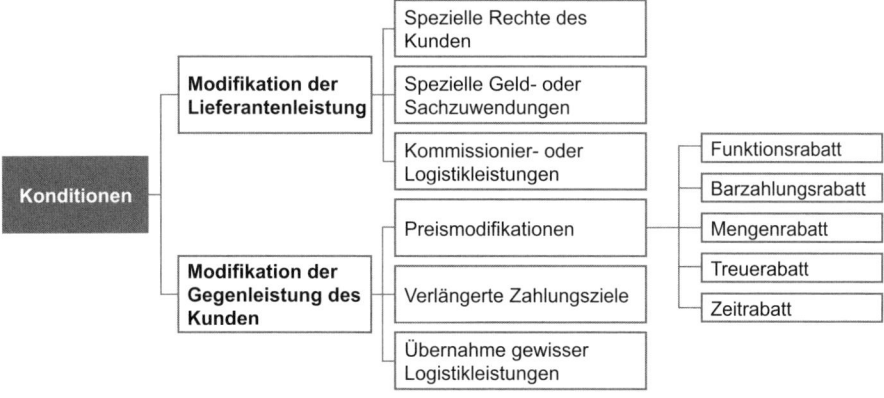

Abbildung E.6 Klassifikation verschiedener Konditions- und Rabattarten (Simon/Fassnacht 2009, S. 381)

In der Abbildung sind fünf verschiedene Arten von Rabatten aufgeführt. Viele Unternehmen bieten eine weitaus höhere Anzahl verschiedener Rabatte an. Dies ist allerdings oftmals weniger einem durchdachten Preismanagement als vielmehr einem historisch gewachsenen Rabattsystem geschuldet. Um das System übersichtlich und damit einheitlich zu halten, sollten die verschiedenen Rabatte folglich regelmäßig auf ihre Eignung überprüft werden. Zudem muss das Unternehmen, auch mit Hilfe des Preiscontrollings, darauf achten, von wem Rabatte und Konditionen gewährt werden. In manchen Fällen gewährt nicht nur eine Abteilung Rabatt, sondern andere Funktionen bieten unabgestimmt weitere Zugeständnisse an den Kunden. Daher muss das Rabatt- und Konditionensystem klare Verantwortlichkeiten zuweisen und zudem Kontrollfunktionen beinhalten, die eine Vergabe mehrerer Rabatte an einen Kunden ohne entsprechende Gegenleistung verhindern.

Die Ziele, die mit Rabatten und Konditionen verfolgt werden, sind zum einen die Abschöpfung der Konsumentenrente, zum anderen sollen Kunden zu einem bestimmten Verhalten ermutigt werden. So hat die Firma IKEA beispielsweise erfolgreich die Logistikleistungen nach dem Kauf zum Großteil an die Kunden übertragen. Auch schnellere Zahlungen, die zu einer Verbesserung des Cashflows führen, können durch Rabatte und Konditionen gefördert werden. Grundsätzlich sollten Rabatte und Konditionen nach dem Prinzip Leistung für Gegenleistung gewährt werden, zum Beispiel weil der Kunde seit Langem Treue beweist oder ein kürzeres Zahlungsziel in Kauf nimmt. Sich mit Rabatten Verträge zu erkaufen, kann für das Unternehmen mittelfristig teuer werden. Vor allem wenn Rabatte zur Gewohnheit werden und somit faktisch die Preise sinken, während die Kosten gleich bleiben, hat dies eine fatale Wirkung auf die Gewinnsituation des Unternehmens.

16.1 Bedeutung für das Preismanagement

Rabatt- und Konditionensysteme sind wichtige Bestandteile für das Preismanagement, welches wiederum ein zentrales Instrument im Vertriebsmanagement darstellt. Der Preis ist untrennbar mit dem Angebot einer Leistung als Produkt oder Dienstleistung verbunden, denn der Preis dient als Indikator für den Wert. Der Preis wird somit als Gegenleistung eines Käufers für den Erwerb einer gewissen Leistung nach bestimmter Art, Menge und Qualität definiert. Das Preismanagement besteht aber nicht nur aus dem singulären Preis, darüber hinaus gehören dazu Grund-, Tarif- und Listenpreise sowie Konditionen mit Zahlungsvereinbarungen, Mengen- und Zeitrabatten, Vergütungen, Optionen und Fristen sowie den Lieferbedingungen (INCOTERMS).

16.1 Bedeutung für das Preismanagement

In der Angebotserstellung ist es für die Preisfindung sinnvoll, dass einerseits Kundenwünsche, Preisbereitschaft, Wettbewerbsverhalten und andererseits natürlich auch die unternehmensinternen Faktoren berücksichtigt werden. Der Preis ist nur dann ein strategischer Erfolgsfaktor, wenn er für beide – Käufer und Anbieter – zu einer Win-Win-Situation führt. Das Ziel des professionellen Preismanagements besteht darin, den vom Kunden empfundenen Wert durch einen fairen Preis festzusetzen. Die Wertorientierung im Preismanagement versucht einen Nutzenwert für Produkte und Dienstleistungen zu schaffen und auch zu vermitteln, der sozusagen schwerer „wiegt" als die Kosten bzw. der Gesamtpreis, den der Kunde als Opfer aufzubringen hat. Dabei strebt der Kunde stets auch danach, Nachlässe und Rabatte zu erhalten.

Um deutlich zu machen, welche Folgen aus zu leicht zugestandenen Preisnachlässen resultieren, folgt nun eine Berechnung anhand eines Beispiels: Gehen wir für dieses Beispiel einmal davon aus, dass normalerweise mit einem Bruttogewinn von 15% geplant werden kann, wenn Produkte nach Listenpreisen verkauft werden. Wenn man nun dem Kunden einen Nachlass von 3% gibt (nichts anderes passiert auch bei der Gewährung von Skonto), dann sieht die Rechnung wie folgt aus:

$$\frac{Gewinn\ in\ \%\ (geplant)}{Gewinn\ in\ \%\ (realisiert)} - 1 = Entgangener\ Gewinn\ in\ \%$$

$$\frac{15\%}{12\%} - 1 = 0{,}25 = 25\%$$

Tabelle E.8 zeigt die Auswirkung von Preissenkungen auf den Gewinn. Tabelliert ist der entgangene Gewinn in Prozent auf Basis des realisierten Gewinnes ohne Preissenkung.

Damit nicht zu viel gefeilscht und mit Nachlässen gearbeitet werden muss, sollte die Zahlungsbereitschaft der Kunden bereits im Vorfeld ermittelt werden, um Konflikte im Verkaufsgespräch erst gar nicht aufkommen zu lassen. Durch professionelles Preismanagement können faire Preise angesetzt und argumentiert werden. Somit lassen sich Umsatz und Ertrag stabilisieren und ausbauen. Diese Forderungen bedeuten, dass Preisentscheidungen systematisch und professionell vorbereitet sein müssen. Hilfreich dafür sind in erster Linie die Qualifikation und die Kompetenz der Vertriebsmanager. Unterstützend helfen ein klares Regelwerk, genau definierte Verantwortlichkeiten, Preismonitoring sowie ein wissenschaftlich betriebenes Informationsmanagement.

Von der erfolgreichen Entwicklung und Durchsetzung langfristig ertragsabsichernder Preis- und Konditionensysteme in der Angebotsphase wird es abhän-

Tabelle E.8 Preissenkung und entgangener Gewinn

Preissenkung: Prozentualer entgangener Gewinn (in Prozent)								
	Entgangener Gewinn bei einem geplanten Bruttogewinn von:							
Preissenkung	5%	10%	15%	20%	25%	30%	35%	40%
1%	25,0	11,1	7,1	5,3	4,2	3,4	2,9	2,6
2%	66,6	25,0	15,4	11,1	8,7	7,1	6,1	5,3
3%	150,0	42,8	25,0	17,6	13,6	11,1	9,4	8,1
4%	400,0	66,6	36,4	25,0	19,0	15,4	12,9	11,1
5%		100,0	50,0	33,3	25,0	20,0	16,7	14,3
6%		150,0	66,0	42,9	31,6	25,0	20,7	17,6
7%		233,3	87,5	53,8	38,9	30,4	25,0	21,2
8%		400,0	114,3	66,7	47,1	36,4	29,6	25,0
9%		900,0	150,0	81,8	56,3	42,9	34,6	29,0
10%			200,0	100,0	66,7	50,0	40,0	33,3

gen, inwieweit es den Herstellern gelingt, unter dem anhaltenden Preisdruck durch den Handel und die Kunden zufriedenstellende Renditen zu erwirtschaften. Das Preismanagement inklusive aller Konditionensysteme behält daher höchste Priorität.

Im Fokus der Betrachtung im Vertrieb sind oft hohe Abschlusszahlen und Großaufträge. Den Vertriebsmitarbeitern ist vor allem in der Verhandlungsphase meist nicht bewusst, wie sie die Unternehmensziele positiv beeinflussen können. Viele Vertriebsmitarbeiter denken, dass sie den Gewinn auch nicht beeinflussen können. Dies sei Sache der Unternehmensleitung.

Aus diesem Grund müssen sich Vertriebsmitarbeiter klar machen, dass sie ihre Ziele über mehrere Wege erreichen können. Deshalb sollten sie sich vor Augen führen, wie Umsatz entsteht. Hierfür gibt es eine einfache Formel:

$$Umsatz = Menge \times Preis$$

Aus diesem Zusammenhang resultieren zwei Möglichkeiten wie Vertriebsmitarbeiter ihre Umsätze und damit auch den Gewinn des Unternehmens steuern können: Durch eine Erhöhung der verkauften Menge und eine Verbesserung der erzielten Preise.

- *Menge*

  Ein Faktor ist die verkaufte Menge, diese können Verkäufer über zwei Möglichkeiten erhöhen: durch ein besseres Ausschöpfen des Potenzials bestehender Kunden und durch die Akquisition neuer Kunden.

  Vertriebsmitarbeiter müssen das Umsatzpotenzial bestehender Kunden ausloten können. Zum einen, weil sie nur dann ermitteln können, wie viel Mehr-Umsatz noch möglich ist. Zum anderen, weil sich ihnen dann ein Weg eröffnet, wo und wie sie das gewünschte Plus erzielen können. Zum Beispiel indem sie den Lieferanteil bei einem Bestandskunden von 30 auf 40 Prozent erhöhen.

  Die Akquisition von neuen Kunden ist meist schwieriger, als mit bestehenden Kunden mehr Umsatz zu erzielen. Deshalb sollte auch diese Aufgabe in der Zielvereinbarung der Vertriebsmitarbeiter verankert sein. Zum Beispiel in der Form, dass zehn Prozent des Umsatzes mit Neukunden erzielt werden sollen. Um die Zielerreichung zu unterstützen, muss auch eine Auswirkung auf die Entlohnung hergestellt werden.

- *Preis*

  Der Preis ist der zweite und wesentliche Faktor, über den der Vertrieb den Umsatz beeinflussen kann. Diese Bedeutung wird von vielen Vertriebsmitarbeitern unterschätzt. Sie haben sich damit abgefunden, dass in weitgehend gesättigten Märkten die Preise fallen. Also verwenden sie wenig Energie darauf, bessere Preise auszuhandeln.

  Wie sich Preissenkungen auf die Unternehmenssituation auswirken, zeigt Tabelle E.9. In der Tabelle sind die Prozentsätze tabelliert, um die der Umsatz gesteigert werden muss, um bei der entsprechenden Konstellation den Ertragsverlust auszugleichen.

  Im Zeitablauf fallende Preise scheinen in den meisten Fällen allgemein akzeptiert. Viele Vertriebsmitarbeiter übersehen aber, dass es in ihrer Hand liegt, wie schnell die Preise fallen. Warum muss das Skonto 3% betragen? Sind nicht auch 2,25% möglich? Über solche Prozentpunkte wird oft nicht ausreichend nachgedacht. Dabei entscheiden sie darüber, ob ein Unternehmen mit Gewinn arbeitet oder nicht. Vertriebsleiter sollten dies ihren Mitarbeitern anhand von Rechenexempeln wie in den vorangegangenen Beispielen verdeutlichen.

  Diese Sensibilisierung ist wichtig. Aber spätestens bei der nächsten Verkaufsverhandlung, wenn der Einkäufer das „bessere" Angebot des Mitbewerbers zur Sprache bringt, verfallen viele Vertriebsmitarbeiter wieder in ihre alten Verhaltensmuster, aus Angst, den Kunden, den Umsatz und die Incentives zu verlieren. Entsprechend intensiv und nachhaltig sollten Vertriebsmitarbeiter im Führen von Verkaufsverhandlungen (Hofbauer/Hellwig 2012, S. 463ff.) geschult werden. Eine weitere Maßnahme ist, dass die

Tabelle E.9 Preissenkung und erforderlicher Mehrumsatz

... und einer Preissenkung um	Bei einem Rohertrag (Verkaufserlös minus Wareneinkauf) von...						
	10%	15%	20%	25%	30%	35%	40%
	... muss der Umsatz um diesen Prozentsatz gesteigert werden, damit kein Ertragsverlust eintritt:						
5%	100,0	50,0	33,3	25,0	20,0	16,7	14,3
6%	150,0	66,7	42,9	31,6	25,0	20,7	17,6
7%	233,3	87,5	53,8	38,9	30,4	25,0	21,2
8%	400,0	144,3	66,7	47,1	36,4	29,6	25,0
9%		150,0	81,8	56,3	42,9	34,6	29,0
10%		200,0	100,0	66,7	50,0	40,0	33,3
11%		275,0	122,2	78,6	57,9	45,8	37,9
12%		400,0	150,0	92,3	66,7	52,2	42,9
13%			185,7	108,3	76,5	59,1	48,1
14%			233,3	127,3	87,5	66,7	53,8
15%			300,0	150,0	100,0	75,0	60,0
16%			400,0	177,8	144,3	84,2	66,7
17%				212,5	130,8	94,4	73,9
18%				257,1	150,0	105,9	81,8
19%				316,7	172,7	118,8	90,5
20%				400,0	200,0	133,3	100,0

mit den Vertriebsmitarbeitern getroffenen Zielvereinbarungen stärker auf das Erzielen bestimmter Preise und somit Gewinnmargen abzielen sollen. Und schließlich sollte dies in ihrem Entlohnungssystem verankert sein.

Das wertorientierte Preismanagement soll zu einer Preissetzung führen, die zu einer Situation führt, in der Käufer und Anbieter zu einer so genannten Win-Win-Situation gelangen, in der sowohl die Kunden- als auch die Anbietersicht ausgewogen sind. Die Basis dazu ist die Messung des Kundennutzens. Eine bewährte Methode dafür ist das Conjoint Measurement. Hier wird der komplexe Kaufentscheidungsprozess indirekt über den Vergleich von Kaufalternativen abgebildet und durch intelligente Auswertesystematik der Nutzenbeitrag der einzelnen Merkmale für den Kauf ermittelt. Der Preis, den ein Käufer bereit ist zu bezahlen, hängt direkt von der Summe der Nutzenwerte der einzelnen Merkmale ab. Wenn diese empfohlenen Vorarbeiten getätigt sind und die Wertvorstellungen und Zahlungsbereitschaften im Vorfeld ermittelt wurden, dann können die Verkaufsgespräche enorm entlastet werden. Im Mittelpunkt steht dabei immer die Frage: „Was braucht der Kunde?" Das Gespräch sollte sich folglich auf die Leistung und den Wert eines Produktes konzentrieren und weniger auf den Preis und die Preisreduktion.

Der Kauf wird nur dann erfolgen, wenn die Differenz aus dem Nutzen des Produktes und dem dafür herzugebenden Opfer sich für den Entscheider positiv darstellt. Der verhaltenswirksame Hintergrund ist nun darin zu sehen, dass Kunden ja nicht für das blanke Produkt oder eine Dienstleistung bezahlen. Antriebskraft sind nämlich immer die Deckung eines spezifischen Bedarfes und die beste Lösung eines Problems. Eine weitere wichtige verhaltenswissenschaftliche Erkenntnis ist die, dass Produkte nicht nur nach ihrer objektiven Beschaffenheit und Qualität beurteilt werden, sondern danach, wie sie subjektiv perzipiert werden. Das Markenmanagement spielt aus diesem Grund auch im Industriegüterbereich eine große Rolle (vgl. Hofbauer/Schmidt 2007).

16.2 Regeln für die Verhandlung von Rabatten und Konditionen

Insgesamt betrachtet muss der Preis aus Kundensicht den Wert des Produktes als Ganzes widerspiegeln. Für die Kommunikation und die Verkaufsgespräche leitet sich damit die Forderung ab, dass vor allem der Kundennutzen kommuniziert werden muss. Einzig und allein das ist der Grund, warum der Kunde den geforderten Preis zahlt. Folgende Regeln für wertorientierte Preisverhandlungen (Lauszus/Grimm 2003, S.23) müssen beachtet werden:

- *Persönlichkeitsregeln*
  Es geht nicht nur um den Preis, es geht auch um die Person!
  Ihr Verhandlungspartner braucht an einer Stelle ein Zugeständnis!
  Ihr Verhandlungspartner möchte ernst genommen werden!
  Setzen Sie sich ein Zeitlimit für die Entscheidung!
  Lassen Sie sich niemals unter Druck setzen!

- *Wissensregeln*
  Sie müssen genau wissen, was Sie erreichen wollen. Dazu ist es notwendig, dass Sie umfassend vorbereitet sind!
  Kennen Sie Ihr Gegenüber?
  Kennen Sie die Wettbewerbspreise?

Kennen Sie die branchenspezifischen Geschäftspraktiken?
Bleiben Sie rational, keine emotionalen Verstrickungen!
Vergegenwärtigen Sie sich, dass die Wahrnehmung zählt!

- *Wertregeln*
Der Preis spiegelt den Wert eines Produktes. Vermitteln Sie diesen Wert!
Verringern Sie die Vergleichbarkeit mit Wettbewerbsprodukten durch Differenzierung!
Splitten Sie den Wert in Komponenten und setzen Sie diese nacheinander ein!
Argumentieren Sie mit Lebensdauer und Kosten!
Greifbare und kurzfristige Argumente sind wirkungsvoller!
Setzen Sie auf Merkmale, die dem Kunden wichtig sind!

- *Preisregeln*
Sie können nicht vermeiden, über den Preis zu sprechen!
Sprechen Sie zuerst über den Wert!
Lassen Sie den Preis nicht einfach stehen, fügen Sie einen Wert hinzu!
Splitten Sie Preiskonzessionen in einzelne Bestandteile!
Machen Sie Zugeständnisse, die Sie nicht sofort etwas kosten!
Fragen Sie nach Gegenleistungen bei Zugeständnissen!
Notfalls schieben Sie die Entscheidung hinaus, um Zeit zu gewinnen!

Durch die konsequente Anwendung und Beachtung des Preismanagements wird die Wahrscheinlichkeit erhöht, eine Win-Win-Situation schaffen zu können. Zudem wird die Gefahr gebannt, dass Preise zu niedrig angesetzt werden, wodurch Umsatz und Ertrag geschmälert würden.

Speziell in folgenden Situationen empfiehlt sich die konsequente Anwendung des zielorientierten Preismanagements:

- Die Bedeutung des Wettbewerbs wird überschätzt.
- Niedrige Preise sollen Absatzrückgang kompensieren.
- Messbare Werte der eigenen Produkte werden unterschätzt.
- Der Wert der eigenen Beratung für die Kunden wird übersehen.
- Von der eigenen Meinung wird auf die Meinung anderer geschlossen.
- Der Außendienst ist preissensibler als die Kunden.
- Möglichkeiten, den Wettbewerb zu beeinflussen, werden nicht gesehen.

Für die individuelle Verhandlung gilt: Je besser die Vorbereitung ist, desto weniger Probleme werden im persönlichen Gespräch auftreten. Obwohl die Bedeutung des Preismanagements den Vertriebsmitarbeitern bekannt ist, wird es oftmals äußerst unprofessionell eingesetzt. Durch preispolitische Versäumnisse bleiben Ertragspotenziale ungenutzt und verunsichern zudem die Kunden.

16.3 Anforderungen an das Rabatt- und Konditionenmanagement

Kostensenkungspotenziale sind in den meisten Unternehmen bereits ausgereizt und die Ertragskraft lässt sich nur noch durch die Optimierung der Erlösseite steigern. Ertragsorientierte Unternehmen justieren daher das Preismanagement und damit verbunden auch das Rabatt- und Konditionensystem. Die Zielsetzungen dabei sind klar: Reduktion von Rabatten, Umschichtung von Konditionen, Ausbau der Gegenleistungen und Abbau von Konditionenspreizungen.

Der Preis hat den größten Einfluss auf den Gewinn. Die Ausgestaltung des Preissystems mit Rabatten, Boni und Zahlungsbedingungen ist ein wesentlicher Bestandteil des professionellen Preismanagements, da hier die Feinabstimmung der Preise erfolgt. Damit es nicht zu ausufernden Rabattschlachten kommen kann, ist es wichtig, einige wesentliche Grundsätze zu berücksichtigen. Da die Preis- und damit auch Konditionenänderungen die größte Hebelwirkung auf den Gewinn haben, muss die Durchsetzung von dauerhaft ertragssichernden Preis- und Konditionensystemen die höchste Priorität im professionellen Preismanagement haben. Selbst wenn nur wenige Konditionenelemente bestehen, müssen diese im Tagesgeschäft strikt eingehalten werden. Konditionensysteme mit zu vielen Schlupflöchern, wie zum Beispiel Gutschriften oder kostenlose Lieferungen (Naturalrabatt) können über den Preistreppeneffekt schnell negativ auf das Ergebnis durchschlagen. Bei der geforderten Anwendungskonsequenz muss aber auch auf genügend Flexibilität geachtet werden, um kurzfristigen Schwankungen im Markt flexibel beggnen zu können, ohne gleich das gesamte Preissystem in Frage zu stellen.

Das nachfolgend beschriebene Beispiel zeigt ein Konditionensystem, welches den erfolgsorientierten Kriterien entspricht. Dieses Konditionensystem wurde von einem Hersteller von technischen Gebrauchsgütern entwickelt, der Vertrieb seiner Produkte erfolgt ausschließlich über Fachhändler.

Als erstes erfolgte eine Analyse, in der die erforderlichen Informationen aufbereitet wurden, um sich einen Überblick zu verschaffen. Nach diesen Informationen wurden die Händler in drei Kategorien wie in Tabelle E.10 aufgeteilt.

16 Rabatt- und Konditionensysteme

Die Einstufung in diese Kategorien sollte jährlich aktualisiert werden. Die Konditionen für die einzelnen Kategorien, wie z.B. Rabatte und Boni, werden auf

Tabelle E.10 Kategorisierung von Händlern als Basis für ein Konditionensystem

Kriterium	Händlerkategorie		
	A	B	C
Umsatz mit der relevanten Produktgruppe im Vorjahr	10 Mio. Euro	5 Mio. Euro	1 Mio. Euro
Lagerhaltung	Kernsortiment, Randsortiment I und II werden bebevorratet	Kernsortiment und Randsortiment I werden bevorratet	Kernsortiment wird bevorratet
Bereitschaft zur Kooperation bei Werbung gefordert	ja	ja	nein
Mindestauftragswert	45.000 Euro	20.000 Euro	5.000 Euro

Tabelle E.11 Konditionensystem auf Basis der Kategorisierung

Rabattart	Händlerkategorie		
	A	B	C
normaler Händlerrabatt	21 bis 25%	18 bis 21%	15 bis 17%
Mengenrabatt	ab 100.000 Euro: 2%	ab 200.000 Euro: 3%	kein Rabatt
aktionsbezogener Sonderrabatt	3 bis 5% nach Dauer	3 bis 5% nach Dauer	kein Rabatt
Einzelrabatte, durch Außendienst vergeben	4 bis 5%	3%	kein Rabatt
Treuebonus	4 bis 5%	3%	kein Bonus
Werbekostenzuschuss	bis zu 50% der nachgewiesenen Kosten	bis zu 30% der nachgewiesenen Kosten	kein Zuschuss
Exklusivitätsbonus	5%	4%	kein Bonus
Bonus für Unterstützung bei Neuprodukteinführung	2 bis 3% (Basis: Umsatz mit Neuprodukt)	kein Bonus	kein Zuschuss
Bonus für Erreichung des Steigerungsziels (Basis: Absatz des Vorjahres)	• mindestens 20%ige Absatzsteigerung: 7% • mindestens 15%ige Absatzsteigerung: 6% • mindestens 10%ige Absatzsteigerung: 5%		

dieser Basis bestimmt. Rabatte werden sofort bei Rechnungsstellung gewährt, Boni dagegen erst im Nachhinein für das Erreichen eines bestimmten Zielerreichungsgrades.

Die Konditionen, die den jeweiligen Kategorien gewährt werden, sind in Tabelle E.11 zusammengefasst (Homburg/Daum 1997, S. 100).

16.4 Leitlinien für Rabatt- und Konditionensysteme

Die Leitlinien für systematische Preis- und Konditionensysteme lassen sich in den in Tabelle E.12 dargestellten Prinzipien festhalten.

Tabelle E.12 Leitlinien für Rabatt- und Konditionensysteme
(nach Beutin/Schuppar 2003, S. 22; Hofbauer/Hellwig 2012, S. 304ff.)

Leitlinien für Rabatt- und Konditionensysteme	
Grundsatz	Beschreibung
Ergebnisprinzip	Realisierung positiver Ergebnisse
Transparenzprinzip	Transparenz und Nachvollziehbarkeit der Vergabe
Gegenleistungsprinzip	Gewährung von Rabatten und Konditionen als Gegenleistung, nicht als Geschenk
Flexibilitätsprinzip	Anpassungsfähigkeit an individuelle Kundensituationen innerhalb festgelegter Rahmenbedingungen
Adaptionsprinzip	Zyklische Revision und Anpassung der Systeme, wenn nötig (z.B. Veränderung der Ertragsstärke)
Akzeptanzprinzip	Definition der Systeme entsprechend den Kriterien Einfachheit, Klarheit

Ergebnisprinzip

Eine wesentliche Anforderung an ein Konditionensystem ist, dass es grundsätzlich positive Erlös- und Ertragseffekte ermöglichen muss. Durch eine unklare Konditionenstruktur können Gewinne durch den Preistreppeneffekt aufgezehrt werden. Durch die Definition klarer Modalitäten des Leistungsaustausches mit den Kunden soll das Ergebnisprinzip gestärkt werden. Hier ist die systematische Ausgestaltung von kundenspezifischen Abrechnungsmodellen, Vertragsformen oder Zahlungsbedingungen für die Kunden gefordert. Defizite in diesem Bereich schlagen direkt auf das Ergebnis durch.

Die Abweichung vom Ergebnisprinzip wird häufig zusätzlich durch eine falsche Incentivierung der Vertriebsmanager begünstigt. Die Incentivierung des Vertriebsmanagements nach dem Nettoumsatz führt zum Entstehen immer neuer Konditionenarten im Konditionenbereich der Boni, da diese nachträglich zugestanden werden und den Nettoumsatz nicht beeinflussen. Dieser Konditionenwildwuchs hat zur Konsequenz, dass im Laufe der Zeit nicht nur große Unterschiede in der absoluten Konditionenhöhe, sondern auch erhebliche Differenzen im Verhältnis von unmittelbar ergebniswirksamen Rabatten zu nachträglich gewährten Bonifikationen zwischen den einzelnen Kunden entstehen. Diese Spreizungen in der Konditionenstruktur erschweren die Vertriebssteuerung erheblich, da identische Maßnahmen völlig verschiedene Effekte bei den einzelnen Kunden verursachen. Damit der Ertrag abgesichert werden kann, sollte daher stets der erzielte Netto-Nettoerlös die maßgebliche Kennzahl zur Honorierung des Vertriebs sein.

Transparenzprinzip

Eine weitere Anforderung an ein Konditionensystem ist, dass es überschaubar sein muss und mit wenigen, aber effektiven Konditionenelementen anzuwenden ist. Dies senkt die internen Verwaltungsvorgänge, senkt die Bearbeitungskosten und trägt auch zur Akzeptanz der Preisgestaltung des Unternehmens durch die Kunden bei. Dieses Prinzip fordert, dass sowohl Kunden als auch Verkäufern klar sein muss, welche Kriterien zur Vergabe von Rabatten führen. In der Nichtbeachtung dieses Prinzips ist die Hauptursache für ungeplante Erlösschmälerungen zu sehen. Durch ein kundenbezogenes Konditionencontrolling könnte hier Einhalt geboten werden.

Den Kunden werden vielfach Leistungen gewährt, ohne dass diese im Konditionensystem erfasst werden. Hierzu gehören beispielsweise Sachleistungen oder Unterstützung bei der Verkaufsförderung. Diese Beiträge werden häufig aus vertriebsfremden Budgets, wie zum Beispiel dem Marketingbudget, finanziert und mit dem Argument, dass es sich bei diesen Leistungen um keine echten Konditionen handele, den Kunden nicht sachgerecht zugeordnet. Der Vertrieb argumentiert in diesen Fällen häufig, dass derartige Leistungen nicht unmittelbar in die Kalkulation der Verkaufspreise einfließen und daher beim Konditionenvergleich für die Kunden nicht zu berücksichtigen seien. Diese Leistungen, besonders wenn sie festgeschrieben sind, können aber durchaus in die Kalkulation einfließen, wenn sie dem Geschäftspartner erlauben, seine interne Kalkulationsgrundlage zu verbessern. Daher sollten grundsätzlich alle kundenindividuell gewährten Leistungen unabhängig von ihrer Bezeichnung stets erfasst und bei den Preisverhandlungen berücksichtigt werden.

Gegenleistungsprinzip

Dieses Prinzip fordert klare Gegenleistungen der Kunden für die Gewährung von Rabatten und Boni. Ein leistungsorientiertes Konditionensystem gewährt eine Lieferung ohne Lieferkostenzuschlag nur dann, wenn eine Bestellung den Betrag überschreitet, ab dem die auftragsbezogenen Kosten durch den Auftragswert gedeckt werden. Jedes Preis- und Konditionensystem steht und fällt mit der Einhaltung der Leistungsorientierung. Die Nichtbeachtung dieses Prinzips führt mittelfristig zur Aushöhlung des gesamten Preis- und Konditionensystems. Nicht leistungsgerechte Konditionen sind daher frühzeitig zu identifizieren und zu eliminieren.

Ein weit verbreitetes Defizit vieler Preis- und Konditionensysteme ist die konditionsmäßige Bevorzugung der umsatzstärksten Kunden bei der Honorierung größenunabhängiger Leistungen. Aus diesem Grund fordert das Gegenleistungsprinzip auch die größenunabhängige Honorierung gleicher Leistungen. Insbesondere Zahlungs- und Logistikleistungen sind zum Großteil größenunabhängige Leistungen und sollten daher mit gleichen Konditionenleistungen honoriert werden. So sollten zum Beispiel Konditionen für den elektronischen Datenaustausch im Idealfall in ihrer absoluten Höhe und nicht in Prozent vom Umsatz vereinbart werden, da der elektronische Datentransfer unabhängig vom getätigten Umsatzvolumen ist. Gleiches gilt zum Beispiel für die Konditionierung der Zentrallagerbelieferung. Auch diese Leistung ist unabhängig von dem erzielten Umsatz mit dem Handelspartner, da hier lediglich die Anzahl der Anlieferungen an ein Zentrallager honoriert wird, unabhängig von der gelieferten Menge. Die mengenbedingten Leistungen werden in der Regel bereits über eine Logistikstaffel für fest definierte Abnahmemengen honoriert. Der Vertrieb muss darauf achten, dass Konditionenduplizitäten, bei der identische Leistungen mehrfach unter verschiedenen Bezeichnungen honoriert werden, vermieden werden.

Flexibilitätsprinzip

Diese Forderung soll für den Vertrieb einen Ermessensspielraum bei Rabatten und Konditionen schaffen, damit er auf Ausnahmetatbestände flexibel reagieren kann. Somit kann der Vertrieb innerhalb definierter Bandbreiten Konditionen differenziert nach Kunden und Produkten gewähren. Diese sind daher auch nach Kunden und Produkten zu budgetieren. Ziel des Vertriebs muss es sein, die Konditionen zielgerichtet dort einzusetzen, wo die Nutzenstiftung für das Unternehmen am größten ist. Solch eine differenzierte Konditionenvergabe bedingt aber eine strategische Planungsgrundlage auf Produkt- und Kundenebene, welche die Grundsätze der Konditionensteuerung festlegt. Hierzu empfiehlt es sich, mehrdimensionale Portfolios zur Produkt- und Kundensegmentierung zu erstellen.

Adaptionsprinzip

Die Forderung dieses Prinzips besagt, dass Preis- und Konditionensysteme bei Bedarf entsprechend angepasst werden müssen. Ein Änderungsbedarf besteht, wenn sich z.B. die Ertragsstärke der Kundensegmente ändert. Zur Klassifizierung bieten sich die Segmentierungskriterien Deckungsbeitrag, Gesamtmarktvolumen, Umsatzwachstum, Absatzmengen und Marktanteil an. Dabei können diese Kriterien in verschiedenen Varianten miteinander kombiniert werden. So macht ein Produktportfolio nach gewährter Konditionenhöhe in Prozent vom Listenpreis und Gesamtmarktvolumen deutlich, ob die ertragsstarken Produkte in Massenmärkten oder aber in Nischenmärkten positioniert sind. Die Klassifizierung nach Konditionierung und Marktwachstum zeigt, inwieweit ein Produkt auch in einem stagnierenden oder gar schrumpfenden Markt konditionell gestützt wird.

Wie bei der Erstellung der Produktportfolios ist die Ertragsstärke auch das bestimmende Kriterium zur Segmentierung der Kunden. Das Merkmal der kundenindividuellen Ertragsstärke, ausgedrückt in Höhe der gewährten Konditionen auf den Listenpreis, kann zum Beispiel mit dem Umsatzvolumen kombiniert werden. Stellt man es in einem Portfolio dar, so wird deutlich, dass gerade die umsatzschwachen Kunden, die nur begrenzt konditionell unterstützt werden, einen überproportional großen Beitrag zum Gesamtdeckungsbeitrag leisten, während sich die Ertragsrelation von Listenpreis zu Konditionenaufwand durch die Forcierung der Geschäftsbeziehung mit den Volumenkunden stetig verschlechtert.

Welche Vorgehensweise schließlich zur Umsetzung der Konditionenreduktion und damit zur Steigerung der Kundenertragskraft anzuwenden ist, kann nur auf Basis von Simulationsszenarien bestimmt werden, welche die unternehmensspezifischen Rahmenbedingungen berücksichtigen.

Akzeptanzprinzip

Transaktionen werden nur dann zustande kommen, wenn die Transaktionspartner die Konditionen akzeptieren. Transparente, einfache und logisch strukturierte Preis- und Konditionensysteme werden eine höhere Akzeptanz finden. Entscheidend für den Verkaufserfolg ist letztlich, ob und wie gut es gelingt, die festgelegten Konditionen durchzusetzen und den Konditionenwildwuchs zu reduzieren. Dabei entscheidet sich nicht nur, welchen Effekt die Durchsetzung der geplanten Konditionenkürzungen auf das aktuelle Unternehmensergebnis hat, sondern auch, inwiefern es gelingt, die Relation von Konditionenaufwand zu Ergebnis nachhaltig zu verbessern. Die Umsetzung der Konditionenreduktion muss einen dauerhaften Beitrag zum Abbau von Konditionenspreizungen leisten. Dabei ist die Vorgehensweise zu identifizieren, die beim Transaktionspartner den geringsten Widerstand verursacht und damit die höchsten Erfolgsaussichten auf Umsetzung hat. Dies bedeutet, dass alle Maßnahmen zur Konditionenreduktion gegenüber den Kunden und dem Handel nur durchsetzbar sind, wenn sich deren Position zunächst nicht verschlechtert.

Ein bewährter Ansatz zur Konditionenreduktion, insbesondere bei der vielfach vorzufindenden typischen Konstellation von hohen Listenpreisen und hohen Konditionenanteilen, ist die gleichzeitige Absenkung des Listenpreises und die Streichung von Konditionen. Da der Handelspartner einem neuen Preis- und Konditionensystem nur dann zustimmen wird, wenn sich für ihn seine Wareneinstandskosten nicht erhöhen, sind die Streichungen von Konditionen Netto-Nettoerlös-neutral durchzuführen. Listenpreis und Konditionen sind daher gleichzeitig um den gleichen Wert zu senken. Entscheidend ist dabei, dass die Kürzungen sowohl im Bereich der Rabatte als auch im Bereich der Boni durchgesetzt werden.

Potenzial zur Gewinnoptimierung

Während die Kostenoptimierung oftmals im Fokus des Managements steht, werden Rabatte und Konditionen als Möglichkeit der Gewinnoptimierung bisher zu selten genutzt. Eine Art, auf die viele Unternehmen Geld „verschenken", ist die Staffelung von Rabattsätzen in 5%-Schritten. Eine Gewährung von kleineren Rabattschritten führt zu einer sofort spürbaren Verbesserung der Margen.

Um eine erfolgreiche Durchsetzung der Rabatt- und Konditionensysteme sicherzustellen, ist es zudem wichtig, den Vertrieb von Beginn an in die Gestaltung dieser Systeme einzubeziehen. Durch dessen Mitarbeit wachsen das Bekenntnis und damit die Bereitschaft, die vereinbarten Preise und Konditionen durchzusetzen. Auch die Auswirkungen eines neu ausgestalteten Rabatt- und Konditionensystems auf die Kunden müssen vor Einführung bekannt und diesen kommuniziert werden. So sichert man sich die Zufriedenheit der Kunden, die im Vergleich zu vorher bessere Konditionen erhalten, und kann den Kunden, die im Vergleich schlechter gestellt werden, Gründe dafür liefern und Wege zu besseren Konditionen aufzeigen (vgl. Simon/ Fassnacht 2009, S. 380ff.; Hofbauer/Hellwig 2012, S. 248 f.).

17 Marktgerichtete Aktivitäten

17.1 Externe Preiskommunikation

Damit Preise bei Nachfragern durchgesetzt werden können, müssen die Preise so kommuniziert werden, dass die Nachfrager das Preis-Leistungs-Verhältnis als positiv bewerten. Mit der Preiskommunikation soll folglich nicht nur informiert, sondern ebenfalls die Preiswahrnehmung und -beurteilung im Sinne des Anbieters beeinflusst werden. Wie in Kapitel 7.2.1.7 beschrieben, kann bereits die Darstellung des Preises in verschiedenen Teilpreisen enormen Einfluss auf die Wahrnehmung des Nachfragers haben. Bei allen Möglichkeiten der Preiskommunikation muss der Anbieter jedoch stets darauf achten, die Vorschriften der Preisangabenverordnung und des Gesetzes gegen unlauteren Wettbewerb einzuhalten. Diese Vorschriften schützen den Nachfrager und sorgen für Preiswahrheit und Preisklarheit. Der Preis muss also sowohl korrekt als auch transparent kommuniziert und eindeutig zugeordnet werden können.

Preisauszeichnung

Die Preisauszeichnung umfasst alle Medien, über die der Kunde vom Preis des Produktes erfährt. Dazu gehören sowohl die Preisschilder am Verkaufsregal als auch Prospekte, Preislisten und viele weitere Möglichkeiten der Kommunikation. Die objektive Information über die Höhe des Preises kann dabei durch zahlreiche Möglichkeiten der Gestaltung beeinflusst werden. Günstige Preise werden in der Regel durch kostengünstige Arten der Anzeige verbreitet, teurere Produkte mit prestigeträchtigeren Varianten. Ist der Anbieter der Meinung, einen besonders günstigen Preis anzubieten, so wird er sich bemühen, diese Information sehr weit zu streuen. Steht jedoch eher die Qualität im Vordergrund, so kann auf eine Preisinformation womöglich vollständig verzichtet werden. Grundsätzlich müssen bei der Preisauszeichnung gesetzliche Vorgaben wie die Verordnung über Preisangaben berücksichtigt werden. Bei Transaktionen mit Endverbrauchern muss beispielsweise zwingend der Endpreis inklusive aller Steuern und Nebenkosten ausgezeichnet sein. Eine transparente und übersichtliche Auszeichnung der Preise eines Anbieters reduziert das Preisgünstigkeitsrisiko des Nachfragers und kann sich positiv auf das Image des Anbieters auswirken (vgl. Diller 2008, S. 405f.).

Preisoptik

Die Positionierung eines Unternehmens setzt sich zusammen aus den Bestandteilen Produkt, Preis und Kommunikation. Die Preisoptik beeinflusst direkt die in Kapitel 7.2 beschriebene Preiswahrnehmung des Nachfragers. So kann sowohl die in Zusammenhang mit dem Preis benutzte Sprache, als auch die grafische Aufmachung und die Platzierung des Produktes die Wahrnehmung des Betrachters wesentlich beeinflussen. Beispiele hierfür wurden bereits in Kapitel 7.2.2 aufgezählt. Besonders erfolgsversprechend sind Preisvergleiche am Point of Sale, bei denen der Angebotspreis Vergangenheits- oder Wettbewerbspreisen gegenübergestellt wird. Je nach Preishöhe bietet sich dabei entweder eine absolute Differenz der Preise (bei teureren Produkten) oder eine relative Differenz (bei billigeren Produkten) an. Vor allem Anbieter der unteren Preissegmente betonen den Angebotspreis besonders stark. Bei anhaltender und konsistenter Kommunikation kann dies das Preisimage langfristig verändern. Dabei müssen die Anbieter jedoch verstärkt darauf achten, dass die Nachfrager von den betont billigen Preisen nicht auf eine niedrige Produktqualität schließen (vgl. Diller 2008, S. 406ff.; Simon/ Fassnacht 2009, S. 387f.).

Das Internet als Preis-Informationsmedium

Wie in Kapitel 7.1.2.1 beschrieben, nutzt mittlerweile ein großer Teil der Nachfrager das Internet als Medium zur Preissuche. Dieser Wandel beeinflusst jedoch nicht nur Online-Händler, sondern durchaus auch den stationären Handel. Durch die gestiegene Preistransparenz muss der Anbieter ebenfalls jederzeit über die Preise der Konkurrenten informiert sein und entweder auf Preissenkungen reagieren oder höhere Preise durch die Produkteigenschaften rechtfertigen können. Zudem wirkt ein Anbieter, der seine Preise nicht offen darlegt, weniger vertrauenswürdig und kann vorschnell aus dem Entscheidungsprozess ausscheiden (vgl. Diller 2008, S. 406).

Kommunikation von Preisänderungen

Da Preiserhöhungen vom Anbieter möglichst wenig an den Nachfrager kommuniziert werden wollen, Preissenkungen aber besonders stark betont, ergibt sich ein asymmetrisches Kommunikationsverhalten des Anbieters. Bei Preissenkungen wird folglich besonders der Preis kommuniziert, während nach Preiserhöhungen die Produktqualität im Fokus steht. Generell gilt, dass Kommunikation in beiden Fällen die Auswirkungen positiv beeinflussen kann. So kann bei Preissenkungen der Absatz noch vervielfacht, bei Preiserhöhungen der Rückgang stark vermindert werden. Verschiedene Maßnahmen zur Verhinderung negativer Absatzwirkungen bei Preiserhöhungen lassen sich Tabelle E.13 entnehmen. (vgl. Simon/ Fassnacht 2009, S. 389ff.).

Tabelle E.13 Maßnahmen zur Reduktion negativer Folgen von Preiserhöhungen (nach Simon/Fassnacht 2009, S. 391f.)

Maßnahmen zur Reduktion negativer Folgen von Preiserhöhungen	
Maßnahme	Beschreibung
Präferenzverstärkende Werbung	Betonung von Qualität und Produktvorteilen
Geheimhaltung	Keine Kommunikation der Preisänderung. Ratsam nur bei Produkten mit geringem Preiswissen der Nachfrager, ansonsten droht Vertrauensverlust
Verkleinerung der Verpackung	Ratsam zur Vermeidung von Überschreiten bestimmter Preisschwellen
Reputations-/ Vertrauensaufbau	Abgeschwächte Reaktionen bei Preiserhöhungen durch hohes Vertrauen und Kundentreue

17.2 Preisvereinbarungen

Preisvereinbarungen beschreiben vertragliche Regelungen, die zum Ziel haben, das Preisrisiko für eine oder mehrere Vertragsparteien zu minimieren, sowie Finanzierungshilfen für den Kunden. Diese Vereinbarungen sollen die Preisakzeptanz des Kunden erhöhen und damit die Preisdurchsetzung erleichtern (vgl. Diller 2008, S. 414).

17.2.1 Preisverhandlungen

Eine der größten Herausforderungen der Preisdurchsetzung liegt in der konsequenten Einhaltung der vom Unternehmen vorgegebenen Preisposition im Rahmen von Verhandlungen. Um dies sicherzustellen, kann ein Unternehmen verschiedene Ansätze verfolgen, wie zum Beispiel die Anwendung spieltheoretischer oder auch verhaltenswissenschaftlicher Modelle. Ein allgemeingültiges Modell, das zum Verhandlungserfolg führt, existiert jedoch nicht. Jedoch gibt es systematische Vorgehensweisen, die zu signifikant höheren Verhandlungserfolgen führen können (Hofbauer/Fink/Hofbauer 2014). Verhandlungen sind von zahlreichen Faktoren abhängig, die situationsspezifische Änderungen an der jeweiligen Taktik erfordern. Galinsky/Mussweiler (2001) konnten jedoch die Bedeutung des ersten Angebots durch Experimente bestätigen: Demnach verläuft die Verhandlung zugunsten desjenigen, der das erste Angebot im Rahmen der Verhandlung abgegeben hat. Dieses Phänomen kann durch den Ankereffekt (vgl. Kapitel 7.2.1.2) erklärt werden. Zudem können Verhandlungen in zwei verschiedene Arten unterschieden werden. Während bei der einen Art von Verhandlungen lediglich der Preis zur Diskussion steht und der

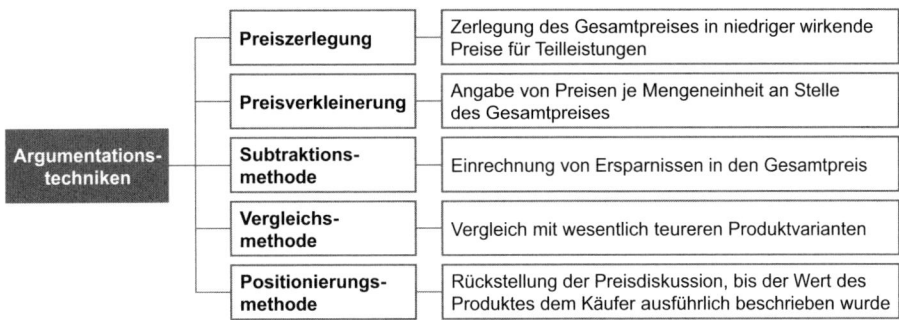

Abbildung E.7 Argumentationstechniken für Preisverhandlungen (nach Diller 2008, S. 413)

Gewinn der einen Partei in einen Verlust der anderen Partei mündet, werden bei integrativen Verhandlungen darüber hinaus auch Leistungsmerkmale verhandelt. Da bei bestimmten Merkmalen wie Lieferzeit oder Zahlungsbedingungen der Nutzen einer Partei größer sein kann als die Kosten der anderen Partei, kann hier eine Win-Win-Situation erreicht werden. Abbildung E.7 zeigt einige Argumentationstechniken, die im Rahmen von Preisverhandlungen genutzt werden können (vgl. Diller 2008, S. 409ff.).

17.2.2 Preisanpassungsklauseln

In einen Vertrag können so genannte Preisanpassungsklauseln, auch Preisänderungsklauseln oder Indexklauseln genannt, integriert werden (vgl. Kapitel 11.1). Diese sollen den Anbieter bei Änderungen der Kostenstruktur durch Inflation, Lohnerhöhungen oder einem Anstieg der Rohstoffpreise absichern oder auch Wechselkursrisiken minimieren. Dies impliziert allerdings, dass das Risiko einer Kosten- und damit Preiserhöhung auf den Kunden übertragen wird. Zum Schutz der Nachfrager hat der Gesetzgeber daher Bedingungen formuliert, die im Gesetz zur Regelung des Rechts der Allgemeinen Geschäftsbedingungen (AGBG) sowie in der Verordnung über Preise bei öffentlichen Aufträgen (VPöA) zu finden sind:

- Unwirksamkeit der Klauseln, wenn zwischen Leistung und Vertragsabschluss nicht mehr als 4 Monate liegen
- Unwirksamkeit bei Kalkulationsirrtum
- Prinzip der Angemessenheit

Werden diese Bedingungen nicht eingehalten, so ist die entsprechende Klausel ungültig (vgl. Pechtl 2005, S. 86ff.; Diller 2008, S. 414f.).

Verschiedene Arten von Preisanpassungsklauseln können Abbildung E.8 entnommen werden.

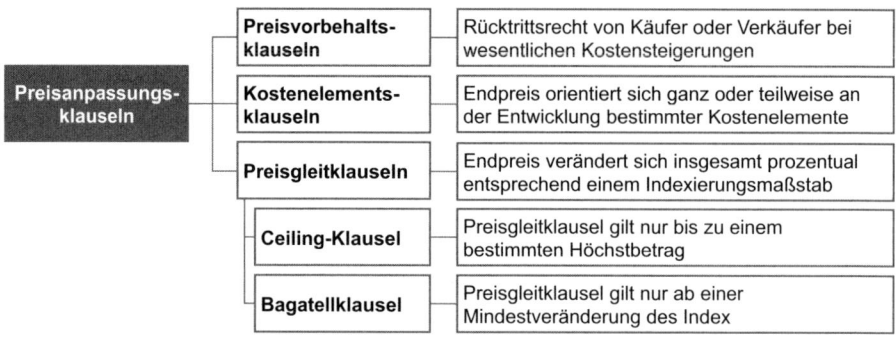

Abbildung E.8 Preisanpassungsklauseln (nach Diller 2008, S. 415)

17.2.3 Preisgarantien

Unter Preisgarantie versteht man im Allgemeinen die Zusicherung des Anbieters, die Ware bei Erstattung des Kaufpreises zurückzunehmen, falls der Käufer das Produkt bei einem Konkurrenten zu dem gleichen oder einem niedrigeren Preis erwerben kann. Oftmals wird auch eine Erstattung des Differenzbetrages angeboten. Je nach Definition können außerdem erweiterte Rücknahmegarantien als Preisgarantien betrachtet werden. So werben viele Anbieter damit, bei nicht auftretendem Produkterfolg das Geld zurückzubezahlen. In diesem Fall wird die Preisgarantie als Mittel der Preiskommunikation eingesetzt. Durch Preisgarantien kann ein Anbieter betonen, dass er den bestmöglichen Preis für den Nachfrager anbietet und sich so sicher ist, dass ein niedrigerer Preis nicht realisierbar ist, dass er das sogar vertraglich garantiert. Diese Garantie senkt das Preisgünstigkeitsrisiko des Nachfragers und vermeidet kognitive Dissonanzen (vgl. Kapitel 7.5.3) in Zusammenhang mit dem Kaufpreis in der Nachkaufphase. Auch das Preisimage des Anbieters sowie die wahrgenommene Preisfairness können durch Preisgarantien verbessert werden. Damit diese positiven Effekte eintreten, muss der Anbieter jedoch sichergehen, die in der Garantie zugesicherten Bedingungen auch zu erfüllen. Ist dies nicht der Fall, so kann die Inanspruchnahme der Garantie durch die Kunden zu hohen Mehrkosten und Vertrauensverlusten führen (vgl. Diller 2008, S. 415ff.).

17.2.4 Finanzierungshilfen

Ein weiteres Hilfsmittel zur Unterstützung der Preisdurchsetzung ist der Einsatz von Finanzierungshilfen. Zunächst vor allem eingesetzt bei der Bezahlung von teuren Investitionsgütern oder Immobilien, werden Finanzierungshilfen nun auch bereits bei kurzlebigen Konsumgütern angeboten. Durch die Möglichkeit, den Kaufpreis auf mehrere Monate oder Jahre aufzuteilen, können manche Anbieter Zielgruppen erreichen, die das Produkt ansonsten nicht erwerben könnten.

17.3 Mehrstufige Preisdurchsetzung

Vor allem bei Konsumgütern durchläuft das Produkt oftmals mehrere Handelsstufen, bis es vom Hersteller an den Endverbraucher gelangt. Je mehr Zwischenstufen es gibt, desto weniger Macht hat der Hersteller über den Preis, den der Nachfrager am Ende bezahlt. Unter mehrstufiger Preisdurchsetzung versteht man daraus resultierende Maßnahmen, mit deren Hilfe der Hersteller versucht, den Endverbraucherpreis in seinem Sinne zu beeinflussen. Je größer die Macht des Herstellers im Vergleich zu den Händlern ist, desto höher sind seine Chancen, den Endpreis nach seinen Vorstellungen gestalten zu können. Im Folgenden werden drei Methoden vorgestellt, die der Hersteller einsetzen kann (vgl. Diller 2008, S. 418f.).

17.3.1 Preisbindung und Preisempfehlung

Die so genannte vertikale Preisbindung (vgl. Kapitel 14.4) bedeutet, dass der Händler das Produkt zu einem vom Hersteller bestimmten Preis weiterverkaufen muss. Diese Art der Preisbindung wird jedoch durch das Gesetz gegen Wettbewerbsbeschränkungen verboten. Folgende Ausnahmen ermöglichen eine Umgehung des Verbotes:

- Ausnahmeregelung für Zeitungen, Zeitschriften und Bücher nach § 30 GWB
- Regelung der Kalkulationsspannen für den Pharmahandel durch die Arzneimittelverordnung
- Steuerrechtliche Bestimmungen wie die Tabaksteuer, die vom Hersteller abgeführt, aber auf den Abgabepreis berechnet wird
- Ausnahme für Handelsvertreter- und Kommissionsverträge zwischen Herstellern und Händlern

Das weitreichende Verbot für Preisbindungen ist insbesondere für die Hersteller von Luxusartikeln ein Problem. Da ein Nutzen des Produktes in der Exklusivität liegt, die aus den hohen Preisen resultiert, ist eine Konstanz der Preise essenziell für den Erfolg. Aus diesem Grund haben sich Hersteller derartiger Produkte oftmals dazu entschieden, die Produkte ausschließlich selbst und nicht über den Handel zu vertreiben (vgl. Kapitel 17.3.2).

Gilt für einen Hersteller keine der oben genannten Ausnahmen vom Verbot der vertikalen Preisbindung, so bleibt lediglich die Möglichkeit der unverbindlichen Preisempfehlung (UVP). Auch diese unterliegt jedoch Einschränkungen, die Abbildung E.9 zu entnehmen sind. Zudem ist diese Art der Preisempfehlung, wie der Name sagt, nicht bindend für den Händler. Von diesen wird die UVP jedoch gerne zu Imagezwecken genutzt, wenn ihr Preis unter dieser Empfehlung liegt.

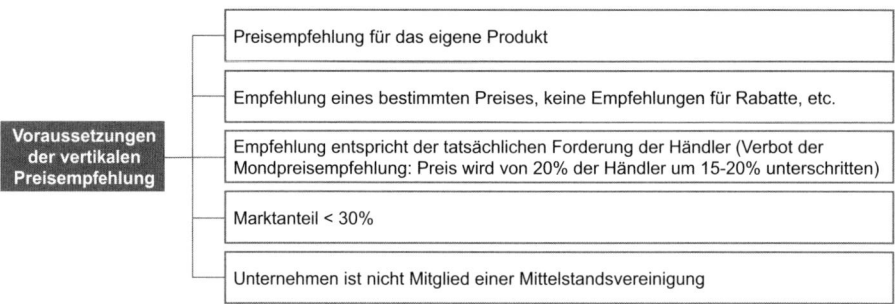

Abbildung E.9 Voraussetzungen der vertikalen Preisempfehlung
(nach Pechtl 2005, S. 59f.; Diller 2008, S. 419f.)

Eine weitere Möglichkeit der Beeinflussung des Endpreises ist nach Art. 4 lit. A in Verbindung mit §2 II GWB die Vereinbarung von Höchstpreisen. Diese darf jedoch nicht durch Liefer- oder Bezugssperren durchgesetzt werden (§21 GWB) (vgl. Diller 2008, S. 419f.).

17.3.2 Selektivvertrieb

Hersteller, denen ein konstanter und von ihnen kontrollierbarer Endverbraucherpreis besonders wichtig ist, können mit Hilfe der Distributionspolitik bestimmte Maßnahmen ergreifen, um den gewünschten Preis durchsetzen zu können. Die Möglichkeiten reichen von einer gezielten Auswahl der Absatzmittler bis hin zu Kommissionsagenturverträgen. Dieser Selektivvertrieb wird jedoch von den Kartellbehörden überwacht. Bei marktbeherrschenden Unternehmen kann zudem eine Belieferung bestimmter Abnehmer vorgeschrieben werden (vgl. Diller 2008, S. 421).

17.3.3 Preispflege

Zur der Preispflege gehören all jene Maßnahmen, mit denen ein Hersteller versucht, die Preise im Markt bezüglich Höhe und Verteilung in seinem Sinne zu beeinflussen. Dabei steht vor allem eine Durchsetzung der Preiskonsistenz im Vordergrund, um nicht bestimmte Käufergruppen benachteiligt zu wissen. Tabelle E.14 stellt Maßnahmen und Beispiele der Preispflege dar.

Die Maßnahmen der Preispflege führen jedoch nicht immer zu den Ergebnissen, die die Hersteller erreichen wollen. Vor allem bei hohem Konkurrenzdruck unter den Händlern ist eine Steuerung des Endverbraucherpreises schwierig (vgl. Diller 2008, S. 421f.).

Tabelle E.14 Maßnahmen und Beispiele der Preispflege (nach Diller 2008, S. 421f.)

Preisentscheidung	
Unternehmensleitung	**Unternehmensbereiche**
Produkt hat großen Einfluss auf den Unternehmenserfolg	Produkt hat weniger Einfluss auf den Unternehmenserfolg
Sehr gute Information der Manager über Produkt und Märkte	Information über Produkt und Märkte ausschließlich im Unternehmensbereich
Märkte homogen und wenig dynamisch	Märkte heterogen und sehr dynamisch
Koordination der Preise zwischen verschiedenen Segmenten kritisch	Koordination der Preise zwischen den verschiedenen Segmenten unkritisch
Unternehmensbereiche fokussieren lediglich Bereichsziele	Verhalten der Unternehmensbereiche abgestimmt auf das Gesamtziel
Hohe Bedeutung konsistenter Signale an Wettbewerb und Kunden	Niedrige Bedeutung konsistenter Signale an Wettbewerb und Kunden

18 Preisrisiken

Unternehmen können das Verhalten der weiteren Marktteilnehmer nur in einem sehr begrenzten Ausmaß vorhersehen. Durch die Unsicherheit über das Verhalten der Wettbewerber und das oftmals entgegen den Annahmen bei der Preisfestsetzung irrationale Verhalten der Nachfrager entstehen gewisse Risiken, die sich auf den Erfolg eines Unternehmens maßgeblich auswirken können. Diller (2008, S. 402ff.) definiert fünf Arten von Preisrisiken, die den Anbieter beeinflussen.

- *Kalkulationsrisiken*

  Kalkulationsrisiken umfassen all jene Größen, die die erwarteten Deckungsbeiträge eines Unternehmens beeinflussen. Abbildung E.10 zeigt verschiedene Arten von Kalkulationsrisiken, derer sich Unternehmer bewusst sein müssen.

  Sowohl das Inflations-, als auch das fiskalische und Wechselkursrisiko müssen bei der Berechnung des Preises im Rahmen von Aufschlägen berücksichtigt werden. Dabei darf das Unternehmen allerdings nicht die Zahlungsbereitschaft der Nachfrager aus den Augen verlieren. Übersteigt der Preis inklusive der Risikoaufschläge die Zahlungsbereitschaft, so wird er vom Markt nicht akzeptiert werden, und das Unternehmen muss einen Weg finden, entweder den Maximalpreis der Nachfrager zu erhöhen oder Kosten beziehungsweise Risiken zu minimieren. Zudem sind die Nachfrager in der Regel

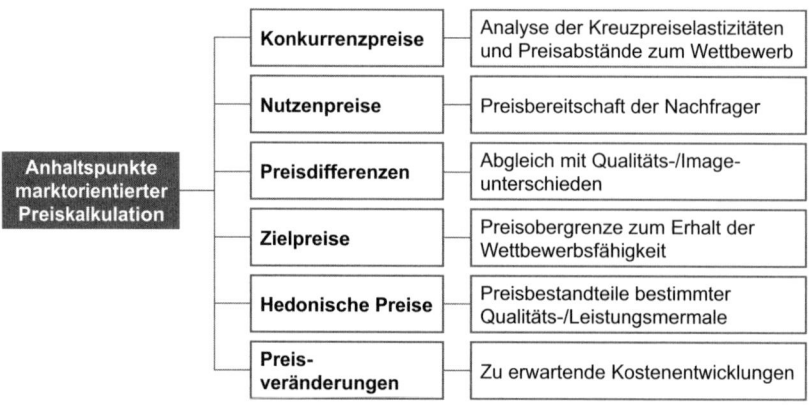

Abbildung E.10   Kalkulationsrisiken (nach Diller 2008, S. 402)

nicht bereit, die gesamten Risiken für das Unternehmen zu tragen. Daher kann es zu einer Verschlechterung des Preisimages führen, wenn die Unternehmen versuchen, alle Risiken auf den Nachfrager abzuwälzen.

- *Marktreaktionsrisiken*

  Die Entscheidungen der Abnehmer sind in der Regel nicht vollkommen rational. Irrationales Verhalten ist jedoch schwer oder gar unmöglich vorherzusagen und daher nicht planbar. Zudem wandeln sich sowohl Präferenzen als auch Zahlungsbereitschaften sehr schnell. Dieser Trend wurde vor allem durch Globalisierung und Verbreitung des Internet noch verstärkt. So können Unternehmen selbst bei großer Anstrengung in der Phase der Preisanalyse nicht sicher sein, wie das Produkt beziehungsweise dessen Preis bei Markteinführung tatsächlich aufgenommen wird.

- *Auftragserlangungsrisiken*

  Durch ein mangelhaftes Anreizsystem im Vertrieb oder hohen Wettbewerbsdruck werden in manchen Fällen mehr Zugeständnisse an den Kunden gemacht als ursprünglich geplant. Durch konsequentes Preiscontrolling kann dieses Problem zunächst transparent gemacht werden. Daraufhin müssen Maßnahmen implementiert werden, die den Einfluss dieser Risiken auf den Erfolg einer Unternehmens minimieren.

- *Zahlungsrisiken*

  Kann der Abnehmer den vereinbarten Preis nicht bezahlen, so kann der Unternehmer zwar das Produkt zurückverlangen, dennoch ist diese Transaktion gescheitert. Vor allem bei individuell angefertigten und damit nur begrenzt wiederverkaufbaren Produkten kann das für Unternehmen erhebliche Verluste bedeuten. Im Rahmen einer Umfrage unter Online-Händlern in Deutschland haben 43 % der Befragten angegeben, dass der Zahlungsausfall bei 1 bis 3 % ihres Umsatzes liegt.

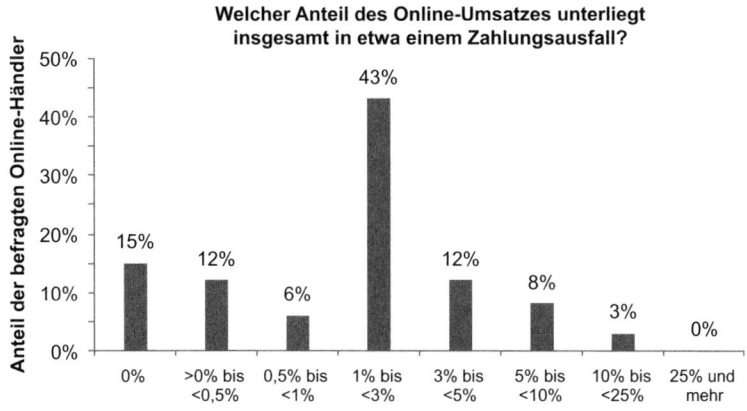

Abbildung E.11 Zahlungsausfälle bei Online-Händlern (Wittmann et al. 2011, S. 15)

Eine Möglichkeit, dieses Risiko zu mindern, ist der Abschluss so genannter Warenkreditversicherungen, die bei Zahlungsausfall des Käufers entschädigen. Zu den Zahlungsrisiken gehört jedoch nicht nur der Ausfall, auch verspätete Zahlungen können sich negativ auf den Cashflow eines Unternehmens auswirken. Ein konsequentes Forderungsmanagement ist folglich essenziell für den Unternehmenserfolg.

- *Dispositions-/Transferrisiko*

Bei internationalen Geschäftsbeziehungen müssen sowohl das Dispositions- als auch das Transferrisiko bei Preisentscheidungen berücksichtigt werden. Auch wenn zu Beginn der Geschäftsbeziehungen die politische Lage stabil und keine Änderung vorhersehbar ist, kann sich diese Situation unter Umständen schnell ändern. Daher sollten Unternehmen die politischen und sozialen Rahmenbedingungen in regelmäßigen Abständen prüfen. Das Dispositionsrisiko tritt dann ein, wenn staatliche Reglementierungen das Unternehmen in den Geschäftsaktivitäten beschränken. Das Transferrisiko wiederum beschreibt den Fall, dass der Schuldner zwar bereit und in der Lage ist, das Entgelt zu bezahlen, es aber aufgrund mangelnder Transferfähigkeit oder -bereitschaft seines Heimatlandes nicht übermitteln kann.

- *Preisrisiken auf Kundenseite*

Preisrisiken entstehen jedoch nicht ausschließlich für den Anbieter. Auch die Kunden sind zahlreichen Risiken bei Erwerb eines Produktes ausgesetzt, wie Abbildung E.12 veranschaulicht.

Um den Nachfragern ein positives Kauferlebnis zu bereiten und so Wiederholungskäufe und Weiterempfehlungen zu sichern, soll es im Interesse des Anbieters sein, kundenseitige Preisrisiken zu minimieren. Dies kann durch eine ausführliche Beschreibung des Produktes und seiner Einsatzmöglichkeiten, durch die Bereitstellung von Erfahrungsberichten oder auch einer Geld-zurück-Garantie, falls das Produkt bei einem anderen Anbieter günstiger ist, geschehen.

Abbildung E.12 Kundenseitige Preisrisiken (nach Diller 2008, S. 403f.)

F Schlussbetrachtung

Das professionelle Preismanagement eröffnet Unternehmen große Potenziale für die Gewinnoptimierung. Diese Potenziale werden in Zukunft an Bedeutung gewinnen, da Kostenoptimierungspotenziale in den meisten Unternehmen bereits ausgeschöpft sind.

Selbst Unternehmen, die bereits heute einen effizienten Preismanagementprozess implementiert haben, können durch kontinuierliche Verbesserung dieses Prozesses noch besser werden. Weitere Verbesserungen resultieren aus der Nutzung von neuen Technologien, wie zum Beispiel „Big Data" – ein Begriff, der die Zusammenführung, die Nutzung und Verarbeitung einer Unmenge von Daten impliziert. Diese Daten werden aus unterschiedlichen Quellen zusammengeführt und ergeben ein sehr genaues Nutzerprofil, aus dem sich Bedürfnisse ableiten lassen, auf deren Basis dann kundengerechte Angebote erstellt und an jedem Ort zu jeder Zeit nutzergerecht angeboten werden können.

Ein weiterer Aspekt des Preismanagements wird in der zunehmenden Nutzung von Verhaltenstheorien, der Psychologie und der Neurowissenschaften liegen, um die Kunden noch besser verstehen und deren Preis- und Kaufverhalten prognostizieren zu können.

Ein besonderer Reiz liegt in der Kombination der beiden Themengebiete, um kognitive Theorien mit Big Data abzugleichen und zu validieren.

Literaturverzeichnis

1. Adaval, R.; Monroe, K. (2002): Automatic Construction and Use of Contextual Information for Product and Price Evaluations. In: Journal of Consumer Research, Jg. 28, Nr. 4/2002, S. 572-588
2. Ahlert, D.; Kenning, P. (2007): Handelsmarketing: Grundlagen der marktorientierten Führung von Handelsbetrieben. Berlin, Heidelberg: Springer 2007
3. Anderson, E.; Simester, D. (2003): Effects of $9 Price Endings on Retail Sales: Evidence from Field Experiments. In: Quantitative Marketing and Economics, Jg. 1, Nr. 1/2003, S. 93-110
4. Backhaus, K.; Brzoska, L. (2004): Conjointanalytische Präferenzmessungen zur Prognose von Preisreaktionen. Eine empirische Analyse der externen Validität. In: DBW Die Betriebswirtschaft, Jg. 64, Nr. 1/2004, S. 39-57
5. Bardmann, M. (2011): Grundlagen der Allgemeinen Betriebswirtschaftslehre. Wiesbaden: Gabler 2011
6. Bauer, F. (2000): Die Psychologie der Preisstruktur. Entwicklung der „Entscheidungspsychologischen Preisstrukturgestaltung" zur Erklärung und Vorhersage nicht-normativer Einflüsse der Preisstruktur auf die Kaufentscheidung. München: CS Press 2000
7. Berekoven, L.; Eckert, W.; Ellenrieder, P. (2009): Marktforschung. Methodische Grundlagen und praktische Anwendung. 12. Auflage. Wiesbaden: Gabler 2009
8. Berndt, R. (Hrsg.) (2005): Erfolgsfaktor Innovation. Berlin: Springer 2005
9. Beutin, N.; Schuppar, B. (2003): Der Preis macht die Rendite. In: Sales Management Review, Ausgabe 8/2003, S. 20-23
10. Bijmolt, T.; v. Heerde, H.; Pieters, R. (2005): New Empirical Generalizations on the Determinants of Price Elasticity. In: Journal of Marketing Research, Jg. 42, Nr. 2/2005, S. 141-156
11. BITKOM (2010): Mehrheit informiert sich vor einem Kauf im Web. Stand: 08.12.2012. URL: http://www.bitkom.org/de/presse/66442_62717.aspx
12. Bo-chiuan, S. (2008): Characteristics of Consumer Search On-Line: How much do we search? In: International Journal of Electronic Commerce, Jg. 13, Nr. 1/2008, S. 109-129
13. Bruhn, M. (2010): Marketing. Grundlagen für Studium und Praxis. 10. Auflage. Wiesbaden: Gabler 2010
14. Bruhn, M. (2012): Marketing. Grundlagen für Studium und Praxis. 11. Auflage. Wiesbaden: Gabler 2012
15. Büttner, M.; Huber, F.; Regier, S.; Vollhardt, K. (2008): Phänomen Luxusmarke: Identitätsstiftende Effekte und Determinanten der Markenloyalität. 2. Auflage. Wiesbaden: Gabler 2008
16. Diller, H. (1991): Das Preisimage als Wettbewerbsfaktor im Einzelhandel. Nürnberg, Lehrstuhl für Marketing an der Universität Erlangen-Nürnberg, Arbeitspapier Nr. 8, 1991
17. Diller, H. (1995): Tiefpreispolitik: Aktuelle Entwicklungen und Erfolgsaussichten. Nürnberg, Lehrstuhl für Marketing an der Universität Erlangen-Nürnberg, Arbeitspapier Nr. 38, 1995
18. Diller, H. (1997): Preis-Management im Zeichen des Beziehungsmarketing. In: Die Betriebswirtschaft, Jg. 57, Nr. 6/1997, S. 749-763
19. Diller, H. (1999): Entwicklungslinien in Preistheorie und -management. Nürnberg, Lehrstuhl für Marketing an der Universität Erlangen-Nürnberg, Arbeitspapier Nr. 76, 1999
20. Diller, H. (2000): Preiszufriedenheit bei Dienstleistungen. Konzeptionalisierung und explorative empirische Befunde. In: Die Betriebswirtschaft, Jg. 60, Nr. 5/2000, S. 570-587
21. Diller, H. (2008): Preispolitik. 4. Auflage. Stuttgart: Kohlhammer 2008

22. Diller, H.; Brielmaier, A. (1993): Die Wirksamkeit runder vs. gebrochener Preise. Ein Feldexperiment. Nürnberg, Lehrstuhl für Marketing an der Universität Erlangen-Nürnberg, Arbeitspapier Nr. 23, 1993
23. Diller, H.; Hermann, A. (Hrsg.) (2003): Handbuch Preispolitik. Strategien, Planung, Organisation, Umsetzung. Wiesbaden: Gabler 2003
24. Diller, H.; Müller, I. (2003a): Die Logik von Preisimages. Teil 1: Grundlagen, Dimensionen und Folgewirkungen des Preisimage. Nürnberg, Lehrstuhl für Marketing an der Universität Erlangen-Nürnberg, Arbeitspapier Nr. 112, 2003
25. Diller, H.; Müller, I. (2003b): Die Logik von Preisimages. Teil 2: Wie entstehen aus Artikelpreisurteilen Einkaufs- und Gesamt-Preisurteile. Nürnberg, Lehrstuhl für Marketing an der Universität Erlangen-Nürnberg, Arbeitspapier Nr. 113, 2003
26. Diller, H.; Müller, I. (2003c): Die Logik von Preisimages. Teil 3: Entstehung und Anpassung von Preisimages. Nürnberg, Lehrstuhl für Marketing an der Universität Erlangen-Nürnberg, Arbeitspapier Nr. 114, 2003
27. Diller, H.; That, D. (1999): Die Preiszufriedenheit bei Dienstleistungen. Nürnberg, Lehrstuhl für Marketing an der Universität Erlangen-Nürnberg, Arbeitspapier Nr. 79, 1999
28. Müller, W. (1987): Am Nutzen orientiert. Stand: 27.12.2013.
URL: http://www.wiso-net.de.55738.emedia1.bsb-muenchen.de/webcgi?START=A60&DOKV_DB=ZECU&DOKV_NO=ASW128701037&DOKV_HS=0&PP=1
29. Edling, H. (2008): Volkswirtschaftslehre schnell erfasst. 2. Auflage. Berlin/Heidelberg: Springer 2008
30. Ehrhardt, A. (2012): Professionelles Pricing – der Weg zu höheren Gewinnen. In: Marke41, Nr. 1/2012, S. 54-62
31. Eppen, G.; Hanson, W.; Martin, R. (1991): Bundling – New Products, New Markets, Low Risk. In: Sloan Management Review, Jg. 32, Nr. 4/1991, S. 7-14
32. Eschweiler, M. (2006): Externe Referenzpreise. Eine empirisch gestützte verhaltenswissenschaftliche Analyse. Wiesbaden: Gabler 2006
33. Evanschitzky, H.; Kenning, P.; Vogel, V. (2004): Consumer price knowledge in the German Retail Market. In: Journal of Product & Brand Management, Jg. 13, Nr. 6/2004, S. 390-405
34. Fassnacht, M. (2009): Preismanagement: Eine prozessorientierte Perspektive. In: Marketing Review St. Gallen, Jg. 26, Nr. 5/2009, S. 8-13
35. Feess, E. (2013): System. In: Gabler Verlag (Hrsg): Gabler Wirtschaftslexikon. Stichwort: System. Online-Publikation. Stand: 03.01.2013. URL: http://wirtschaftslexikon.gabler.de/Archiv/3210/system-v9.html
36. Foscht, T.; Swoboda, B. (2007): Käuferverhalten. Grundlagen – Perspektiven – Anwendungen. Wiesbaden: Gabler 2007
37. Gabler Verlag (Hrsg.): Gabler Wirtschaftslexikon. Online-Publikation. Stand: 03.01.2013. URL: http://wirtschaftslexikon.gabler.de
38. Galinsky, A.; Mussweiler, T. (2001): First Offers as Anchors: The Role of Perspective-Taking and Negotiator Factor. In: Journal of Personality and Social Psychology, Vol. 81, No. 4, S. 657-669
39. Gaubinger, K.; Werani, T.; Rabl, M. (2009): Praxisorientiertes Innovations- und Produktmanagement. Grundlagen und Fallstudien aus B-to-B-Märkten. Wiesbaden: Gabler 2009
40. Gedenk, K.; Sattler, H. (1999): Preisschwellen und Deckungsbeitrag – Verschenkt der Handel große Potenziale? In: Schmalenbachs Zeitschrift für betriebswirtschaftliche Forschung, Jg. 51, Nr. 1/1999, S. 33-59
41. GfK (2012): Consumer Index – Total Grocery. 2012
42. Gossen, H. (1854): Entwicklung der Gesetze des menschlichen Verkehrs und der daraus fließenden Regeln für menschliches Handeln. Braunschweig: Vieweg 1854
43. Green, P.; Krieger, A.; Wind, Y. (2001): Thirty Years of Conjoint Analysis: Reflections and Prospects. In: Interfaces 2001, Jg. 31, Nr. 3/2001, S. 56-73
44. Grömling, M. (2000): Verbraucherpreisentwicklung in Deutschland und ihre Einflussfaktoren. In: IW-Trends 1/2000, S. 22-43
45. Großklaus, R. (2006): Positionierung und USP. Wie Sie eine Alleinstellung für Ihre Produkte finden und umsetzen. Wiesbaden: Gabler 2006
46. Gustafsson, A.; Herrmann, A.; Huber, F. (2007): Conjoint measurement. Methods and applications. 4. Auflage. Berlin: Springer 2007

47. Gutenberg, E. (1965): Zur Diskussion der polypolistischen Absatzkurve. In: Jahrbücher für Nationalökonomie und Statistik, Band 177, 1965, S. 289-303
48. Hartmann, M. (2006): Preismanagement im Einzelhandel. Wiesbaden: Deutscher Universitäts-Verlag 2006
49. Helson, H. (1964): Adaptation-level theory: an experimental and systematic approach to behavior. New York: Harper & Row 1964
50. Hermann, A. (2003): Relevanz des Preismanagements für den Unternehmenserfolg. In: Diller, H.; Hermann, A.: Handbuch Preispolitik, Strategien, Planung, Organisation, Umsetzung. Wiesbaden: Gabler 2003, S. 33-45
51. Hofbauer, G. (2015): The Characterization of Alpha Communicators in the Context of Communication and Diffusion of Innovations. In: Journal of Business and Economics, Academic Star Publishing/USA 2015
52. Hofbauer, G.; Fink, T.; Hofbauer, K. (2014): Erfolgreich verhandeln, so kommen Sie gezielt zum Vertragsabschluss. Berlin 2014
53. Hofbauer, G. (2013): Customer Integration – Prinzipien der Kundenintegration zur Entwicklung neuer Produkte. Working Papers, Technische Hochschule Ingolstadt 2013
54. Hofbauer, G. (2005): Prinzipien professionellen Preismanagements. Working Papers, Technische Hochschule Ingolstadt 2005
55. Hofbauer, G. (2004): Erfolgsfaktoren bei der Einführung von Innovationen. Working Papers, Technische Hochschule Ingolstadt 2004
56. Hofbauer, G.; Bergmann, S. (2013): Professionelles Controlling in Marketing und Vertrieb, Ein integrierter Ansatz mit Kennzahlen und Checklisten. Erlangen: Publicis Publishing 2013
57. Hofbauer, G.; Hellwig, C. (2012): Professionelles Vertriebsmanagement. Der prozessorientierte Ansatz aus Anbieter- und Beschaffersicht. 3. Auflage. Erlangen: Publicis Publishing 2012
58. Hofbauer, G.; Mashhour, T.; Fischer, M. (2012): Lieferantenmanagement – Die wertorientierte Gestaltung der Lieferbeziehung. 2. Auflage, München 2012
59. Hofbauer, G.; Sangl, A. (2011): Professionelles Produktmanagement. 2. Auflage. Erlangen: Publicis Publishing 2011
60. Hofbauer, G.; Schöpfel, B. (2010) Professionelles Kundenmanagement, Ganzheitliches CRM und seine Rahmenbedingungen. Erlangen: Publicis Publishing 2013
61. Hofbauer, G.; Dürr, K. (2009): Der Kunde – Das unbekannte Wesen. 2. Auflage, Berlin 2009
62. Hofbauer, G.; Bergmann, S. (2008): Optimales Rating für KMU – So überzeugen Sie Ihre Bank. Erlangen: Publicis Publishing 2008
63. Hofbauer, G.; Schmidt, J. (2007): Identitätsorientiertes Markenmanagement, Grundlagen und Methoden für bessere Verkaufserfolge. Berlin/Regensburg 2007
64. Homburg, C. (2012): Marketingmanagement. Strategie – Instrumente – Umsetzung – Unternehmensführung. 4. Auflage. Wiesbaden: Gabler 2012
65. Homburg, C.; Daum D. (1997): Auf der Suche nach den entgangenen Preisen. In: Absatzwirtschaft 10/1997, Düsseldorf 1997
66. Homburg, C.; Krohmer, H. (2006): Marketingmanagement. Strategie – Instrumente – Umsetzung – Unternehmensführung. 2. Auflage. Wiesbaden: Gabler 2006
67. Homburg, C.; Koschate, N. (2005a): Behavioral Pricing-Forschung im Überblick – Teil 1. In: Zeitschrift für Betriebswirtschaft, Jg. 75, Nr. 4/2005, S. 383-423
68. Homburg, C.; Koschate, N. (2005b): Behavioral Pricing-Forschung im Überblick – Teil 2. In: Zeitschrift für Betriebswirtschaft, Jg. 75, Nr. 5/2005, S. 501-524
69. Jensen, R.; Miller, N. (2008): Giffen Behavior and Subsistence Consumption. In: American Economic Review, Jg. 98, Nr. 4/2008, S. 1553-1577
70. Kaas, K.; Hay, C. (1984): Preisschwellen bei Konsumgütern. Eine theoretische und empirische Analyse. In: Schmalenbachs Zeitschrift für betriebswirtschaftliche Forschung, Jg. 36, Nr. 5/1984, S. 333-346
71. Kahneman, D.; Knetsch, J.; Thaler, R. (1986): Fairness and the Assumptions of Economics. In: Journal of Business, Jg. 59, Nr. 4/1986, S. 285-300

72. Kahneman, D.; Knetsch, J.; Thaler, R. (1986): Fairness as a Constraint on Profit Seeking: Entitlements in the Market. In: American Economic Review, Jg. 76, September 1986, S. 728-741
73. Kahneman, D.; Tversky, A. (1979): Prospect Theory: An Analysis of Decision under Risk. In: Econometrica, Jg. 47, Nr. 2/1979, S. 263-292
74. Kalish, S.; Nelson, P. (1991): A Comparison of Ranking, Rating, Reservation Price Measurement in Conjoint Analysis. In: Marketing Letters, Jg. 2, Nr. 4/1991, S. 327-335
75. Kalyanaram, G.; Winer, R. (1995): Empirical Generalizations from Reference Price Research. In: Marketing Science, Jg. 14, Nr. 3/1995, S. 161-169
76. Keuper, F.; Hogenschurz, B. (Hrsg.) (2010): Professionelles Sales & Service Management. Vorsprung durch konsequente Kundenorientierung. 2. Auflage. Wiesbaden: Gabler 2010
77. Kopka, U.; Michaelis, N.; Weng, J. (2007): Preise I: Wie man in unübersichtlichen Märkten die optimale Strategie entwickelt. In: Riesenbeck, H.; Perrey, J. (2007): Marketing nach Maß. Profitieren von der Vielfalt. Heidelberg: Redline Wirtschaft, S. 159-178
78. KPMG; EHI Retail Institute (2012): Consumer Markets. Trends im Handel 2020. Stand: 02.12.2012. URL: http://www.kpmg.de/docs/20120418-Trends-im-Handel-2020.pdf
79. Kreutzer, R. (2010): Praxisorientiertes Marketing. Grundlagen – Instrumente – Fallbeispiele. 3. Auflage. Wiesbaden: Gabler 2010
80. Kuß, A.; Tomczak, T. (2007): Käuferverhalten. Eine marketingorientierte Einführung. 4. Auflage. Stuttgart: Lucius & Lucius 2007
81. Kuß, A.; Kleinaltenkamp, M. (2011): Marketing-Einführung. Grundlagen – Überblick – Beispiele. 5. Auflage. Wiesbaden: Gabler 2011
82. Kuß, A. (2012): Marktforschung. Grundlagen der Datenerhebung und Datenanalyse. 4. Auflage. Wiesbaden: Gabler 2012
83. Kutscher, R. (2013): Preisstrategie vorleben. Margenpflege ist Chefaufgabe. In: Neue Zürcher Zeitung, 03.01.2013, Nr. 1/2013, S. 39
84. Lauszus, D.; Grimm, D. (2000): Preiskompetenz im Außendienst. In: Sales Profi 7/2000, S. 21-23
85. McLachlan, C.; Viertler, M. (2007): Preise II: Profitmaximierung entlang dem ganzen Lebenszyklus. In: Riesenbeck, H.; Perrey, J. (2007): Marketing nach Maß. Profitieren von der Vielfalt. Heidelberg: Redline S. 179-194
86. Meffert, T. (2010): Strategisches Preismanagement. Frankfurt am Main: Peter Lang 2010
87. Leibenstein, H. (1950): Bandwagon, Snob, and Veblen Effects in the Theory of Consumer's Demand. In: Quarterly Journal of Economics, Jg. 64, Nr. 2/1950, S. 183-207
88. Lenzen, W. (1984): Die Beurteilung von Preisen durch Konsumenten. Eine empirische Studie zur Verarbeitung von Preisinformationen des Lebensmitteleinzelhandels. Frankfurt: Harri Deutsch 1984
89. Lipovetsky, S.; Magnan, S.; Zanetti-Polzi, A. (2011): Pricing Models in Marketing Research. In: Intelligent Information Management, Jg. 3, Nr. 5/2011, S. 164-174
90. Luksch, A. (2012): Referenzpreisbasierte oder indikatorgeleitete Preisbeurteilung. Eine experimentelle Analyse unter besonderer Berücksichtigung des Preisimages. Stuttgart: Steinbeis-Edition 2012
91. Manning, K.; Sprott, D. (2009): Price Endings, Left-Digit Effects, and Choice. In: Journal of Consumer Research, Jg. 36, Nr. 2/2009, S. 328-335
92. Marn, M.; Rosiello, R. (1992): Managing Price, Gaining Profit. Transaction prices represent one of the most attractive – and overlooked – opportunities to boost profits. In: Harvard Business Review, Jg. 70, Nr. 5/1992, S. 84-94
93. Marn, M.; Rosiello, R. (1993): Balanceakt auf der Preistreppe. Nur wer seine Effektivpreise wirklich kennt, kann sein Gewinnpotenzial ausschöpfen. In: Harvard Business Manager, Jg. 15, Nr. 2/1993, S. 46-56
94. Martus, R.; Selzer, W. (1995): Entlohnung und Motivation im Außendienst. Landsberg/Lech: verlag moderne industrie 1995
95. Mattmüller, R. (2012): Integrativ-Prozessuales Marketing. Eine Einführung mit durchgehender Schwarzkopf&Henkel-Fallstudie. 4. Auflage. Wiesbaden: Springer 2012
96. Mazumdar, T.; Raj, S.; Sinha, I. (2005): Reference Price Research: Review and Propositions. In: Journal of Marketing Research, Jg. 69, Nr. 4, S. 84-102

97. McAfee, P.; McMillan, J. (1987): Auctions and bidding. In: Journal of Economic Literature, Jg. 25, Nr. 2, S. 699-738
98. Meffert, H.; Burmann, C.; Kirchgeorg, M. (2012): Marketing. Grundlagen marktorientierter Unternehmensführung. 11. Auflage. Wiesbaden: Gabler 2012
99. Meffert, T. (2010): Strategisches Preismanagement. Frankfurt am Main: Lang 2010
100. Mehta, N.; Rajiv, S.; Srinivasan, K. (2003): Price Uncertainty and Consumer Search: A Structural Model of Consideration Set Formation. In: Marketing Science, Jg. 22, Nr. 1/2003, S. 58-84
101. Mitchell, V. (1999): Consumer perceived risk: conceptualisations and models. In: European Journal of Marketing, Jg. 33, Nr. 1,2/1999, S. 163-195
102. Monroe, K. (1973): Buyers' Subjective Perceptions of Price. In: Journal of Marketing Research, Jg. 10, Nr. 1/1973, S. 70-80
103. Monroe, K.; Lee, A. (1999): Remembering versus Knowing: Issues in Buyers' Processing of Price Information. In: Journal of the Academy of Marketing Science, Jg. 27, Nr. 2/1999, S. 207-225
104. Müller, I. (2002): Die Entstehung von Preisimages im Handel. Eine theoretische und empirische Analyse. Band 10. In: Diller, H. (Hrsg.): Schriften zum innovativen Marketing. Nürnberg: GIM-Verlag 2002
105. Müller, W. (1987): Am Nutzen orientiert. Stand: 27.12.2013. URL: http://www.wiso-net.de.55738.emedia1.bsb-muenchen.de/webcgi?START=A60&DOKV_DB=ZECU&DOKV_NO=ASW128701037&DOKV_HS=0&PP=1
106. Müller-Hagedorn, L.; Wierich, R. (2005): Preisschwellen bei auf 9-endenden Preisen? Eine Analyse des Preisgünstigkeitsurteils. Köln, Universität zu Köln. Arbeitspapier Nr. 15, 2005
107. Nagle, T.; Hogan, J. (2007): Strategie und Taktik in der Preispolitik. Profitable Entscheidungen treffen. 4. Auflage. München: Pearson Business 2007
108. Neuhaus, S. (2008): Marktorientierte Preisbestimmung bei Dienstleistungen mit Vertrauensmerkmalen. Bielefeld, Universität Bielefeld, Fakultät für Wirtschaftswissenschaften. Dissertation, 2008
109. Nunes, J.; Boatwright, P. (2004): Incidental Prices and Their Effect on Willingness to Pay. In: Journal of Marketing Research, Jg. 41, Nr. 4/2004, S. 457-466
110. OC&C Strategy Consultants (2011): Die grosse Preisfrage. 2011
111. OC&C Strategy Consultants (2012): Keine billigen Tricks! 2012
112. Olbrich, R.; Battenfeld, D. (2007): Preispolitik. Ein einführendes Lehr- und Übungsbuch. Berlin: Springer 2007
113. Oversohl, C. (1999): Leistungsorientierte Gestaltung von Konditionensystemen in der Konsumgüterindustrie. Ergebnisse einer Expertenumfrage. Essen, Lehrstuhl für Marketing und Handel an der Universität GH Essen. Arbeitspapier Nr. 4, 1999
114. Pechtl, H. (2004): Das Preiswissen von Konsumenten. Eine theoretisch-konzeptionelle Analyse. Greifswald, Ernst-Moritz-Arndt-Universität Greifswald. Diskussionspapier 01, 2004
115. Pechtl, H. (2005): Preispolitik. Mit 19 Tabellen. Stuttgart: Lucius & Lucius 2005
116. Pfeiffer, W.; Dörrie, U.; Stoll, E. (1977): Menschliche Arbeit in der industriellen Produktion. Göttingen: Vandenhoeck und Ruprecht 1977
117. Piekenbrock, D. (Hrsg.) (2013): Gabler Kompakt-Lexikon Wirtschaft. 4500 Begriffe nachschlagen, verstehen, anwenden. 11. Auflage. Wiesbaden: Springer 2013
118. Porter, M. (2008): Wettbewerbsstrategie. Methoden zur Analyse von Branchen und Konkurrenten. 11. Auflage. Frankfurt am Main: Campus 2008
119. Priemer, V. (1999): Bundling im Marketing. Potenziale – Strategien – Käuferverhalten. Frankfurt am Main: Lang 1999
120. Priemer, V. (2000): Bundling im Marketing. Potenziale – Strategien – Käuferverhalten. Frankfurt am Main u.a.: Peter Lang, Europäischer Verlag der Wissenschaften 2007
121. Prießnitz, H. (2009): Markenführung im Billigzeitalter. Wertevernichtung – Spirale ohne Ende. München: mi-Wirtschaftsbuch 2009
122. Raab, G.; Unger, A.; Unger, F. (2010): Marktpsychologie. Grundlagen und Anwendung. 3. Auflage. Wiesbaden: Gabler 2010

123. Roll & Pastuch: Prof. Roll & Pastuch – Management Consultants (2011): Erfolgsfaktoren im Preismanagement. Jetzt die richtigen Schritte einleiten. Ergebnisse der European Pricing Survey 2010/2011. Stand: 15.11.2012. URL: http://www.roll-pastuch.de/uploads/artikel/Erfolgsfaktoren_im_Preismanagement.pdf
124. Riekhof, H.; Lohaus, B. (2009): Wertschöpfende Pricing-Prozesse. Eine empirische Untersuchung der Pricing-Praxis. Private Fachhochschule Göttingen, Department for International Marketing. Arbeitsbericht des Lehrstuhl Nr. 3, 2009
125. Riekhof, H.; Wurr, F. (2013): Steigerung der Wertschöpfung durch intelligentes Pricing: Eine empirische Untersuchung. Göttingen: Forschungspapiere Private Hochschule Göttingen No 2013/02
126. Riemenschneider, M. (2006): Der Wert von Produktvielfalt. Wirkung großer Sortimente auf das Verhalten von Konsumenten. St. Gallen, Universität St. Gallen, Hochschule für Wirtschafts-, Rechts- und Sozialwissenschaften. Dissertation Nr. 3142. Wiesbaden: Deutscher Universitäts-Verlag 2006
127. Riesenbeck, H.; Perrey, J. (2007): Marketing nach Maß. Profitieren von der Vielfalt. Heidelberg: Redline 2007
128. Rothenberger, S.; Hinterhuber, H. (2005): Antezedenten und Konsequenzen von Preiszufriedenheit. In: Berndt, R. (Hrsg.): Erfolgsfaktor Innovation. Berlin: Springer, S. 227-247
129. Schaper, T. (2009): Preismanagement. Einführung in Theorie und Praxis. Göttingen-Rosdorf: ForschungsForum, 2009
130. Schieder, C.; Lorenz, K. (2012): Pricing-Intelligence-Studie 2012. State-of-the-Art der dynamischen Preisoptimierung im E-Commerce. Chemnitz, Technische Universität Chemnitz. Stand: 27.10.2012. URL: http://www.lixto.com/wp-content/uploads/2012/04/Pricing-Intelligence-Studie-2012-State-of-the-Art-im-E-Commerce.pdf
131. Schneider, W. (2007): Marketing. Mit 10 Tabellen. Heidelberg: Physica 2007
132. Schneider, W.; Hennig, A. (2008): Lexikon Kennzahlen für Marketing und Vertrieb. Das Marketing-Cockpit von A – Z. 2. Auflage. Berlin: Springer 2008
133. Schuh, G., Kampker, A. (2011): Strategie und Management produzierender Unternehmen. Heidelberg: Springer 2011
134. Schuppar, B. (2006): Preismanagement. Konzeption, Umsetzung und Erfolgsauswirkungen im Business-to-Business-Bereich. Wiesbaden: Deutscher Universitäts-Verlag 2006
135. Schwetje, G.; Vaseghi, S. (2005): Der Businessplan. Wie Sie Kapitalgeber überzeugen. 2. Auflage. Berlin: Springer 2005
136. Seeringer, C. (2011): Kundenwertorientiertes Marketing. Value for the Customer und Value of the Customer im Wirkungsverbund am Beispiel des Preissystems der Deutschen Bahn AG. Wiesbaden: Gabler 2011
137. Siems, F. (2009): Preismanagement. Konzepte, Strategien, Instrumente. München: Vahlen 2009
138. Simon, H. (2012): Das magische Wort. In: Manager Magazin, Nr. 5/2012, S. 74
139. Simon, H.; Dolan, R. (1997): Profit durch power pricing. Strategien aktiver Preispolitik. Frankfurt am Main: Campus 1997
140. Simon, H.; Fassnacht, M. (2009): Preismanagement. Strategie – Analyse – Entscheidung – Umsetzung. 3. Auflage. Wiesbaden: Gabler 2009
141. Simon Kucher & Partners – Strategy & Marketing Consultants (2011): Global Pricing Study 2011:"Weak pricing cuts profits by 25%. Stand: 15.11.2012.
URL: http://www.simon-kucher.com/sites/default/files/Global_Pricing_Study_2011_Simon-Kucher%26Partners_Management_Summary.pdf
142. Skiera, B.; Revenstorff, I. (1999): Auktionen als Instrument zur Erhebung von Zahlungsbereitschaften. In: Schmalenbachs Zeitschrift für betriebswirtschaftliche Forschung, Jg. 51, Nr. 3/1999, S. 224-242
143. Skiera, B.; Spann, M. (2003): Auktionen. In: Diller, H.; Hermann, A. (Hrsg.): Handbuch Preispolitik. Strategien, Planung, Organisation, Umsetzung. Wiesbaden: Gabler 2003, S. 622-641
144. Statista (2011): Bevölkerung nach Einstellung zur Aussage: „Bei den meisten Produkten kommt es mir eher auf die Qualität als auf den Preis an" von 2007 bis 2011 (in Millionen). Stand: 02.12.2012. URL: http://de.statista.com/statistik/daten/studie/172177/umfrage/einstellung-qualitaet-wichtiger-als-preis/

145. Steffenhagen, H. (2008): Marketing. Eine Einführung. 6. Auflage. Stuttgart: Kohlhammer 2008
146. Stiving, M.; Winer, R. (1997): An Empricial Analysis of Price Endings with Scanner Data. In: Journal of Consumer Research, Jg. 24, Nr. 1/1997, S. 57-67
147. Thommen, J. (2008): Lexikon der Betriebswirtschaft. Managementkompetenz von A bis Z. 4. Auflage. Zürich: Versus 2008
148. Triffin, R. (1940): Monopolistic Competition and General Equilibrium Theory. 6. Auflage. Cambridge: Harvard University Press 1940
149. Trommsdorff, V. (2009): Konsumentenverhalten. 7. Auflage. Stuttgart: Kohlhammer 2009
150. Tversky, A.; Kahneman, D. (1974): Judgement under Uncertainty: Heuristics and Biases. In: Science, Jg. 185, Nr. 4157/1974, S. 1124-1131
151. Tversky, A.; Kahneman, D. (1981): The framing of decisions and the psychology of choice. In: Science, Jg. 211, Nr. 1981/1981, S. 453-458
152. Urbany, J.; Dickson, P.; Kalapurakal, R. (1996): Price Search in the Retail Grocery Market. In: Journal of Marketing Research, Jg. 60, Nr. 2/1996, S. 91-104
153. Vickrey, W. (1961): Counterspeculation, auctions, and competitive sealed tenders. In: The Journal of Finance, Jg. 16, Nr. 1/1961, S. 8-37
154. Vogt, G. (2009): Faszinierende Mikroökonomie. Erlebnisorientierte Einführung. 3. Auflage. München: Oldenbourg 2009
155. Völckner, F. (2006): Methoden zur Messung individueller Zahlungsbereitschaften: Ein Überblick zum State of the Art. In: Journal für Betriebswirtschaft, Jg. 56., Nr. 1/2006, S. 33-60
156. Werani, T.; Prem, C. (2009): Preispolitik. In: Gaubinger, K.; Werani, T.; Rabl, M. (Hrsg.): Praxisorientiertes Innovations- und Produktmanagement. Grundlagen und Fallstudien aus B-to-B-Märkten. Wiesbaden: Gabler 2009, S. 201-216
157. Werner, V. (2009): Zur Wirkung von Referenzpreisen auf das Preisgünstigkeitsurteil und das Preiswürdigkeitsurteil. München: GRIN 2009
158. Werth, L. (2004): Psychologie für die Wirtschaft. Grundlagen und Anwendungen. München: Spektrum Akademischer Verlag 2004
159. Wieseke, J.; Haumann, T. (2010): Prädiktoren der Preisbereitschaft von Kunden – Status-quo der aktuellen Sales- und Service-Forschung. In: Keuper, F.; Hogenschurz, B. (Hrsg.): Professionelles Sales & Service Management. Vorsprung durch konsequente Kundenorientierung. Wiesbaden: Gabler 2010, S. 169-205
160. Wild, M.; Anselstetter, S. (2007): Preisfairness. Ein State-of-the-Art-Review der theoretischen und empirischen Forschung. Nürnberg, Universität Erlangen-Nürnberg Betriebswirtschaftliches Institut, Arbeitspapier Nr. 150, 2007
161. Wiltinger, K. (1998): Preismanagement in der unternehmerischen Praxis. Probleme der organisatorischen Implementierung. Wiesbaden: Gabler 1998
162. Wittmann, G., et al. (2011): E-Payment-Barometer (August 2011): Fokusthema: Zahlungsstörungen und -ausfälle. Regensburg: ibi researsh an der Universität Regensburg, 2011. Stand: 13.09.2014. URL: http://www.ibi.de/files/E-Payment-Barometer_2-2011.pdf
163. Wübbenhorst, K.; Maier, G. (2013a): Beobachtung. In: Gabler Verlag (Hrsg): Gabler Wirtschaftslexikon. Stichwort: Beobachtung. Online-Publikation. Stand: 03.01.2013. URL: http://wirtschaftslexikon.gabler.de/Archiv/56456/beobachtung-v6.html
164. Wübbenhorst, K.; Maier, G. (2013b): Experiment. In: Gabler Verlag (Hrsg) Gabler Wirtschaftslexikon. Stichwort: Experiment. Online-Publikation. Stand: 03.01.2013
165. URL: http://wirtschaftslexikon.gabler.de/Archiv/56456/beobachtung-v6.html
166. Wübker, G. (1998): Preisbündelung. Formen, Theorie, Messung und Umsetzung. Wiesbaden: Gabler 1998
167. Xia, L.; Monroe, K.; Cox, J. (2004): The Price is unfair! A conceptual framework of price fairness perceptions. In: Journal of Marketing Research, Jg. 68, Nr. 4/2004, S. 1-15

Stichwortverzeichnis

A

Abdiskontierung 65
Ableitung 50
Absatzmenge 48, 72, 83, 205
Absatzsteigerung 183
Adaptionsniveautheorie 67, 98
Adaptionsprinzip 242
Aggregierte Preisabsatzfunktion 55
Akzeptanzprinzip 242
Alternativenbewusstsein 88
Amoroso-Robinson-Relation 200
Anbieter 111, 114, 118, 208
Angebot 81
Angebotspreis 187, 192
Ankereffekt 246
Argumentationstechnik 247
Assimilations-Kontrast-Theorie 99
Attraktionsmodell 61
Auftragserlangungsrisiken 253
Auktion 39
Auktion, experimentelle 39
Außendienst 222

B

B2B-Bereich 168, 222
B2C-Bereich 169
Befragung 34
Behavioral-Pricing-Forschung 84
Beobachtung 37
Beziehung
 - dynamisch 76
 - komplementär 76
 - substitutiv 75
Bonusaktionen 159
Break-Even-Analyse 197
Bündelpreis 182
Bündelungsformen 181

C

Carry-over-Effekt 72, 162
Categorical Encoding 94

Conjoint Measurement 36, 179, 204, 234
Controlling 224
Cost-Plus-Pricing 188
Coupons 158
Customized Pricing 169

D

Deckungsbudget 194
Dispositionsrisiko 254
Dissonanz 123
Doppelt geknickte Preisabsatzfunktion 59
Dual-Entitlement-Prinzip 111
Durchschnittspreis 58
Durchsetzung von Preiszielen 214
Dynamische Beziehung 76
Dynamische Preisentscheidung 149

E

Eckartikel 106
Einflussfaktoren 63
Einführungspreis 164
Einstandspreis 208
Elastizität 49
Encoding 94, 127
Entlohnung 223
Entscheidungsbaum 193
Entscheidungsbefugnis 220
Erfahrungskurveneffekt 74
Ergebnisprinzip 239
Erlebnismarketing 86
Experiment 38
Experimentelle Auktion 39
Expertenbefragung 35
Externer Referenzpreis 96

F

Feldbeobachtung 37
Finanzierungshilfe 248
Flexibilitätsprinzip 241
Folgepreis 205
Formen der Preispositionierung 140
Frühbücherrabatt 161

G

Gegenleistung 22, 63
Gegenleistungsprinzip 241
Generische Preispositionierungsstrategie 140
Gesamtpreis 179
Gewinn 18, 100, 199
Gewinnaufschlag 189, 200
Gewinnfunktion 203
Gewinnmaximierung 66
Gewinnmaximum 201
Gewinnoptimierung 243
Gewinnoptimum 200
Gewinnsteigerung 20
Gewinntreiber 18
Gleichgewicht 69
Grenzgewinn 199
Grenzkosten 200
Grenzumsatz 199

H

Habitualisierung 126
Handel 44
Handelsstufen 44
Hochpreis-Position 142

I

Incentivesystem 221
Indexklausel 247
Individuelle Preisabsatzfunktion 53
Informationsarten 40
Informationsbedarf 30
Informationsprogramm 31
Informationstransfer 76
Informationsversorgung 224
Innovation 72, 154
Institutionen 46
Interner Referenzpreis 96
Internet 253

K

Kalkulation 203
Kalkulationsrisiken 252
Kartellverbot 209
Kauf 114, 235
Kaufentscheidungsprozess 84

Käufer 112
Kaufpräferenz 37
Kaufpreis 112
Kaufrisiko 93
Kennzahlensystem 227
Kognitionspsychologie 128
Komplementäre Beziehung 76
Konditionen 225, 229
Konditionensystem 237
Konditionierung 125
Konkurrenzorientierte Preiskalkulation 195
Konkurrenzpreise 58
Konkurrenzsituation 44
Konsumbedürfnis 90
Konsumentenrente 115, 180
Konsumentenverhalten 90
Kopplungsverkäufe 181
Kostenorientierte Preiskalkulation 188
Kostensenkung 74
Kostenvergleichsrechnung 197
Kreuzpreiselastizität 52, 176, 202
Kunde 43, 204
Kundenbedürfnisse 43
Kundenbefragung 36
Kundennutzen 144
Kundennutzenrechnung 197
Kundensegmentierung 168
Kundenzufriedenheit 113

L
Last-Minute-Angebot 161
Lebenszyklus 42
Leistungsbezogene Preisdifferenzierung 170
Leistungskomponente 108
Leistungsorientierung 241
Leitlinien 239
Lexical Encoding 94
Lieferantenmanagement 45
Life-Cycle-Pricing 162
Lineare Preisabsatzfunktion 58
Logistische Preisabsatzfunktion 61
Luxuspreis-Position 143

M
Makrosystem 47
Makroumwelt 46
Marketing und Vertrieb 216
Marktaufteilung 44
Marktbearbeitung 82
Marktcharakteristika 42

Marktdurchdringung 163
Marktdynamik 65
Markteinführung 163
Marktorientierte Preiskalkulation 192
Marktreaktionsrisiken 253
Marktsegment 168
Marktsegmentierung 81
Marktteilnehmer 44
Markttransparenz 46, 169
Mehrpersonen-Preisbildung 173
Menge 233
Mengenbezogene Preisdifferenzierung 171
Mental-Accounting-Theorie 100
Mikrosystem 47
Mikroumwelt 42
Mischkalkulation 178
Mitarbeitermotivation 221
Mittelpreis-Position 141
Mondpreis 97
Multiplikative Preisabsatzfunktion 58

N
Nachfrage 81
Nachfrager 55, 86, 111, 112, 113, 118, 124, 125, 149, 222, 244, 252
Nachfragerorientierte Preiskalkulation 196
Nachfrageverbünde 176
Nachkauf-Dissonanz 123
Nachkaufphase 84, 119
Nichtkauf 114
Niedrigpreis-Position 141
Niehans-Bedingung 203
Nutzenmaximierung 100
Nutzenorientierte Preispositionierung 144

O
Online-Transaktionen 35
Optimalpreis 202
Optimierungsmodelle 198

P
Penetrations-Strategie 164
Perfekte Preisdifferenzierung 168
Personenbezogene Preisdifferenzierung 172
Persönlichkeitsregeln 235
Positionierung 139
Positionierungsformen 143
Preis 22, 48, 83, 140, 186, 233

Preisabsatzfunktion 35, 48, 56, 196
- aggregiert 55
- doppelt geknickt 59
- individuell 53
- linear 58
- logistisch 61
- multiplikativ 58
- stochastisch 61
Preisabsprache 209
Preisabstand 146
Preisadministration 218
Preisaktion 154, 229
Preisakzeptanz 246
Preisanalyse 25
Preisänderung 50, 150, 152, 154
Preisänderungseffekt 205
Preisanker 95
Preisanpassung 152
Preisanpassungsklausel 247
Preisanpassungsstrategie 146
Preisauszeichnung 244
Preisbereich 97
Preisbereitschaft 114
Preisbestandteile 22
Preisbestimmung 42
Preisbeurteilung 84, 107
Preisbewertung 102
Preisbezogene Mitarbeiterführung 219
Preisbildung 26, 192
Preisbildungsverfahren 186
Preisbindung 210, 249
Preisbündel 158
Preisbündelung 76, 179
Preiscontrolling 224
Preisdifferenz 95
Preisdifferenzierung 80, 159, 167, 179
- 1. Grades 168
- 2. Grades 170
- 3. Grades 172
- leistungsbezogen 170
- mengenbezogen 171
- perfekt 168
- personenbezogen 172
- regional 172
- zeitlich 173
Preisdruck 42, 43, 70, 232
Preisdurchsetzung 25, 214, 222, 246, 249
Preisdurchsetzungs-Tools 227
Preiselastizität 19, 49, 69, 176, 180, 202, 206
Preiselement 63
Preisempfehlung 249
Preisempfinden 94
Preisendung 105

268

Preisentscheidung 24, 63, 217
- dynamisch 149
Preiserfahrung 125
Preiserhöhung 50, 68, 101, 111, 245
Preiserlebnis 85
Preisfairness 110, 111, 169, 248
Preisfairnessbeurteilung 113
Preisfärbung 106
Preisfestsetzung 25, 146, 186, 208
Preisfigureneffekt 105
Preisfindung 231
Preisfolgerschaft 146, 195
Preisführerschaft 147
Preisgarantie 248
Preisgegenüberstellungseffekt 97
Preisgewichtung 87
Preisgünstigkeitsrisiko 248
Preisgünstigkeitsurteil 108
Preishöhe 107, 145
Preisimage 119, 245
Preisinformation 91, 124, 219
Preisinformationssuche 84, 85
Preis-Informationssystem 30, 225
Preisinteresse 86, 89, 91
Preisintervall 57, 115
Preiskalkulation 186, 191
- konkurrenzorientiert 195
- kostenorientiert 188
- marktorientiert 192
- nachfrageorientiert 196
Preiskenntnis 126
Preisknüller 106
Preiskommunikation 219, 244, 248
Preiskompetenz 220, 222, 223
Preiskonsistenz 250
Preiskorridor 187
Preiskultur 219
Preis-Leistungs-Verhältnis 23, 144, 244
Preislernen 84, 124
Preislevel 111
Preislinienpolitik 154, 175, 177
Preismanagement 23, 71, 101, 103, 120, 122, 130, 134, 149, 226, 230, 234, 237
Preismanagementprozess 25, 216
Preismanagement-Tools 226
Preismanager 217

Preismechanismus 112
Preis-Mengen-Präferenzen 55
Preismonitoring 224
Preisniveau 135, 139
Preisniveaueffekt 153
Preis-Nutzen-Relation 151
Preisobergrenze 40, 187
Preisoptik 245
Preisoptimierung 24
Preisorganisation 215
Preisparameter 22
Preispflege 250
Preispolitik 23, 24
Preisposition 246
Preispositionierung 148
- Formen 140
- nutzenorientiert 144
- wettbewerbsorientiert 145
Preispositionierungsstrategie
- generisch 140
Preispräferenz 117
Preispromotion 155
Preispunkt 97, 115
Preisregeln 236
Preisrisiken 252
Preisrisiken auf Kundenseite 254
Preisschwelle 102
Preissenkung 50, 68, 101, 206, 231, 233, 245
Preissetzung 134
Preisspannweite 57, 92, 99
Preisspielraum 40, 42
Preisstimulus 93, 125
Preisstrategie 25, 134, 163, 195
Preisstruktur 175
Preisstrukturpolitik 177
Preissuche 88, 91, 245
Preissystem 63, 64, 149
Preistaktik 195
Preistheorie 42, 48, 83
Preistransparenz 43, 92, 245
Preistreppe 22, 224
Preisuntergrenze 40, 187, 190, 194, 203
Preisunterschiede 43
Preisurteil 107
Preisvariation 150, 153, 157, 162
Preisveränderung 67
Preisveränderungseffekt 69
Preisvereinbarung 246
Preisvergleich 245
Preisverhalten 43, 44, 48
Preisverhandlung 235, 247
Preisverteilung 92
Preisvertrauen 118

Preiswahrnehmung 84, 93, 94, 95, 107, 245
Preiswerbung 94
Preiswissen 84, 91, 126, 128
Preiswürdigkeitsurteil 108
Preisziel 26, 137
Preisziffer 105
Preiszufriedenheit 118, 121
Premiumpreis-Position 142
Premiumpreis-Strategie 164
Price-Mavenism-Motiv 91
Pricing, optimales 18
Pricingprozess 218
Primärforschung 33
Principal-Agent-Theorie 118
Produktbündel 77
Produktlebenszyklus 69, 149, 162
Produktlinie 75
Produktvarianten 170
Prohibitivpreis 196, 201
Prospect-Theorie 68, 99, 180

Q

Qualität 140
Qualitätsbeurteilung 109

R

Rabatte 225, 229
Range-Frequency-Theorie 98
Range-Theorie 98
Reaktionselastizität 202
Reaktionsschwelle 102
Recall-Test 129
Rechtsgeschäft 208
Recognition-Test 129
Referenzpreis 95, 98, 108, 115, 153, 182
Regionale Preisdifferenzierung 172
Reifephase 166
Reservierungskorridor 161
Response 128
Retrieval 127

S

Sammelbestellung 174
Sättigungsgrad 42
Segmentierung 154
Segmentierungskriterium 81
Sekundärforschung 32
Selbstkosten 188
Selektivvertrieb 250
Sensory Encoding 94
Skimming-Strategie 164
Skonto 231
Snob-Effekt 90

Sogwirkung 171
Sonderangebot 106, 158
Sonderpackung 158
Sonderpreispolitik 117
Sortiment 149
Sortimentsverbund 203
Spannweite 98
Sparpreis 106
Spill-Over-Effekt 153
Stimulus-Organismus-Reponse-Modell 83
Stochastische Preisabsatzfunktionen 61
Storage 127
Strategie des äußerst niedrigen Anfangspreises 165
Substitutionsprodukte 45
Substitutive Beziehung 75
Subsysteme 41

T
Take or pay 191
Target-Return-Pricing 189
Transferrisiko 254
Transparenzprinzip 240

U
Umsatz 198, 232

Umsatzmaximierung 201
Umsatzmaximum 201
Unbundling 181
Unique Price Position 134

V
Value Pricing 197
Variety-Seeking 93
Veblen-Effekt 90
Verantwortlichkeit 215
Verbraucheraufklärung 46
Verhaltenstheorie 84
Verhandlung 246
Verhandlungsphase 232
Verkäufer 112, 233
Verkaufsgespräche 235
Verlust 100
Vertrauen 119
Vertrieb 220, 222, 232, 233, 241, 243, 253
Vertriebsmitarbeiter 223, 232
Vollkostenrechnung 188

W
Wear-out-Effekt 73
Weber-Fechner-Gesetz 95
Wechselabsicht 113
Wertregeln 236

Westendorp-Analyse 36
Wettbewerb 45, 154
Wettbewerbsdynamik 69
Wettbewerbs-Index 195
Wettbewerbsorientierte Preispositionierung 145
Win-Win-Situation 231, 234, 236, 247
Wissensregeln 235

Y
Yield Management 160, 173

Z
Zahlungsausfall 253
Zahlungsbereitschaft 35, 39, 43, 79, 81, 114, 167, 183, 235, 252
Zahlungsrisiken 253
Zeit 149
Zeitliche Preisdifferenzierung 173
Ziele des Preismanagements 137
Zielfunktion 66
Zielkonflikt 137
Zielvereinbarung 221, 234

Günter Hofbauer, Sabine Bergmann

Professionelles Controlling in Marketing und Vertrieb

**Ein integrierter Ansatz.
Mit Kennzahlen und Checklisten**

2013, 366 Seiten, 208 Abbildungen, gebunden
ISBN 978-3-89578-417-0, € 49,90

Günter Hofbauer, Claudia Hellwig

Professionelles Vertriebsmanagement

Der prozessorientierte Ansatz aus Anbieter- und Beschaffersicht

3. Auflage, 2012, 567 Seiten, 165 Abbildungen,
127 Tabellen, gebunden
ISBN 978-3-89578-402-6, € 59,90

Günter Hofbauer, Anita Sangl

Professionelles Produktmanagement

Der prozessorientierte Ansatz, Rahmenbedingungen und Strategien

2. Auflage, 2011, 578 Seiten,
281 Abbildungen, gebunden
ISBN 978-3-89578-376-0, € 59,90

Günter Hofbauer, Daniela Rau

Professionelles Kundendienstmanagement

Strategie, Prozess, Komponenten

2011, 240 Seiten, 68 Abbildungen,
63 Tabellen, gebunden
ISBN 978-3-89578-373-9, € 49,90

www.publicis-books.de

Günter Hofbauer, Barbara Schöpfel

Professionelles Kundenmanagement

Ganzheitliches CRM und seine Rahmenbedingungen

2010, 383 Seiten, 100 Abbildungen,
89 Tabellen, gebunden
ISBN 978-3-89578-331-9, € 49,90

Nicolai Andler

Tools für Projektmanagement, Workshops und Consulting

Ein Kompendium der wichtigsten Techniken und Methoden

6. Auflage, 2015, 512 Seiten,
154 Abbildungen, 77 Tabellen, gebunden
ISBN 978-3-89578-453-8, € 49,90

Elke Meyer, Laleh Madjidi

FlipchartSales

Die einfache Methode für erfolgreiches Verkaufen im Termin

2014, 197 Seiten, 457 farbige
Abbildungen, gebunden
ISBN 978-3-89578-449-1, € 34,90

Sven Voelpel, Anke Fischer

Mentale, emotionale und körperliche Fitness

Wie man dauerhaft leistungsfähig bleibt

2015, 199 Seiten, gebunden
ISBN 978-3-89578-450-7, € 24,90

www.publicis-books.de